（俄罗斯）弗·索罗维耶夫　尼·兹洛宾◎著
胡昊　刘俊燕　译

又是普京
梅普轮流坐庄内幕揭秘

当代世界出版社

译 者 序

中国与俄罗斯是两个毗邻而居的世界大国，又是密切合作的战略协作伙伴。

因其大而且在国际上影响广泛，两国所发生的任何事情自然都会引起世界各国的注目。同样，由于是邻居和伙伴，俄罗斯发生的事件自然会引起中国的关注。其中最令国人关注的问题之一就是梅德韦杰夫和普京的关系。

2008年5月，梅德韦杰夫就任俄罗斯总统后，任命前总统普京出任总理，形成了俄罗斯历史上前所未有的"梅普组合"这个国家管理的"双核"构架。自这个构架问世以来，西方国家的媒体对梅德韦杰夫和普京在其中谁为主谁为从及该组合的持久性和有效性的质疑就如影随形。在各种各样的场合，只有一有提问的机会，包括俄罗斯和西方的记者，都会提出2012年梅德韦杰夫和普京两人谁出面竞选俄罗斯总统的问题，而他们总会做出模棱两可而又引发人们想象力的回答。

9月24日，俄罗斯的执政党——统一俄罗斯党第12次代表大会正式举行，梅德韦杰夫和作为该党主席的普京等俄罗斯高官悉数出席。梅德韦杰夫在致辞中表示，他将不会寻求连任，而是建议统一俄罗斯党推举普京作为来年总统选举的候选人。普京欣然接受，表示一旦当选，将提名梅德韦杰夫为政府总理。至此，折磨全世界政治家和媒体神经三年多的普京与梅德韦杰夫谁将出马竞选俄罗斯总统的"2012问题"终于尘埃落定，答案引起世界震惊。震惊之余，人们不禁会问：怎么又是普京？他与梅德韦杰夫的关系到底怎样？《又是普京——梅普轮流坐庄内幕揭秘》这本书也许能够为我们解开这个谜团提供一个线索。

本书的两位作者弗·索洛维耶夫和尼·兹洛宾，前者是俄罗斯资深记者和电视节目主持人，与俄罗斯各界精英保持着密切的关系，对当局既批评也不吝赞扬。兹洛宾则是俄罗斯知名政治学家，受聘于美国的研究机构工作，他长年奔走于俄罗斯与西方国家之间，政界学界人脉广泛，正是他比别人更早地从普京口中得知其2008年不会再次竞选俄罗斯总统的信息。也正是他在2009年秋"瓦尔代"俱乐部的各国学者分别与梅德韦杰夫和普京的座谈中，首先提出了两人谁会出面竞逐2012年俄罗斯总统大位的问题，从而提前引爆了所谓的"2012年问题"。也正是为了回答这个问题，兹洛宾与索洛维耶夫合作，完成了这本名为《又是普京——梅普轮流坐庄内幕揭秘》的著作。

最初通读这本书，感觉其内容确实比较丰富，揭示了许多甚至我们专搞俄罗斯问题研究的人都不知道的政坛秘闻。两位作者不愧为俄罗斯著名记者，本书的着笔点都是广大读者最为感兴趣的问题。尤其作者从俄罗斯政治史入手，介绍了俄罗斯传统政治的特点，条分缕析了梅德韦杰夫和普京20年亲密关系史的渊源，他们与前人不同的执政特点和风格，以及他们未来执政所遇到的困难和挑战。确实对我们了解俄罗斯政坛特点和政局走势很有帮助。相信读者通过阅读本书，会找到应该可以找到的答案。

由于本书的两位作者采用口授录音然后释读并加工润色的方式写就，所以，本书口语色彩比较浓，这一方面增加了该书的可读性，使其完全没有学术专著的生涩难懂，一方面也增加了准确翻译的难度。同时，由于该书章节字数不平衡，有的章节只有4000多字，而有的则有4万多字，而且没有二级标题。为了顺应我国读者的阅读习惯，译者对此作了技术处理，根据内容和篇幅，增加了二级标题，还对一些人物和事件加了译者注。另外还把每章的精彩之处概括出来，作为目录中每章内容的引子，使读者可以对书中的主要内容一目了然。

本书翻译和出版过程中，得到许多同事和朋友的支持和帮助，他们帮助译者润色文字，找错勘误。这里要感谢出版社各位领导所给予的帮助，感谢姚晓南女士、朱晓姝女士和张振坤先生所给予的帮助！

由于时间仓促，有的地方来不及认真推敲和斟酌，译稿肯定会有言不达意和贻笑大方之处，对书中出现的问题，敬请读者不吝批评指正。

译　者
2011年9月3日

目　录

>> 第一章　著书缘起 / 1

在英国的一个机场，我遇到一个非常有趣的事情。在男洗手间，每个小便池里都画有一个小小的准星，男人们竭力瞄准这个准星，结果洗手间的洁净度霎时提高了90%。我向普京提出的问题就像那个便池里的那个准星，俄罗斯政坛上的许多事情马上变清晰了。当时我一下子就感到，普京等着这个问题，总统梅德韦杰夫正期待着回答这个问题。一个问题和普京的一个回答震动了俄罗斯政坛，把它从冬眠中唤醒。

>> 第二章　两个政权 / 8

在俄罗斯，无论任何人，包括处于权力顶峰的人，任何时候都不能肯定地断定国家权力未来将如何发展。叶利钦摧毁了戈尔巴乔夫建立起来的体制，戈尔巴乔夫摧毁了其从勃列日涅夫和安德罗波夫继承下来的体制。勃列日涅夫的人马和体制进行了长期斗争，赫鲁晓夫在此之前对斯大林的人采取了同样的态度，斯大林本人则摧毁了列宁建立的权力体系，几乎把他的战友们消灭光。顺着这个链条往前推，可以直接追溯到彼得一世或者伊凡雷帝。只有普京能够在一定程度上走出了这个恶性循环，尽管他也揭露了"罪恶的90年代"，指责寡头们助长腐败，瓦解经济和国家，礼赞自己的合法性和力量。

有谁知道，2012年俄罗斯总统大选中会出什么幺蛾子？不管梅德韦杰夫和普京双头政治运作多么有效，仍是彻头彻尾的政治即兴之作。

第三章　花落梅家 / 24

叶利钦之所以抛弃了许多候选接班人，最后选择普京，因为普京不是引人注目的公众人物，没有自己的班底，没有强力部门的支持，没有自己的财源，这样普京就会对其效忠和报恩。普京遵循同样逻辑选择了梅德韦杰夫。当时梅德韦杰夫身边最亲近的人问他，他想不想成为下届总统，他挥了一下手，说，"开什么愚蠢的玩笑"。而伊万诺夫无论与军队，还是与情报机构和媒体，都有固定的关系，当时伊万诺夫的资源要比梅德韦杰夫多得多。对普京来说，不想当总统的愿望成为重要的信号。

从纯心理学看，无论叶利钦还是普京，都不想选择比他们本人更耀眼的人。普京选择梅德韦杰夫做总统是因为彼此非常熟悉——极具俄罗斯特色。

>> 第四章 | 政治航道 / 46

叶利钦寻找一个能够延续其政策的人，寻找一个小叶利钦，他是百分之百的"政治动物"。为了消灭共产党人，他准备与魔鬼做交易并且背叛国家利益。他对俄罗斯的共产主义体制给予沉重打击，共产党虽留在政治舞台上，但已经变成二流玩家，难以夺取政权。普京执政的时候，没有延续叶利钦开创的许多东西，他开始重新改造国家，不得不纠正叶利钦革命性冲动所犯的许多错误。

梅德韦杰夫毫无疑问是普京的政治接班人，他至少需要一年多的时间来表现权力的"接班人"与"送话器"之间的某些区别。

>> 第五章 | 总统秘笈 / 56

近300年来，俄罗斯每个有作为的统治者，都曾有自己的血案。权力好像是食人族，一旦尝过人肉，就总是要求源源不断地供应。对叶利钦总统而言，1993年炮打议会大厦成了他的流血洗礼。作为狂热的反共分子，叶利钦认定，目标证明手段正确，他发动了车臣战争，普京和梅德韦杰夫执政也不是没有流血，普京发动了第二次车臣战争，梅德韦杰夫的成人仪式则是在南奥塞梯采取的军事行动。

普京是否是成功的总统？怎么评价普京八年执政？普京总统多半是个短跑政治家：他一个接一个地解决问题，逐步向前推进。普京总是选择自己可以达到的目标，作为传递接力棒的过渡时期的政治家来说，这极其自然，在这个意义上说，普京也许是成功的总统。

梅德韦杰夫能否成为成功的总统？他倚重的大部分人不是自己的中学同班同学就是大学同班同学。普京执政时期彼得堡人如洪流般涌向权力，梅德韦杰夫执政时，收缩为圣彼得堡大学法律系毕业生的涓涓细流。梅德韦杰夫的总统生涯开局相对成功，准确地把握住了令俄罗斯人不安的两个内容：司法紊乱和腐败，但局势依然在继续恶化。

第六章 权力演变 / 94

1990年代末到2000年初，彼得堡帮在莫斯科获胜在很大程度上与他们年轻和精力充沛有关。他们彼此表现出更多忠诚，相互帮助，他们明白，要对抗莫斯科的"黑手党"，必须抱团。当彼得堡的人马出现在莫斯科，就像蚂蚁搬家一样：一个人把圣彼得堡的另一个人拉过来。他们围绕着其领袖——彼得堡干部的大家长普京团结起来。

梅德韦杰夫是普京最优秀的学生，他吸收了后者职业生涯的一切优点和不足。在梅德韦杰夫的首肯下，普京成了大权在握的总理，总统的地位实际上被削弱。普京、梅德韦杰夫之间尽管有摩擦和不满，但由于多年共同工作形成的相互谅解，正常的人际关系可望维持。

>> 第七章 | 外部环境 / 132

  每个后苏联时代的领导人——戈尔巴乔夫、叶利钦、普京和梅德韦杰夫，起初都是作为亲西方的政治家走进克里姆林宫的，都曾对美国和西欧表现出热爱，但是过了一段时间，这种感情就减弱了。叶利钦和普京离开克里姆林宫之时，采取了激烈的反西方立场。美国和欧洲的政治家的观点同样也经历了类似的演变：他们对新上任的俄罗斯总统们抱有好感，彼此寄予希望，到俄罗斯总统的执政末期，肯定会发生新的冲突。近十年来，俄罗斯奉行实用主义的对外战略和政策，总体上不成功。俄罗斯获得了不可预测国家的名声，充其量可同它友好，但不值得信赖。

>> 第八章 | 喜忧参半 / 147

  梅德韦杰夫是在俄罗斯人对当局的期望处于巅峰之时进入克里姆林宫的，他在心理上和情感上已经准备当总统，出人意料的格鲁吉亚战争把他置于全然不同的局势之下，在第一时间，他有些不知所措。如果对梅德韦杰夫执政的开局做个总结，可以得出的主要结论是，梅德韦杰夫在相当大程度上展现出自己确是俄罗斯实实在在的总统，这比2008年选举后大多数西方观察家马上就做出的预测要正确得多。

  从世界舞台上发生根本变化的视角看，梅德韦杰夫总统任期的开局变得极其重要。承认阿布哈兹和南奥塞梯为独立国家后，俄罗斯与国际社会大部分国家的关系恶化，要修复关系，梅德韦杰夫需要精心筹划和实施对外政策。他面临着极其艰巨的任务，解决其中的一部分问题就将使他成为名垂青史的政治家。毫无疑问，在试图对梅德韦杰夫总统生涯做出阶段性评价时，必须考虑这个因素。

第九章 未雨绸缪 / 215

2009年9月，"瓦尔代"国际辩论俱乐部的学者与普京座谈，俄罗斯政治学家兹洛宾：2012年您会不会与梅德韦杰夫同台竞争？普京：我们看一下英国的例子。汤尼·布莱尔首相曾在那里当政，然后与自己的接班人布朗达成协议，没有举行任何选举，一个人就取代了另一个人。我与梅德韦杰夫可以坐下来达成协议。我们是观点相近的人，我们是留着同样血液的人。

俄罗斯目前的选举体制的特点是，只有政党代表或政党才能推荐总统候选人。普京无论事实上还是法律上都是统一俄罗斯党的领袖，梅德韦杰夫如果要去参选，他就必须与普京坐下来"达成协议"。普京是非常天才的政治家，拥有无与伦比的幽默感，要在政治上战胜他是非常困难的，更不用说他手里集中了行政资源。

梅德韦杰夫是普京拔擢起来的，他本人尚未取得任何成就。没有普京总统就不会有梅德韦杰夫总统。所以，梅德韦杰夫批评普京，就意味着违背俄罗斯的传统，就是不遵守达成的条件，就是学生对老师的不尊敬，就是接班人对把他带上权力顶峰的人不尊敬。

普京休息四年后，再次被推举竞选总统，这看起来绝对是自然的事情，这里甚至保持了对宪法的尊重。

第十章 变革之际 / 257

随着梅德韦杰夫执政，许多人期待着实现自由化和解冻，当局却强化了自己的能力和职能。梅德韦杰夫解决了俄罗斯面临的两个最敏感和最艰难的问题。

第一个问题是，任命赫洛波宁为北高加索联邦区总统全权代表，同时兼任政府副总理，成为普京的副手，强化其地位。一旦高加索的问题依然得不到解决，赫洛波宁可成为避雷针，而一旦取得成就，普京和梅德韦杰夫毫无疑问与他共享胜利的桂冠。梅德韦杰夫着手解决的第二个重大问题——老人政治问题。他出人意料地让鞑靼斯坦共和国总统沙米耶夫辞职。这使人们开始明白，谁是大家庭的主人。梅德韦杰夫开始很严肃地对待总统办公厅，将叶利钦时代的重臣、总统顾问列辛解职。在体育组织任职和占据其他肥缺的官员们、强力部门的三星和四星将军被成批解职。地方领导人和高级官员都开始为自己的位置发抖：梅普组合表明，他们不打算为某个人吵架，梅德韦杰夫和普京能够就任何人达成共识并共同做出决定，没有一个人例外。

俄罗斯已经处于改革的门槛上——社会已经到了不想和不能安于现状的地步。

第一章　著书缘起

2009年9月的一个早晨，当我一觉醒来，发现自己已经"被著名"。

1968年，富有传奇色彩的美国艺术家恩迪·沃尔霍尔曾说过，他认为，将来每个人都会有15分钟的机会扬名世界。我本人的经历就再次引证了沃尔霍尔所言确实不虚。

在此之前，多年来，我一直研究历史和政治，在国立罗蒙诺索夫莫斯科大学和美国及欧洲的一些主流大学教书，主持部分项目，其中包括担任国际信息分析通讯社的负责人，十多年来在美国以及西方创办的研究前苏联的政治和学术杂志担任编辑，在华盛顿的世界安全研究所亦担任要职，在世界各国的广播和电视节目发表数百次演讲，我的著作也以各种语言大量出版。然而，按照通常的说法，我仍然是个在小圈子里享有盛名的人。

但是，当"瓦尔代"国际辩论俱乐部举行年度例会之时，我有机会向弗拉基米尔·普京提问，我抓住了这个机会，问他2012年是否会参加选举。

第二天，当我打开电脑，在互联网上看到全世界都在成百上千次地引用我的话。大家都在引用——报纸、电视和广播，俄罗斯的、西方的和东方的。原来，我提的问题，就如同成功地抛出的一块小石子，就造成了一场巨大的雪崩。大家忽然明白过来了，这个问题就应该这样提。俄罗斯的"政治生活"开始了。大家都忙活起来，争先恐后地开始讨论"2012年问题"。

应该说，这种"15分钟的知名度"不是第一次落到我头上。譬如说，几年前，我就能从弗拉基米尔·普京那里拿到过他写给我的便条，便条上说他2008年不会参加第三个总统任期的角逐。这个事情的来龙去脉非常复杂，我已经写了文章，其中在《美国—俄罗斯：对抗》一书中就写过这件事。但是无论当时还是现在，对以后怎么处理这种事情我都没有概念。

我去找弗拉基米尔·索罗维耶夫，我在大洋两岸的大多数熟人都认为这个人是个疯子，我向他提议，我们两个人一起考虑一下这方面的内容。我想说，作为"疯子索罗维耶夫"的朋友，我承受着巨大的压力，有时候感觉这种压力非常大。无论我走到那里，总有人对我说："您是索罗维耶夫的朋友吗？"一般来说，如果我给出肯定的答复，就会影响到人家对我的态度。无论在美国，在欧洲还是亚洲，只要一知道我与他交好，不仅会引起相当多的专家和记者，甚至与政治毫不相干的人们都会做出强烈反应。

人们或者因索罗维耶夫的观点和卖身求荣而憎恨他，或者因他的智慧和水晶般的诚实而热爱他。无论人们同意或不同意他的看法，但谁也不能不对这个人漠然视之。不知为什么，这个人对某件事情的看法，总会使许多人感兴趣。有的人想知道这些，是为了弄明白究竟发生了什么事，有些人则是为了指责索罗维耶夫被收买，概而言之，他的观点总是引起大家的关注。

我在华盛顿、布鲁塞尔、巴黎或莫斯科碰到的人，只要一谈到索罗维耶夫，总是大呼小叫地说，"你怎么总跟他来往？去问问他，他对某件事是怎么看的"。当我告诉他们，他对这件事的观点是这样的，他们的反应十分强烈，"他怎么啦，真是个疯子！问问他，这件事情他怎么看？"得到答案后，他们仍然愤愤不平，"怎么能这样，他根本什么都不明白！这件事情他有什么看法？"应当说明的是，后来，这些想法就作为他们自己的想法提出来了。

长期以来，我已经习惯了这种状况。在同一个圈子里经常有一些人说，索罗维耶夫既仇视普京，仇视梅德韦杰夫，也仇视俄罗斯，他把所有的钱都存在国外，他的孩子也住在国外，他在意大利有房子，他在这里现身只是为了主持电视节目。而跟他在一起的另一些人则说，没有谁比索罗维耶夫是更彻头彻尾的爱国者了，他的家在俄罗斯，房子在莫斯科，事实上不会让他出国，对克里姆林宫里所有的人，特别是普京，只要可能，他都竭尽阿谀奉承之能事。

找不到比索罗维耶夫更集各种矛盾于一身的人物了。应该说，与索罗维耶夫交好是轻松的，同时又是复杂的事。但这已经是我们——他的朋友们感受的问题了。

于是，当我建议索罗维耶夫坐下来，一起思考一下目前的政治局势怎么形成的，包括怎么看梅普执政组合这种现象，这些问题在国内将来如何体现时，他回答说："还用想吗？一切都明明白白。所有答案都一清二楚。我们俩就坐下来，一起写本书呗。"说到做到。我们就坐下来写了您目前正在阅读的这本书。

回忆起了在英国的一个机场上一件非常有趣的事情。我记得，在男洗手间，在每个小便池里都画了一个小小的准星，结果洗手间的洁净度短时间内就提高了90%。对人们的心理考量精准无误：男人们开始瞄准这个准星，竭力撒到里面，而且这个准星的方位非常正确。

我向弗拉基米尔·普京提出的问题就像那个画在小便池上的准星一样，俄罗斯政治中的许多事情马上就清楚了。人们需要确定准星，因为重要的事情是找到正确的准星。让许多人不安的是，这个准星在哪里，画在哪里，怎么防止走偏。我觉得，我们写的这本书恰好能够对此给予必要的提示。

另一个让我惊奇的事情是：多年来，我曾大量著书立说，其中还出版了发行量达数百万册的历史教科书，我在华盛顿工作，在世界最顶级的大学教书，做了力所能及的事情，但是，一个问题和普京的一个回答就给了我15分钟的知名度，而且震动了俄罗斯政治，把它从冬眠中唤醒。

当然，我在这方面没有特殊的功劳，事情就这样发生了。我完全不会思绪翻卷，思考自己在历史中的作用。可能，我有时候会带着嘲讽的情绪思考，我以前的一切个人成就就是为了在最合适的地方抓住最准确的时机，提出一个最恰当的问题。长年累月地工作，大量读书并连篇累牍地撰写著作，所有这一切可能毫无用处，但是一个问题就可以一朝成名。全世界数千名掌管着数十亿计美元的人们开始挠着后脑勺自问：2012年后会怎样呢？

当时我一下子就感觉到，弗拉基米尔·普京总理等着这个问题。很快就清楚了，俄罗斯联邦总统德米特里·梅德韦杰夫正期待着这个问题。但是，关于这些稍后我在本书里再谈。

索罗维耶夫带着自己对所有问题的答案出现了，他可以对这些纠缠不清的情况做出回答。应该说，索罗维耶夫确实掌握着海量信息，他比其他许多记者都熟悉俄罗斯的政治活动和世界的各种趋势。并且，他全然不去控制自己，非常激动地毅然决然地坦白地对我说出了一切，毫不理会我的谦虚，我试图把他的意识流引向平静的一面，显然徒劳无益。我认为，所有这一切使本书相较时下所有政治书籍显得卓尔不群，独具特色。

应该指出，对我而言，撰写本书所以非同寻常，是因为起初的章节是由我和索罗维耶夫把它口录到录音机里。然后，别人释读录音并以电子文档的形式交给我们，我们再进行加工润色。与索罗维耶夫不同，我是第一次以类似形式进行工作和体验，与他一起为未来的书灌录这么多资料是非常困难和非常有趣的事。

我甚至不说这是压力。每个写东西的人都知道，编辑自己的文章，是搞这种活计的人最不轻松的事情。我与索罗维耶夫对某些问题的观点显然不一致，这不是秘密，所以，口授的情景经常就变成了异常激烈的争吵，在争吵中，我们无拘无束地说出看法和做出论证。当然，最后经过编辑们精疲力尽的不懈地努力，文字变成了可以轻松阅读的形式，我与索罗维耶夫对其进行了仔细的校对和抄写，但读者肯定可以感觉到辩论的激烈程度。

遗憾的是，由于出版篇幅的限制，留在书中的远不是我们"智斗"的全部成果。否则，它就变成了大部头，在里面就不仅可以读到有关梅普组合，譬如说，还可以看到罗马帝国灭亡或全世界宗教神秘性的本质等问题。有的地方还可以找到索罗维耶夫对"莫斯科大学学问差劲的历史学家"的看法和我关于"妄自尊大的冶金业记者"的意见。

书中的一些章节很大程度上体现了弗拉基米尔·索罗维耶夫对某个问题的立场：因为这时候他说服了我。有些章节则多半反映了我的观点。况且，我们试图在书中的不少地方做出妥协，制定出共同立场，有时候做到了，但有时候没有。结果就出现了无论是我还是索罗维耶夫都不满意的章节。但是妥协的主要实质不就是这样吗？真理总是中庸的。

最后有人要问：我们干嘛要写这本书？坦率地说：我不知道。索罗维耶夫对此马上想到了一个经典的段子："一个老犹太人在纽约乘坐地铁，他对面坐着一个年轻的非洲裔美国人，正在阅读用现代犹太语出版的报纸。老犹太人站起来，走到小伙子跟前说，'对不起，年轻人，您怎么啦，有这个必要吗？'"当我们把书的草稿发给朋友们，在打开电子邮件的文件之前，他们就向我们提出了同样的问题："你们怎么啦，有这个必要吗？"

对此该怎么回答呢？当然，我们对其他人的看法感兴趣。但是，严格来说，本书的作者，无论是兹洛宾，还是索罗维耶夫，对于俄罗斯及其他国家的记者、政治学家或学术研究机构如何看待本书，都抱着无所谓的态度。因为我们不靠奖金，不靠国际或国内的赞助，我们写这本书不是完成某种订单，仅是源于对艺术的热爱，绝对是出于自己对当前紧迫问题进行思考的愿望。而且，对于德米特里·梅德韦杰夫、弗拉基米尔·普京，他们的拥护者和敌人是怎么想的，我们完全不关心。当然，如果梅德韦杰夫、普京或我们书中提到的其他某些人士哪怕是翻阅了本书，特别是他们对本书进行批评，都将会提高本书的卖点。如果我们只是想讨执政当局的欢心或引起其注意，我们就不会写这本书。为了达到这个目的，完全可以用其他的方法和途径。怀着这种愿望的人早已在那里排着长队，而我们既没有打算也没有需求凑这个热闹。

写于华盛顿

第二章 两个政权

不可预测是俄罗斯政治的特点

一百多年来，俄罗斯总是让世界感到吃惊，一次次地建立新的国家管理模式：绝对君主专制和军事共产主义，改革和垂直权力体系，新经济政策和苏联宪法第六条，"劳不可破的联盟"和两个政权，可控民主和个人崇拜……国家一次又一次地证明了西方所形成的成见的正确性，该成见认为，一百多年里，俄罗斯没有找到有效并合适的权力结构。俄罗斯政权的每个新架构都带有临时性和过渡性特征，一个世纪里俄罗斯更换了数部宪法，每部宪法的内容经常都大相径庭。

大家都习惯了俄罗斯是个有着不可预测的历史和对外政策鲜能预测的国家，它没有涵盖本国从远古到当代的全部历史的统一体系。古代罗斯与莫斯科公国、俄罗斯帝国、苏联与当代俄罗斯有什么联系,这些问题至今说不清和道不明。

然而,俄罗斯还是一个不可预测——而且首先是指对本国——政治体系的国家,在它面前,著名的拜占庭看起来就是原始的初级政治读本,而尼古拉·马基雅弗利①则像既幼稚又浪漫的傻瓜式人物。所有这一切因素和问题都造成不少困难和不确定性。

我们举个简单的例子。2010年2月,美国东海岸创纪录的大雪造成了史无前例的后果:联邦政府一周多没有运作,政府各部委全部关门,大批官员放假各自回家。银行、邮局、大中小学几乎关闭了一周,数条高速公路停运封闭。国家东海岸,包括纽约、华盛顿、费城等一些州和市政府停止了工作。当然,所有紧急状态部门仍在运行,中央领导层活动的时间减少到最低限度。当时还认定,发生交通事故和灾害的潜在风险要超过关闭联邦权力机关的风险。但是,美国的其他地方仍在按部就班地工作,生活没有出现任何紊乱。

这种局势使我们再次对国家的作用和管理体系的效率做出评价。庞大的国家——超级核武大国和世界主要经济体,没有中央政府和数万名高官的参与,长时间正常生活和工作,这证明了美国的行政体制具备稳定性和灵活性,它对局势的适应性和运行的自动性。

还可以举更多例子说明,在一个国家,特别是大国,不把决策权集中在首都,而拥有战斗力和负责任的地方权力机

---

① 1469—1527年,意大利政治思想家和作家,著有《君主论》,认为为了国家和权力的巩固,可以不择手段。——译者注

关发挥其作用是多么重要。在美国，对于缺乏中央的领导，谁也不会置疑地方权力的合法性及其完全实施地方管理的能力。在地方权力的合法性和权能不受中央制约的体系证明了其在下大雪日子里的效率，当然一下子就想到了海地，那里的场景确实难以让人愉快。

有趣的是，在美国任何地方都没有出现国家分崩离析的症状，而在俄罗斯，直到现在还在讨论发生这种事件的现实可能性。要知道，未必可以找到长期没有中央政府和道路交通长时间封闭的这种时刻。当然，美国不是按照垂直权力体系原则建立的，美国是个扁平、网状管理体系和弹性联邦结构的国家，它更像邦联。美国的这种权力形式是历史形成的，任何其他形式未必适应并能够在民众眼中获得合法性。

在美国，不可能发生颜色革命。这样的革命只会对依靠垂直体系的国家构成威胁，因为所有这些革命都是首都革命。顺便说说，为了国家最高权力的稳定，首都的市长成了关键人物。

从自身看，俄罗斯经常拿其权力结构的形式做试验。让人惊叹的是，在如此漫长的历史时期，国家竟然不仅没有形成长期有效运作和具有行为能力的政权形式，而且经常与社会发生不同程度的冲突，这种权力形式恰恰是俄罗斯权力的有机组成部分。

在俄罗斯，目前经常援引杰出的哲学家伊万·伊利英关于国家结构的论断："这不是空洞和僵死的形式：它与人们的生活、固有属性、气候、国家的幅员及其历史命运密切相关"。然而，俄罗斯国家相当大部分的历史特点是，莫斯科试图推翻这个论断。俄罗斯的国家与权力结构处于持续不断的变革之中，处于一次次地与最高当局提出的目标重新调适的过程中，处于改革以迎合某种动员性任务之中，时而是斯大林的工业化，时而是叶利钦的民主化或者是梅德韦杰夫的现代化。结果，俄罗斯根本没有从国家内在特点中、更未能够从苏维埃政权或反苏维埃政权的当前任务中产生出完整的国家构想和哲学。

俄罗斯经常摧毁已经形成并建设另一种国家和政权形式，使它们完全服从于当时的内外条件和目标，服从于具体领导人的观点、意向和政治优先方向。动员是国家所有行政及任何其他改革的基本形式。在这种情况下，像列宁的一句名言所说的那样，改革总是开始于社会缓慢得"等死一样"之时，由于权力本身所具有的不稳定性，改革从来不带有而且也不能带有可预防性和超前意识。甚至目前谈到的俄罗斯现代化，它也始于寻找外来的样板，它依据极其简单的历史类比原则，自然成果寥寥。它注重的不是民族精神、历史或政治价值和权力传统的优先性，而是新权力模式与生俱来的临时性和本质的局限性。权力的形式取决于下一个改革者的冲动，这总是把权力变成这些改革的反对派。

悖谬的是，在俄罗斯，没有比国家政权更加不稳定、更易服膺于一整套不完善和不自信的机构。当然，权力总是反对新生事物，因为新生事物总是对它构成威胁。正如现在所做的那样，通过建立垂直权力体系来寻求稳定显然成为体制性的失误。俄罗斯需要一种权力构想和哲学，它要与人民和国家深厚的民族特点、历史、文化和地理相适应。

俄罗斯总能经受住国家管理中出人意料和可能出现的剧烈紊乱，这取决于国家权力结构的形式。它能否引领自己，如同2010年2月美国创纪录的大雪那样有序——或者如同海地，2010年1月由于悲惨的地震失去中央政府后，国家长时间被置于外国控制之下？俄罗斯最近10年建立的垂直权力体系自觉不自觉地会成为国家安全的威胁。对俄罗斯权力组合做出客观评价的理论上和实践上的复杂性就在于此。

无论任何人，包括处于权力顶峰的人，任何时候都不能明确说出，在并不遥远的未来，国家权力将是什么面貌。比如，有谁知道，2012年俄罗斯总统大选中会出什么幺蛾子？最近一次国家政治演变的波折导致了所谓的"执政组合"，这已经是众所周知的事实。这种现象实际上是什么？为什么会产生，它从哪里产生？它在多大程度上对具有独特历史、文化、多民族和多宗教社会心理特质的俄罗斯来说是有机的和自然的？它有多大的活力，稳定性有多高？主要问题在于——以后怎么办？

在本书中，我们尝试对这些问题给出自己的回答。而且我们清楚，我们的结论和判断在某些方面会与国内权力已经发生和将要发生的情况相近，某些方面可能与实际情况不相符合。权力的不可预测性是其极其负面的属性。必须认真地思考和讨论俄罗斯的这个老问题，因为它不仅涉及到这种权力，而且也涉及到整个国家，毫无例外地涉及到其所有公民，不论其民族属性、社会或经济状况、政治倾向或职业属性如何。所以，我们不会期待读者同意我们的所有看法，我们只是呼吁严肃、客观和深刻地对俄罗斯权力的本质、特点和形式进行公开讨论。

俄罗斯历史上的两个政权

作为开始，我们试图仔细分析一下，当时为什么选择了"组合"这个术语。令人不得不认同的看法是，在俄罗斯国家历史上，也许在全世界历史上，"两个政权"这个词都与可怕的结局联系在一起。"两个政权"总是不稳定的象征，是最高权力不健全的象征，"谁更重要"这个主要问题没有解决的象征。有趣的是，在政治上，严格地说，发生作用的物理定律是，任何局势都是趋向于稳定方面来解决。因为可以理解为，两个政权通常是虚弱的表现，因为它由多种原因而产生，或者由于存在法律漏洞，或者由于各种势力暂时平衡——这个链条的参与者谁都不能战胜另一方从而实现一人治理，大家力求安于这种状况。

类似的治理形式——两个领袖，自远古即有之。最终正是这种情况导致罗马帝国分裂为东罗马帝国和西罗马帝国。随后的整个世界历史，俄罗斯的历史也不例外，同样地向我们展示出，任何两个人统治的企图都以何种结果告终。的确，俄罗斯历史上最显著和有名的两个政权的例子是罗曼诺夫家族统治时期，彼得和索菲亚的统治，它以悲剧告终：索菲亚及其追随者最后落得何等下场，对谁都不是秘密。

还必须指出，两个政权并不意味着权力分支的自然和必然的独立性。它在平等和权力相对交叉的情况下产生。我们记得1917年的历史——当时两个政权以一个分支最终摧毁另一个而告结束。当然，两个政权——1993年10月，叶利钦与最高苏维埃对抗的那个可怕和痛苦的危机，由于它在时间上离我们最近，对此我们还记忆犹新。这种游戏持续的时间从来不会太久，当两个权力中心之间的紧张局势加剧，迟早都会擦出火星，一切都将付之一炬，两个政权引发能量释放，遗憾的是，这种能量在历史维度上是以鲜血来衡量的。

饶有兴趣的是，我们所知道的两人共治的历史例子可以划分为联盟，它是自愿形成、有意识地做出建立这种结构的决定；而由于客观原因形成的联盟——则是由于上面提到各种领袖人物潜力平等，难以自行划分权力。这种权力结构的有效性也取决于它是如何形成的。

例如，在"停滞"时代，列奥尼德·勃列日涅夫事实上与苏联部长会议主席阿列克谢·柯西金分享权力。在这种情况下，有过相互补充的情况：柯西金在很大程度上用巨大的智力潜力弥补了行动的"分量"不足。但是，或迟或早，由于势均力敌形成的两个政权结构的参与者潜力耗尽，国内局势必然失去稳定，同时大量时间用于勾心斗角，相互倾轧。

顺便说说，人们应该记得，苏联总是有一个形式上的国家元首，尽管他即使不是直接，但也是由"坚不可摧的共产党人和非党人士联盟"接连不断地选出来的。当然，全世界都明白，实际上是另一个人——执政党——共产党的领袖领导国家。然而，国家和党的最高职位一般来说是分离的。仅有八年——苏联历史的十分之一时间里，苏共中央总书记同时兼任最高苏维埃主席团主席，按现在的概念就是兼任总统的职位。后来，随着苏联的解体，形式上两个政权的这种传统成为历史。

根据各种可能性看，类似的看法背后的事实是，"两个政权"这个词被刻意忽略了,当面临接班人问题之时,在这种情况下,当时必须保持普京作为国家领袖的占位。这样就出现了俄语根本就不习惯的"组合"这个词。

俄罗斯的历史上组合这种例子也还不少。顺便说说,众多读者一生是否看到过权力组合,哪怕一次权力组合?现在许多人已经不记得,有过一种两个人一起骑的特殊自行车。其中前面一个人握着车把、踏着刹车和脚蹬子,另一个人骑在前者的背后,任务是使劲地蹬踏自己的那对脚蹬子,希望这个构架保持平衡,以防在下一个拐弯的时候摔倒。

回到苏联时期,我们仍然记得斯大林与加里宁的经典组合。表面上看,米哈伊尔·加里宁是最高苏维埃主席团主席,然而,"全联盟大班长"很快就意识到了国内力量的配置,没有以任何一种方式去觊觎领袖的角色,甘愿占据安静的幕僚地位,热火朝天地蹬踏着脚蹬子。勃列日涅夫和柯西金时代,最高苏维埃主席团主席尼古拉·波德戈尔内占据高位,但是没有任何自作主张的野心。也许,这批同道中最后一个人是拉菲克·尼沙诺夫,他是苏联最高苏维埃民族院主席,满足地望着领袖的项背。

这类自愿的权力组合,事实上其中一人要甘愿成为幕僚,而不管其职务名称如何。俄罗斯历史上这种权力组合经常产生,根据各种可能性看,是由于俄罗斯的权力体系缺乏一定的稳定性,在涉及权力交接、离开权力之时,没有形成政治竞争的传统,没有形成政治阶级的传统,经常是在需要寻找出路的具体时刻,依据具体的情况做出决定。

正因如此,老实说,2008年就是这种情况,梅德韦杰夫和普京双头政治——不管它运作多么有效率——仍是彻头彻尾的政治即兴之作。我们注意到，这样就难以在国内确立战略稳定，尽管也可以说，这显然解决了保持体系可控性的策略任务。请大家记住，谁也不知道，2008年总统大选后会是什么样子。就如同现在谁也不知道，2012年总统大选后局势如何发展。流行着许多传言，但是甚至谁也不敢开玩笑说，一切都在大选中搞定，一切都会遵循宪法。换句话说，国家将失去权力的合法性。无论我们想不想这样，但是既定局势是——这是15年来治理的结果，它不是借助法律并依赖宪法，而是用所谓的"手动挡"治理的结果。

几百年来，俄罗斯政治的特点是，新领袖在权力等级中占据高位但不随之同时获得足够的合法性，特别是在国家精英们的眼中。为了完全彻底站稳脚跟，他必须通过大张旗鼓地摧毁前任的体制基础，通过撤换精英，消除赖以形成体制的人脉，以及或软或硬地诋毁前任来实现规定之外的"合法化"。

在缺乏有效运行的政治机制条件下，只有这种毁灭才能保证获得实际权力的权利。首先要"清洗"的是人，因为继承人从离去的领袖那里继承下来最危险的东西是他的工作班子。这个传统在俄罗斯的政治文化中根深蒂固，从彼得和彼得之前的几百年来，情况没有多少改变。当然，从肉体上和法律上我们已经摆脱了过去残酷的法则，我们已经很长时期不把沙皇与他心爱的王后、嫔妃与仆人合葬，然而在思想层面，在人们的意识中，迄今为止，情况仍然是这样。

与权力转移关联的第二个必然的历史传统是，不仅要求摆脱那些人，而且要放弃前任的政绩。每个领袖都把前任想象成弱智和没有资格的领导人，是主要的失败者，诸多问题因他而起，新的统治者执政后，现在被迫解决这些问题。

外国人总是把俄罗斯视为具有不可预测未来的国家，因为这个国家的路线总是充满曲折，要根据新执政的领袖的主观看法来确定方向。没有摧毁其前任建立的机构的统治者被看作是这个机构的一部分，而不是独立自主的人物。这种历史记忆总是使接班人极其血腥地对待其前任提拔起来的人，严格地说，对他自己的精英，对全国的人也是如此对待。

叶利钦以这种方式摧毁了戈尔巴乔夫建立起来的体制，众所周知，戈尔巴乔夫摧毁了其从勃列日涅夫和安德罗波夫继承下来的体制，列奥尼德·勃列日涅夫起初与尼基塔·赫鲁晓夫的人马和体制进行了长期斗争，而后者在此之前对斯大林的人采取了同样的态度，而约瑟夫·维萨里昂诺维奇·斯大林本人当时摧毁了列宁建立的权力体系，几乎把他的战友们消灭光。顺着这个链条往前推，可以直接追溯到彼得一世或者伊凡雷帝，即事实上全部祖国历史乃是其权力不自信的领袖同其前任遗产一次次斗争的历史。几乎没有相反的政治行为获得成功的例子。也许，近年来，只有普京能够在某种程度上走出这个恶性循环，尽管他也向传统献了礼——弗拉基米尔·弗拉基米洛维奇·普京仅揭露了"罪恶的90年代"，指责寡头们助长腐败、瓦解经济和国家，并发起了对他来说关键的"尤科斯案件"，来礼赞自己的合法性和力量。

一个自我循环的怪圈出现了。俄罗斯权力连续性的缺失，通过实际选举来实现权力转移和交接的文明机制的缺失，同时整个社会从上到下充斥着巨大的法律虚无主义，以及代表机制毫无效率所导致的结果是，下任领袖不能不蔑视国家的精英。同时，精英也害怕执政者，寡廉鲜耻地对其奴颜婢膝，当下任接班人到来后，再进行报复，欢快地向前任偶像泼脏水，以博得新领袖的欢心。

不应忘记在上述情形下必然要进行的财产重新瓜分。"稳定"的拥护者们喜欢用来吓唬人们的俄罗斯暴动——疯狂和可恶的俄罗斯精英内部的缠斗，导致国家发展方向发生改变，比人民骚动更加频繁，更加残酷——与之相比，人民骚动是相当罕见的现象。正是精英斗争成为俄罗斯在整个世界的眼里具有不可预测特点的原因。

历史学家瓦西里·克留奇科夫写到："为了捍卫祖国，打击敌人，彼得比他所有的敌人要使祖国变得更荒芜。"后来，由于众所周知的原因，斯大林的《联共（布）党史简明教程》把彼得变成了伟大的国务活动家。为制度的稳定——为整个政治体系的战略稳定奠定基础而斗争，本身不是政治斗争的目的。

德米特里·安纳托里耶维奇·梅德韦杰夫在精英、本国人民和全世界的眼中是否获得了总统的合法性？尽管目前这种合法性还明显不够。或者在可预见的将来，有人难以阻挡并示威性地对普京及其"胜利的十年"进行诅咒——仅仅为了在国内确立又一个"合法性不足"的权力，结果因为自己政治上的不可预测性，再次把大家都抛弃，因为在这个世界上，不可预测的朋友要比可预测的敌人危险的多，那该怎么办？无论如何悖谬，梅德韦杰夫之能够成为总统，今天不仅取决于他本人，而且在很大程度上取决于弗拉基米尔·普京的行为。

应该承认，普京确实在权力交接方面为新的政治文化奠定了基础。他实行的新举措具有多大的活力，现在做出判断还为时过早，然而，重要的是事实。实际上在他执政的最初四年，普京没有进行过重大的干部更换，即严格地说，普京是与鲍里斯·尼古拉耶维奇·叶利钦的班底一起工作，只是到了后来，往往不经自己动议就开始换人。

在这个意义上，标志性的是亚历山大·沃罗申的离职，他是由叶利钦带到总统办公厅的。这一步骤无论如何不是由普京挑起的，而完全是沃罗申个人立场的体现，他不同意所发生的事情，尤其是尤科斯案件。我们认为，普京与沃罗申作为总统和总统办公厅主任，三年来并肩工作的事实在很多方面已经说明，它是俄罗斯历史上独一无二的情况，是新政治文化的开端，俄罗斯历史上还没有这样的例子。

还有一个很能够说明问题的因素：普京与他之前的许多领袖不同，他没有摧毁国内前任们的任何纪念碑，无论他们是谁。实际上，这也是国家有趣的现象：在俄罗斯，对所有已故领导人的墓地都采取了严格程度不一的保卫措施，与本国人民隔离开。在国家节日里，根本没有一个让俄罗斯人带着自己对国家的自豪感而去的地方，尼基塔·赫鲁晓夫和鲍里斯·叶利钦的坟墓是某些例外。

无论在革命前还是革命后，执政的领袖们就以摧毁纪念碑和消灭对前任们的记忆开始了对实际权力的追逐，包括对那些把他们带到权力顶峰的前任。普京执政是俄罗斯历史上非同寻常的时期，那时，政治领袖们的纪念碑没有被摧毁。也许，例外的情况是，格罗兹尼市阿赫梅德·卡德罗夫[①]的

---

① 曾任俄罗斯车臣共和国的总统，现任车臣共和国总统拉马赞·卡德罗夫的父亲。——译者注

纪念碑被推倒，但这是另外一回事，同普京没有任何关系。

普京开创善待前任先河

作为开端，还可以用好奇的眼光去审视另一个问题——俄罗斯执政者中，看谁实现华丽转身，体面地离开政坛。引起我们兴趣的这个历史时期并不特别漫长，因为对于沙皇们来说，严格地说不存在这个问题。沙皇们驾崩了——形式各不相同，有的体面，有的可耻，总体来说有好下场的不多。弗拉基米尔·列宁和约瑟夫·斯大林也逝世了，自然死亡还是另有其他原因，我们现在不去分析。尼基塔·赫鲁晓夫没有享受应有尊荣就被他的战友们静悄悄地抛弃，正如人们所说，谢天谢地，没有被枪毙。鲍里斯·叶利钦对待戈尔巴乔夫的态度完全不是绅士的方式，甚至可以说是不地道，因为就我们所记得，一个人活着并自愿地放弃职务，这种情况根本不多见。

尼古拉二世曾面临离开权力的问题，沙皇以惊心动魄的方式解决了这个问题，他签署了逊位宣言，从而实际上剥夺了其继承人登上俄罗斯皇位的权利，因为前提条件是，逊位要有利于其哥哥米哈伊尔·亚历山大洛维奇。严格地说，这个条件没有任何意义，米哈伊尔没有接过皇冠，在立宪会议召开之前，他就把权力交给了临时政府，但是立宪会议最终也没有开成。

结果是，尼古拉不仅放弃了个人权力，而且带走了整个王朝，这个王朝无论好歹统治国家达300多年。严格地说，皇帝以整个政治阶级、全体精英的名义做出了决定，从而不仅放弃了对国家的领导地位，而且放弃了自己对整个阶级的领导地位，证明了其作为执政者的无所作为和缺乏资格。

就事情本质而言，尼古拉促成了这个阶级的毁灭和接踵而至的国内战争——特别悲惨的是，如果记起人口普查，他在填写自己的职业种类时，签下的是"俄罗斯土地的主人"这个封号。顺便说一下，普京在人口普查时填写的职业种类是"民众的公仆"，与之做个比较是件有趣的事。尽管纯粹是外在的，但国家这两个领袖的巨大距离、巨大差别就在于此。

毫无疑问，叶利钦实现了华丽转身。他是唯一一位在离职之时因自己的错误公开向全体人民道歉的国家总统。这个具有演出效果的姿态——尽管稍微有点戏剧性，但从这个职位离开，"不戏剧性"也不可能。所有政治家——都是大戏剧的一部分，舞台的规模就是如此，没有产生效果的姿态还真说不过去。

如同所有改革家一样，首任俄罗斯总统从来就没有在历史上获得众口一词的评价。如同其他改革家一样，直到现在还受人喜欢的为数不多。越来越多的人还在仇恨和指控叶利钦，但是，鲍里斯·尼古拉耶维奇·叶利钦个性的严整性和行为的矛盾性，任何时候任何人都不会漠然置之或不予关注。

同以往一样，现代人用凡夫俗子的态度评价叶利钦——根据自身的感觉做出评价。在这个政治浮游生物充斥和魅力荡然无存的国家里，鲍里斯·叶利钦还没有堕落到这个地步，他不是个充满恶意和睚眦必报的总统。朋友和战友们为他担忧，但是敌人也不害怕他。他是如此大度，器量小和爱记仇的人都可以证明这点。他犯了许多很大的、但真诚的错误和失误，然而，他没有做一件微小但精心思考和算计的肮脏事。

在克里姆林宫里，鲍里斯·叶利钦总能够首先战胜的恰恰是自己。有时顺利，有时不顺利。无论何种情况，叶利钦都是俄罗斯的首任总统，这个国家有朝一日终会给他树立体面的纪念碑，因为不论当代人如何置评，很少有国家不为本国的首任总统树立纪念碑。但如果仅仅为了这个目的，就显得对自己国家的历史太过不敬了。接着俄罗斯产生了第二位总统弗拉基米尔·普京，今天在克里姆林宫工作的是第三位总统——德米特里·梅德韦杰夫，这意味着，叶利钦完成了自己的使命。没有俄罗斯第一位总统，就没有任何其他的总统。

这样，也许在很长一段时间内，弗拉基米尔·普京是第五个活着离开国家最重要位置的执政者。与前四位不同，他完全可以不离开。这是他做出的原则性决定。

尼古拉二世在巨大的压力下逊位，曾徒劳地希望，即使不给他保留权力，至少会留下性命。赫鲁晓夫被自己的同志们耻辱性地秘密撤职，他没有进行斗争就离开了——实际上很难说，在当时条件下，进行斗争的可能性有多大。他们按照同样的规则战胜了他，就如同他本人当时战胜了斯大林的追随者：拉夫连季·贝利亚、格奥尔吉·马林科夫、拉扎尔·卡冈诺维奇、德米特里·谢皮洛夫反党集团一样——只是放他们一条生路，没有枪毙他们。戈尔巴乔夫随着苏联解体离开了——他已经没有了可以领导的内阁，就如同没有了国家一样。叶利钦由于当时的局势离开了职位，甚至提前离职，当时他已经不能领导国家——俄罗斯已经跌入深渊，权力危机已经变得相当严重。

  无论怎么看待这件事，弗拉基米尔·普京根据宪法独自做出了决定，正好在俄罗斯宪法规定他应该离职的那天放弃了对国家的领导。此外，我们已经说过，普京成为第一个违背俄罗斯典型传统的人——他没有去糟践自己的前任。一些人觉得，叶利钦被囚禁到了金丝笼里，然而，普京给了他前任总统应该享有的一切尊荣，还包括为故去的叶利钦送了最后一程。普京一次都没有批评过叶利钦本人，他是否明白，这将为他的后任对自己的态度奠定基础。

第三章　花落梅家

俄罗斯选择接班人的特点

让我们饶有兴趣地循着鲍里斯·叶利钦选择弗拉基米尔·普京作为接班人的逻辑——要知道当时总理的职位已经是起跑平台、跳板。叶利钦精心设计的方法之所以引人好奇，是因为普京显然是按照之前已经成功运行的相同的示意图选择了梅德韦杰夫，做出评价的态度、尺度和程序几乎一模一样，发生变化的只是做出决定的人不同罢了。

叶利钦总统挑选了许多候选人，这是全体国人尽知的事实。每个新任命的总理都被视为未来总统的候选人，实质上，这是死亡之吻，因为俄罗斯所有的精英都扑向新任命的人，竭尽全力显示自己，并向大家证明，那个人不配担此大任，他不行，他会夭折。

许多人确实夭折了，因为一开始就行事不稳重——结果，叶利钦被迫（可能，不是没有窃喜）寻找新的候选人，以便也把他扔到这个火炉中烧烤。例如，鲍里斯·涅姆佐夫①大概就是如此，叶利钦事实上已经公开把他宣布为自己的继承人。顺便说说，叶利钦利用了鲍里斯·叶菲莫维奇·涅姆佐夫把他视为父亲的情结，然后又心如止水般地让其做了牺牲品，因为他明白，这个人有点软弱。况且，在当时残酷的政治竞争条件下，这是一种实际检验，而且整体看来，检验结果还不错。

作为一个人，毫无疑问，鲍里斯·叶利钦的个性是勇敢的，他经常感到自己处于对抗之中。此外，他原则上喜欢表现出高姿态，他可以并且喜欢把人抱在怀中扼死。当在政治天际出现一个叶利钦认为拥有与自己能力可以比肩的人时，他既不流放他，也不疏远他，相反，他试图面对面地端详他。

显然，他确实对这些人感兴趣。他不怕直接竞争：他把自己感兴趣的人拉出来，靠近自己，在多数情况下，他能克己制胜——就如同他在怀中扼死亚历山大·列别德②或维克多·切尔诺梅尔金③一样。显然，与总统的竞争不会是直接的，然而，叶利钦感兴趣的是，可以这样说，凭借握手来确定力量的大小。

---

① 曾在叶利钦任内担任俄罗斯政府第一副总理，现在组建了自由人民党，成为俄罗斯当局的反对派。——译者注

② 曾任叶利钦时代的俄罗斯安全会议秘书和克拉斯诺亚尔斯克边疆区最高行政长官，2002年4月飞机失事罹难。——译者注

③ 曾任俄罗斯政府总理，2010年11月去世。——译者注

应该指出，尽管鲍里斯·叶利钦本人的相貌长得有点朴素，但是他是一个非常细腻的政治斗士，机关斗争的天才，接人待物直觉上或有意识地运用马基雅弗利的方法。要注意：与叶利钦同时起跑的任何人，都没能够从始至终与他一起跑完全程——当然，叶利钦家族的成员除外。他病态般走马灯地轮换干部，因为他心神不宁，害怕阴谋，竭力排除关键人物建立盘根错节关系的可能性。

叶利钦把人提拔上来，但没有走到底，半路又把这些人抛弃了。结果，所有有些名气的人物，职位并不显赫，总统身边没有剩下任何人——而且，应该承认，由此他自觉不自觉地建立了执政阶级，至少这个阶级的大部分是他建立的。

当了总统后，弗拉基米尔·普京没有遵循这个逻辑——除直接竞争者外，他没有消灭也没有疏远那些亲眼看到他掌权的人。叶利钦清洗人的时候，努力清洗得干净彻底——他做了那么多恶事，要消灭一个人，实际上不给他留任何东西。他就是这样对待戈尔巴乔夫的，叶利钦简直就把他踏烂了。如同拳击一样，普京喜欢的不是一拳制胜，而是凭点数取胜，他不会打死任何人。

这样，如果看一下鲍里斯·叶利钦如何组阁的过程，他出乎意料地解散内阁和安排人选，进行怎样的轮换，那就很明显：尽管我们已经习惯把叶利钦执政的最后几年称为无意识执政时期，显然，最终解决选择接班人问题的还是叶利钦本人，尽管各种各样的寡头集团也积极参与，他们支持普京，害怕卢日科夫——普里马科夫班子的人掌权。

不能向叶利钦提出条件或最后通牒——他是个不容许有人对他采取类似态度的人。不慌不忙地"培养"他，促使他走向某个方面，有利于做出某种决定，这是另外一回事。事情也正是这样，包括对许多人来说，他在新年之际辞职出人意料。

归根结底，叶利钦依靠的还是俄罗斯新生代政治家，普京就从他们中脱颖而出。就实质看，叶利钦亲自赋予他们权力，清除了那些帮助他本人掌权的人。他已经从新一代中选择了自己的未来总统候选人。对他而言，尤为重要的是，成为总统的人，除了接受一切考验外，还要怀有某种特定的情感——至少怀有政治上的感激之情，而且只对叶利钦而不是对别人怀有这种感情。普京无疑怀有这种感激之情。

叶利钦为何青睐普京

1999年是否曾把总理米哈伊尔·卡西亚诺夫视为接班人？今天要把这个问题说明白有些困难。严格地说，还不清楚，他为什么失去了权力？现在他本人试图把自己与尤科斯案件扯上关系，但是这种说法没有根据，因为尤科斯案件与卡西亚诺夫辞职之间隔了不少时间。如果尤科斯案件与亚历山大·沃罗申辞职可直接联系起来的话，那么，卡西亚诺夫的就是另一种情况。

表面上看，卡西亚诺夫似乎具有当总统所应有的一切典型外貌特征，在许多方面，他与目前俄罗斯驻北约代表德米特里·罗戈津长得很相像。民间传说，要成为国家的统治者，恰恰需要这样的相貌：具有深沉男中音的俊男勇士。这里就出现了引人注意的悖论，根据记者亚历山大·布德别尔格的看法，俄罗斯是个女人国家，因为俄罗斯的妇女在社会意义上是个有较大生产能力的群体，她们比男人更吃苦耐劳，更聪明，更易组织。自然而然，女人的国家总是选择男人。也许，正是这样的勇士应该成为民选的对象，然而办不到了——他们依然是永远的接班人。

起初，在这场博取好感的角逐战中，红人自然是叶利钦总统本人，尽管就其身形看，他多半属于父亲辈了，然后成为祖父辈了；另一个人是亚历山大·列别德中将；然后走向前排的是年轻奔放体态匀称的三驾马车，在这三驾马车里，一开始"驾辕"的是鲍里斯·涅姆佐夫，米哈伊尔·卡西亚诺夫然后承担了这个角色，而德米特里·罗戈津①总是属于拉边套的人。

然而，不知为什么实际情况完全变成另一个的样子。掌管国家的那些人毕竟都拥有民间描述的那种明显特征，当然，尽管在男子汉气质方面谁也不逊于他们。但是，孔武有力的人并不总是作为幸运的沙皇载入俄罗斯史册，尽管彼得大帝的确个子高大，但他不特别英俊——当时的人说他长着一张"猫脸"，关于性格没什么说的。列宁和斯大林无论从身材上说，还是容貌看，都不出众。

迄今为止，依然搞不清楚强有力的政治家米哈伊尔·卡西亚诺夫从俄罗斯总理位置上无条件辞职的原因。所有的解释，包括他本人于2009年出版的《没有普京》②一书给出的

---

① 1963年生，曾任俄罗斯祖国党主席，现任俄罗斯驻北约全权代表。——译者注

② 米·米·卡西亚诺夫著《没有普京：与叶夫盖尼·基谢廖夫的政治对话》莫斯科新报出版社2009年。——作者注

解释都语焉不详。谁也没有说他胜任不了工作，或者是干砸了某件事，谁也没有说，他是个糟糕的总理，做了没有产生效用的决定。根据各种可能性看，实际上，普京与卡西亚诺夫之间有过根本分歧。尤科斯案件后，普京觉得自己已今非昔比，卡西亚诺夫则认为，作为总理，他首先就应该像叶利钦时代的切尔诺梅尔金那样行事。

情况多半是，他不理解或拒绝理解，国家的总统现在已经不需要那样的总理了，于是米哈伊尔·卡西亚诺夫确实开始与普京当时对国家管理结构的构想发生了冲突。普京没有把强有力的政治家米哈伊尔·卡西亚诺夫视为其垂直权力的一部分。他需要的完全是另一类人，需要对总统有另外的态度。普京已经有了自己在俄罗斯掌权的经验——参与鲍里斯·叶利钦所做的挑选未来总统的经验。

在时间上不知是否纯属巧合，但是在卡西亚诺夫辞职后，确实开始形成被人们称作垂直权力的架构：普京的第一任总统任期结束，第二任伊始就改变了总统办公厅的运作方式，沃罗申辞职，让最信任的人德米特里·梅德韦杰夫接触总统工作的所有文件，熟悉所有技巧，所有政策酝酿过程。

我们现在努力判断一下鲍里斯·叶利钦所遵循的尺度，什么时候把自己的选择定格在年轻的政治家弗拉基米尔·普京身上。

第一，叶利钦显然是从那些很少有可能成为总统的人中间选择接班人，他觉得自己不应该对其承担义务。在进入总统办公厅之前，弗拉基米尔·普京并不是引人注目的公众人物，难以想象他在集会上发表演讲或在示威游行中能吸引一大批人。在当时的俄罗斯，确实有能够赢得公开选举的领袖人物，从个性十分鲜明、经验十分丰富的维克多·切尔诺梅尔金到能言善辩的鲍里斯·涅姆佐夫，他们都积极地表现自己，可是，他们都是受欢迎的政治家，没有依赖叶利钦总统，他们在选举中获胜的机率与他们的社会活动的具体成果直接相关——因为在最艰难的岁月，在大众的意识中，总把这些成果与一个熠熠生辉的政治家星座联系在一起。普京能够赢得公开选举，是在叶利钦把他送到最高的行政轨道之后。这是鲍里斯·尼古拉耶维奇·叶利钦最大的优点，因为他当时深信，普京不能不感谢他。

譬如说，我们向前追溯一下，后来这也成了在普京眼里梅德韦杰夫的最大优点——众所周知，梅德韦杰夫告了一天假，他去了克拉斯诺亚尔斯克，在那里发表了演说，演说中提出了著名的"自由就比不自由好"的话，并宣布了"四个一"原则，短短几个小时就结束了自己的竞选活动。即没有总统野心是2000年和2008年的标准之一。

第二个重要的标准是，就表面特征看，当时普京没有自己的班底。这是相当敏感的因素，在以后的章节里我们会详细地论述这个问题。

第三，根据各种可能性看，普京之所以被选中，是因为他背后没有强力部门的重要资源——他在克格勃中没有取得这种可以使他十分认真地谈论这些事的高级官阶和职务，他当联邦安全局局长还不到一年。

第四，普京没有自己的财政资源。当时在克里姆林宫工作的人们传说，当他当了总统后，在佩着许多颗星的将军和拥有亿万家财的商人们中间，普京起初显得极其不自信，他们也没太把他当回事。

◎ 第三章 花落梅家

而且，正如经验证明的那样，起初普京给俄罗斯的权贵们留下的弱势印象实际上是错误的。没有施展的机会，没有具体的体现，政治生活中常有的这种情况成了精英们未能参透新总统潜力的障碍，他们没有意识到对自己的威胁。然而，很快就清楚了，软弱在任何情况下都不是弗拉基米尔·普京的特点，他解决了对身边人的控制问题，这个过程虽然缓慢，但是精准。

作为影响叶利钦选择自己接班人的一个原因，人们经常摆出的事实是，普京作为出身于强力部门的人，是唯一一个真正能够在鲍里斯·叶利钦辞职后保证叶利钦家族安全的人。然而，这个论据显得不太有说服力。

最后，叶夫盖尼·基谢廖夫也同样来自强力部门——他能否保证某人的安全呢？的确，一个做了总统，另一个成为了反对派记者，然而，选非所用，不堪大任，基谢廖夫成了反对派记者。相反，根据各种可能性判断，叶利钦百分之百相信普京与克格勃没有真正严肃的关系，因为众所周知，他对这个机构怕得要死，竭尽一切能事把它瓦解。

多半是，普京没有也不能给他有别于另外的人能够给予的任何特殊安全保障。他不是保镖，这不是他在克格勃从事的专业。此外，迄今为止依然存在的对克格勃妖魔化当然是极其幼稚的。人们谈起克格勃如同谈论犹太人的密谋一样，即他们确信，第一，所有的克格勃分子都相互认识，相互达成协议；第二，"一旦入朝门，永是朝中人"，既然当了克格勃，就永远是克格勃；第三，借助于系统的秘密标志，契卡分子就要夺取政权。这样的人不能成为别的，只能是偏执狂。

而且，如果普京与叶利钦之间有某种协议，表面上看，普京已经全部履行。对于叶利钦来说，在其辞职之时，更重要的是保持现状——与其说是政治上的，不如说是个人的和部分在财政经济方面的现状。根据亚历山大·沃罗申的讲述，叶利钦提出的唯一一个要求是，不要动他在"飞机场"担任领导职务的一位亲戚。

个人关系中的正派与否和对同他达成协议的人的信任与否在协议中起着重要作用。可以推测，普京所理解的责任范畴要比口头承诺大得多。最后，叶利钦和普京都是在战后小流氓出没的大院中长大，不能不了解愣头青们的某种原则和"概念"——十分可能，这也是选择落到普京头上的原因之一。

普京淘汰竞争对手

当戈尔巴乔夫当了苏共中央总书记之后，如果可以这样说的话，叶利钦再造了政治局里的权力变局。当时，政治局内部存在着两个水火不相容的集团：列宁格勒集团和莫斯科集团，但是在这种势均力敌的情况下，结果对抗就进入了长久缠斗阶段。

苏联外交部部长安德烈·葛罗米柯①提出了摆脱这种局面的建议，他推荐戈尔巴乔夫为候选人，当时戈尔巴乔夫被认为是根本没有任何像样资源的、绝对是过渡性的候选人，

---

① 曾任苏联外交部长和苏联最高苏维埃主席台主席，1989年去世。——译者注

◎ 第三章 花落梅家

但最后他却失算了。众所周知，作为报答，戈尔巴乔夫给了年暮的葛罗米柯苏联最高苏维埃主席团主席的高位，即国家形式上恢复了两个政权，当时，名义上的国家元首没有任何东西可以掌管。一切又以他们两个人所预想的那样结束了……

有趣的是，当俄罗斯新上台领导人没有站稳脚跟之时，总是被视为临时性人物。这种临时性和过渡性的想法是由历史记忆所决定的。我们大家十分清楚地记得那个举行"排场葬礼的五年"，当时《天鹅湖》曲子要比现在的格林卡演奏得更频繁。那个年代十分流行的段子是，当在电视屏幕上出现了穿着黑色西装面容严肃的伊戈尔·基里洛夫时，他总会说"你们大家笑容满面之时，我们的损失却如此惨重"。

以同样的态度对待共产党中央的某些总书记是公正的，许多人把他们看做是临时玩家，约瑟夫·斯大林起初被视为暴发户，他眼看着就要被强大的托洛茨基和加米涅夫、季诺维也夫所取代。列奥尼德·勃列日涅夫掌权之时，被认为是过渡性人物，但是终归大家忽然明白了，所有的人在勃列日涅夫执政下都过得很好，他应该留下来。

必须指出，在这些问题上，社会的期许从来都没有被证明是对的。也许，一个最流行的预测能够被印证，但没有任何一次这种情况出现。其原因究竟是什么，如果可以这样说的话，难道就是因为所有新上台的领导人都被冠以"代理"头衔？

可能他们刚掌权时，他们本人确实感到自己是过渡性人物，而这种观念却帮助他们每个人都生存下来，否则马上就会被生吞活剥了。因为一个人如果掌权太久而且勤政——他抓住已经到手的权力，那他斗争的动力在哪里？当他知道自己将长久掌权时，他会成为什么样的统治者？历史不会给我们提供相同的答案。

正如我们已经说过的那样，无论是在选择弗拉基米尔·普京还是德米特里·梅德韦杰夫问题上，都可以发现程序之间有类似的东西。显然，普京还审核了各种各样的候选人，因为梅德韦杰夫绝对不是唯一一个与普京一起共事多年，并在生活中与他有联系的人。他做了暗示，观察他们的反应。例如，谢尔盖·鲍利索维奇·伊万诺夫[①]直到最后时刻仍然充满自信，认为他将成为俄罗斯联邦下届总统。在某个时期，俄罗斯流传着数十名总统候选人的版本，从弗拉基米尔·亚库宁[②]到谢尔盖·切梅佐夫[③]，他们都相信，在某个时期，普京向他们做了命运攸关的暗示。甚至还提出过瓦连金娜·马特维耶科[④]和其他地方行政长官的方案。

"权力的送话器"们所提出的原则性问题了无新意。即必须要保留其侧近人士的利益，显然，新掌权的人在其上升之际还不是自己拥有资源、强有力的人物。从这个意义上看，普京和梅德韦杰夫的处境在他们当总统前是相似的。

无论是谁，当时都不拥有可观的属于自己的财政基础——两个人都出身于官员阶级，不是寡头，也没有寡头朋友（确实，与普京不同，梅德韦杰夫还有某些经商的经验，但是时间不长）。在与强力部门关系方面，德米特里·安纳托里耶

---

① 现任俄罗斯政府副总理。——译者注
② 现任俄罗斯国有铁路公司总裁。——译者注
③ 现任俄罗斯国有技术公司总经理。——译者注
④ 现任俄罗斯圣彼得堡市市长。——译者注

维奇·梅德韦杰夫要比弗拉基米尔·弗拉基米洛维奇·普京还差。他们两人在权力阶层的上升完全归功于国家的主要领导人，即他们的政治成长是在克里姆林宫里实现的。

极其重要的是，梅德韦杰夫就如同当时的普京一样，并没有急于要成为总统，他们当时没有这样的野心。这样就可以理解普京所设定的一个主要尺度了。而那些想坐上总统宝座的人，早已公开展示了自己的愿望。在这方面，普京也遵循着叶利钦奠定的传统，给这样的接班人钉上了十字架。当时梅德韦杰夫身边最亲近的人问他，他想不想成为下届总统，他挥了一下手，说，"开什么愚蠢的玩笑"。对普京来说，这种不想当总统的愿望成为重要的信号。此外，显然，从纯心理学看，无论叶利钦还是普京都不想选择比他们本人更耀眼的人。

谈到耀眼的尺度，候选人的"明星度"，同时与美国的制度做个比较是有趣的事。例如，比尔·克林顿在自己当政时是明星，就能言善辩、风度和魅力方面不逊于他身边的任何一个人，其侧近确实也没有这样的人。而小乔治·布什刚好相反，他明白，无论就选举还是性格，他都不是明星，他把比他讨人喜欢、拥有魅力、聪明和能说会道的人揽到自己身边，从科林·鲍威尔到多纳尔德·拉姆斯菲尔德，后者有一次在民意调查中甚至获得了美国最性感政治家的称号。

另一方面，小乔治·布什在特殊政治文化的家庭熏陶中长大。我们记得，他的父亲，也是美国前总统，顺便指出，也把很多政治行为基础准则传给了儿子，他多年来就在里根的阴影下工作，其中包括担任副总统。他们意识到，谁气度非凡不重要，重要的是谁在掌权。对布什来说，这是很明确的。

有趣的是，就内在力量、能量来说，所有大国的前总统都有些相似的东西，他们似乎容易相处，这在与他们个人交往时感觉十分明显。这好像并非"上苍的美德"，而多半是自身力量的流露。他们已经回答了自己"我是个可爱的坏蛋，我有权做这样的坏蛋"的问题，这已经有陀思妥耶夫斯基主义的意味，现在他们清楚自己的强项和弱项。还有，在这样的高位，实际上不可能碰到不聪明的人，他或多或少是"政治动物"。

在这种情况下，应该像小布什一样，允许有人对其开玩笑和进行揶揄，这样就变成了非常聪明和非常强有力的人了。尽管布什接受过良好的教育，但扮演着傻汉的角色，因为他知道，他的选民与克林顿的选民不是一个层次，应该争取那些从来没有站在他这一边的选民，说得通俗点，必须把自己的一亩三分地经营好。所以，出身于曼哈顿并在波士顿接受过良好教育的人，令人信服地扮演着德克萨斯乡村汉的角色，而他无论从出身还是就所受教育来说都不是这样的人。

甚至总统夫人们暗藏机锋的笑谈都不会给政敌们提供关键的论据，让他们把其身居高位的丈夫彻底击倒。在华盛顿的记者们面前讲话时，美国第一夫人劳拉·布什有一次大声说："我在图书馆工作，在那里每天工作12个小时，我怎么有机会与乔治见面呢？"在另外一个场合，讲到布什在德克萨斯的家庭农场时，她微笑着指出，"我的丈夫从小就在农场长大，很长时间都在挤奶，直到人们告诉他，这是一匹马。"坐在旁边的布什的笑声比任何人都大。

有趣的是，俄罗斯的总统们总是很明白，在国内，他们没有应有的竞争，在与美国总统的冲突中，正好可以在激情和道德上检验自己。不仅仅在对抗中,在整个交往中检验自己。我们总是以受气包的心态到西方,所以,重要的是我们去争取他们,向他们展示,我们是什么样的人。

有时这种方式也能取胜——叶利钦总在表面上、在公开交往中战胜克林顿,这不是偶然的,否则,叶利钦为了客观上表现得更强有力和自信,他就要按照叶利钦的方式行事。克林顿不知道该对俄罗斯总统的举止做出什么反应,跟他在一起很不自然,虚情假意地微笑,使他的"鲍里斯朋友"看上去尽可能状态最佳。另一方面,里根在个人会见时同样也战胜了戈尔巴乔夫。

无论如何,叶利钦总统最终选择了普京,而普京总统选择了梅德韦杰夫。如果把这些原委简化到极点,部分原因是,普京、梅德韦杰夫成为总统,是因为普京和梅德韦杰夫彼此熟悉——这非常具有俄罗斯的特色。正因如此,俄罗斯的选举毫无疑问是意志的表达,但是是特殊意志的表达,其原则是这样的:已经为你们做了选择,你们就认可一下吧。即人们去投票站不是去选举,而是认可为他们做出的选择,这种选择已经没有任何现实的替代方案。

至于人民的喜好,这里可以指出,当梅德韦杰夫去选举的时候,人民喜欢的主要是普京。人们想让普京留在自己的位置上,许多人准备投任何一个候选人的票,如果这个人是他们希望看到做第三任总统的人所指定的话。

2000年和2008年之间局势的不同点在于,鲍里斯·叶利钦完全彻底地离开了,而普京仍在旁边。自然而然,这与现行人物的年龄,他们的健康状况有关,其实,在我们看来,这已经是前所未有的事情,一个相当年轻的政治家,还不到退休年龄，履行了宪法的文字规定和精神，离开了职位。然而，后来让人不愉快的事实是，尽管都在谈论宪法的神圣性，实际上普京一离开，就对宪法中关于总统和议员的任期做了修改。

顺便提一下，人们是如何看待已经逝去的世纪的，对此做一研究是件有趣的事。在52岁时，普京被认为是精力充沛前途远大的政治家。列宁在革命前就被党内冠以"老头儿"的绰号，到52岁时他已经是"列宁爷爷"，弗拉基米尔·伊里奇·列宁54岁逝世。在伟大的十月革命时，他47岁，按照当时的观念，这已经是相当大的年纪了，特别要考虑到，他的其他战友要比他年轻10岁。

列宁逝世后100年，我们还记得，我们认为米哈伊尔·戈尔巴乔夫是多么年轻——勃列日涅夫75岁时还在领导国家，接替他的是安德罗波夫和契尔年科，他们也差不多是这样的年龄——戈尔巴乔夫当时才54岁！叶利钦第一次成为俄罗斯联邦总统是60岁，他绝对没有被看做是老头。所以，普京事实上是年轻的政治家。

但是亚历山大·沃罗申指出："大家都在说接班人，实际上应该说送话器。"这个文字游戏显然暗示说，在任何通讯系统中，接收机只是接收送话器发送的信号。没有送话器，接收机就是哑巴和聋子。俄罗斯总统位置的下一个送话器的经历将是什么样的？每个接收机都有一天会走出其前任的阴影并开始意识到，他要大显身手，不一定在所有方面，但要在某些方面超过前任。这里就出现了问题——前任会不会让他的接班人在眼皮底下成为比他更成功的总统？在梅德韦杰夫和普京的关系上，我们还不得而知。

◎ 第三章　花落梅家

　　2000年普京如何对付叶利钦的所有潜在继承人——他过去的竞争者，他们现在都到哪里去了，对此考察一下，是很有趣的事。那些没有及时效忠的人，已经从政治舞台上消失。这些人包括鲍里斯·涅姆佐夫，首先是尼古拉·阿克肖年科——当时的交通部长，很长时间他被认为是一个主要候选人。与他们不同，叶夫盖尼·普里马科夫和谢尔盖·斯捷帕申①，及时地表达了自己的忠诚，建立了关系体系，在这个体系中，普京意识到，没必要对他们给予太多的关注。严格地说，他们每个人都获得了金丝笼里的职务，获得了特殊而体面的退职。

　　曾直接隶属新总统普京的人被一锅端了，没留下任何人。斯捷帕申还在旁边，普里马科夫也不远，但是叶利钦从来没有把他们看做自己的继承人，他们多半被看做对抗分子。维克多·斯杰潘诺维奇·切尔诺梅尔金也不是现实的候选人。

　　至于鲍里斯·涅姆佐夫，那么，普京绝对消灭了他的政治野心，同时没有刻意去阻碍他。相反，多半事实上支持并允许阿纳托里·丘拜斯在选举中资助右翼力量联盟党。他平静地观察右翼力量联盟党如何把自己葬送，涅姆佐夫越来越失去政治威望，与其说滑向了反对派，不如说滑向了滑稽的对抗。遗憾的是，他越来越从无可争辩的强有力和才华横溢的政治家变成了大事记里的人物。

　　与尼古拉·阿克肖年科进行了殊死的斗争。在这里，重要的是应该指出如下情况：阿克肖年科比普京大三岁，某个时期也曾是叶利钦总统家族的一个选择。所以，事实上，清

---

① 现任俄罗斯审计署署长。——译者注

洗阿克肖年科——的确，叶利钦的病情客观上也对此起了作用——普京不是同他本人，叶利钦的学生进行斗争，而是与对立的帮派推出来的人斗争。即重要的不是阿克肖年科这个人物，而是家族试图培植另一个人。必须打破家族的幻想，他们认为普京掌权不会长久，而他们还有后备方案。

　　在这件事之后，普京开始培养自己的班底。我们已经指出，弗拉基米尔·普京与叶利钦不同，实际上任何一次都没有开除"自己"班子的任何人。他十分看重个人忠诚，并对此评价甚高——我们要记得巴维尔·波罗金的例子。

　　顺便指出，米哈伊尔·卡西亚诺夫在其回忆录中说，普京二次给他安排了安全会议秘书的职位，卡西亚诺夫二次拒绝。也许，情况确实如此，然而，这早已不是俄罗斯最有影响的职位。占据这个位置的人的前途未卜，安全会议秘书的职务可以成为向上的跳板，也可以成为向下的跳板。通常这是个起飞的跳板：不能说，担任安全会议秘书的人都能成为声名赫赫的人，普京是个例外，他当时也担任该组织的领导人，这已经是个人力量和因缘际会的问题了。

普京为何选择梅德韦杰夫

　　在选择梅德韦杰夫为接班人之时还有没有其他选择，如果有，为什么该方案胎死腹中？德米特里·梅德韦杰夫在什么时候战胜了自己的战友？主要的是，用什么方法战胜的？

　　在某个阶段，可以毫不含糊地说，在直线的末端剩下了两个现实的候选人：谢尔盖·鲍利索维奇·伊万诺夫和德米特里·阿纳托里耶维奇·梅德韦杰夫。有趣的是，与叶利钦时代不同，当时要看候选人背后有哪个寡头在支持，而这次，他们之间没有实质性区别，重要的是，这里只有两个直接对垒的候选人，两个战略极其不同的人。毫无疑问他们非常称职，但是如果伊万诺夫当总统，国家走的将完全是另外一条路。

顺便说一下，有趣的是，伊万诺夫是俄罗斯第二大姓氏，然而，姓这个姓的人从来都没有担任过显赫的职位，无论在政坛上，还是在商界。同样可以说，国家最大的姓是斯米尔诺夫，没有一个姓这个姓的人在俄罗斯政治奥林匹斯山名声赫赫。

普京从来没有宣布谁将是接班人，他根本不回答这个问题。我们记得——直到最后一刻还不明确他会不会去角逐第三任。本书的一个作者同其他记者一起在索契的博沿洛夫溪官邸与普京会面时，对普京说，媒体的工作人员将汇总他回避回答他第三任问题的各种答案。弗拉基米尔·普京回答说："那么让我提一个建议，我们大家去阳台喝茶。"第二个作者行事比较明智，早在2005年就拿到了便条，上面写着普京不会去竞选第三任总统[①]。

这样，普京没有任命任何人，他本人也没有谈第三任。但许多人形成的感觉是，事实上国防部长谢尔盖·鲍利索维奇·伊万诺夫准备扮演接班人角色。当普京任命维克多·祖布科夫为总理时，对伊万诺夫来说，这是真正的休克。毫无

---

① 这段历史详细地在书中做了叙述：见尼·兹洛宾 弗·索罗维耶夫《俄罗斯—美国的对抗》莫斯科 埃克斯莫出版公司 2008年。——作者注

疑问，谢尔盖·伊万诺夫当时经受了巨大的打击，现在都难以说清，他未来将干什么。他没有失宠，获得了政府副总理的高位，但是其工作的意义则难以描述。

类似的事情发生在叶利钦时代、在民间意识中具有极高威信的人身上，他就是紧急状态部部长谢尔盖·绍伊古。我们记得，当党需要赢得选举时，必须请他出马，因为他得到人民的巨大信任和好感，并拥有震撼人心的魅力。2000年1月，绍伊古担任了副总理，但是不到半年，当普京就职后，他重新成了普通部长。然而，对伊万诺夫来说，生活要更残酷一些。

根据各种可能性判断，梅德韦杰夫曾宣誓性地表示不愿占据总统宝座，如果这种表态不是起了关键性作用，那也起了重要作用，这点我们上面已经提及。与梅德韦杰夫不同，谢尔盖·伊万诺夫在某个阶段深信，他在这场角逐中占据领先地位，这在他的外表、行为以及他头上笼罩的实力增强的光环上明显地体现出来。总统新闻局的主要专家们傍上了伊万诺夫，他同政府的通讯水平已被调到最高级别。显然，一切特征已经具备。正如目击者们所说，谢尔盖·伊万诺夫真的相信了这些，可以说，他放松了警惕。

顺便说一下，无可争议的看法是，才华横溢和细腻的维克多·切尔诺梅尔金一度风头强劲，但最终断送了自己成为叶利钦接班人的任何机会，作为对叶利钦总统向人民发出呼吁书的回答，他作为总理发表了自己的呼吁书。叶利钦对此充满醋意，之后维克多·切尔诺梅尔金下一步的政治生涯就被钉上了十字架。

实际上，谢尔盖·伊万诺夫与德米特里·梅德韦杰夫之间的区别是巨大的。普京做出了原则性的决定，这看上去有点奇怪，但在俄罗斯，总统在相当大程度上不仅是政治家的职位，而且是强有力的经营者职位。总统无论就称谓，还是精神上说，都是管理者，他将统筹巨大的活动领域。伊万诺夫输给了梅德韦杰夫，完全出乎所有人的意料。

两个人同时在解决经济问题，一个人的叫做"国家项目"，另一个人的叫做"军事工业综合体优先方向"。情况一下子明朗了，无论解决哪个问题，伊万诺夫都得召开会议，会上通过的必须是解决问题的决议。而梅德韦杰夫召集解决问题的会议，取得了具体成果。所以，尽管许多国家项目取得进展，但没有完成，哪怕是完成一部分，我们也可大胆地把它归功于梅德韦杰夫。

不能否定的事实是，俄罗斯许多医院的设施改善了。不能不指出，长期以来，农村第一次变得生气勃勃，就许多重要指标看，我们已经摆脱了粮食依赖。还在几年前，80%的食品是进口的，而现在许多东西都能在俄罗斯国内生产。遗憾的是，自从梅德韦杰夫当了总统后，优先方向改变了，国家项目在相当大程度上被遗忘了。对这些项目的拨款减少了，政治支持削弱了，当总统候选人时非常卖力所抓的"经济适用房"项目，在当了总统以后，简直就失败了。

至于谢尔盖·伊万诺夫，遗憾的是，他主抓的格洛纳斯项目没有获得成功，"布拉瓦"导弹发射失败，军事改革没有完成，事实上已经失败。其实，正是阿纳托里·谢尔久科夫[①]后来领导的那支军队，现在还试图继续改革。正是这支

---

① 现任俄罗斯国防部长。——译者注

军队，在2008年8月南奥塞梯事件时，国家领导人想看到它有所作为，但表现却差强人意。即在某个阶段，一切出人意料地豁然明朗了，无论作为管理者，还是作为官员，还是作为狭义上的政治家，梅德韦杰夫都比伊万诺夫强。至少在弗拉基米尔·普京做出选择的时候是这样。

还有一个敏感的情况：谢尔盖·鲍利索维奇·伊万诺夫不是靠普京而当上了将军。为什么这很重要？问题在于，要弄明白坐在克里姆林宫交椅上的一个人的心理并不容易。职位就像放大镜一样，起初看起来不那么重要，处于人们意识深处的某个地方，逐渐开始放大，放大到非常大的地步，特别是前任是个中校，而其接班人则是上将。这样，对把接班人带到权力顶峰的那个人的感激之情就会逐渐丧失。

与德米特里·梅德韦杰夫在瓦尔代俱乐部框架内谈话时，西方的政治学家们也发现了类似的特征，当梅德韦杰夫讲述普京选择自己所起的作用时，他用了一个非常特别的术语："我从来没有当总统的计划，但是在某个阶段，弗拉基米尔·弗拉基米洛维奇·普京支持了我。"

简单地说，在潜意识里发生某种改变是必然的。根据各种可能性判断，假如谢尔盖·伊万诺夫当总统，总理普京就不会扮演他现在扮演的角色。如果在总统宝座上坐着四星上将，年龄、经验和称谓都优于德米特里·阿纳托里耶维奇·梅德韦杰夫，在奥塞梯冲突时，或许难以保证，这个四星将军，掌握着权力的人，将享有他此前受到的那种尊重。

此外，谢尔盖·鲍利索维奇·伊万诺夫无论与军队，还是与情报机构和媒体，都有已经建立起来的属于自己的关系。他刚刚离开国防部长职位，无论如何，一旦需要，某些军事部门肯定会支持他。同样还有与国防部有关的财政机构将支持他。加之伊万诺夫名字在新闻界经常提及，一大批记者众星捧月般地围着他，陪同他出行，报道他的情况。即当时伊万诺夫的资源要比梅德韦杰夫多得多。

也不能对某些担忧置之不顾——要知道，一个将军如果掌权国家，从各种观点看，都将导致难以预测的后果。他可能玩战争游戏，即便他不是从军队里出来的将军，是克格勃将军。在国家最高统帅角色上，将军的行事逻辑和思维方式都与民事律师极其不同，因为后者在国内建立军事专政的可能性实质上为零。

任何不带偏见的观察家都可以做出推测，谢尔盖·伊万诺夫会把那类人带入政坛，梅德韦杰夫会使用那类人。显然，这是两个不同的类型。最后，当时还是总统的普京对其下属德米特里·梅德韦杰夫密友圈子要比对伊万诺夫将军的密友圈子清楚得多，实质上，梅德韦杰夫的密友就是普京本人的圈子，只是级别较低一些而已。

只有几个研究所的朋友是例外，大概，在梅德韦杰夫与普京一起向最高权力上升时，经过某种筛选，他们这些人跟过来了，而所有其他人根据某种标准被疏远了。因为严格说来，更年轻的梅德韦杰夫的圈子是在与普京共事时形成的，至少，梅德韦杰夫从来也没有离开普京视线太远。

无论如何，对国家来说，这是具有原则意义的历史选择。第一，梅德韦杰夫是俄罗斯第一位四十出头的总统。第二，他是第一个没有在苏联工作经验的总统，这个人作为政治家是在冷战结束后成长起来的。

第四章 政治航道

延续还是改变方针

鲍里斯·叶利钦寻找一个能够延续其政策的人，如果可以这样说的话，他在寻找一个小叶利钦，这个论断是否得体？要回答这个问题，首先必须弄清楚，叶利钦本人的政策是什么。但是问题在于，叶利钦总统从来没有形成自己的政策，尽管他非常想在其做出的决定中找出逻辑，然而这很困难或者完全不可能做到。可以牵强附会地推测，对叶利钦来说，只有一个概念是神圣的——那就是自己的权力。鲍里斯·叶利钦是一个不知疲倦和老谋深算的政治斗士，为了自己的权力，他搭上了自己的健康，并拼尽了最后一丝力气。他没有料到，人们对他的兴趣之火竟如此迅速地熄灭了。

◎ 第四章 政治航道

　　同所有预测相反，普京以罕见的速度，很快就成为了受人欢迎的政治家，从各种可能情况判断，叶利钦对此也没有料到。如同大多数男人一样，他选择普京为接班人，是从自己单方面的立场来做出判断的。结果，就如同任何男人评价另一个男人一样，首先想到的是："一旦出现不测，我能否驾驭他？"显然，这个逻辑也在当时叶利钦的潜意识中发生了作用。对他来说，人民演员娜塔莉娅·法捷耶娃说的一句话他大概也完全没有意料到，她说，普京是性感的象征，不多不少，就是如此。

　　的确，至于弗拉基米尔·弗拉基米洛维奇·普京与来自叶卡捷琳堡的斗士叶利钦相比，他是绝对的民间形象的代表。他集中了俄罗斯人的所有原型——关于这点我们已经写过东西，并不止一次地说过。他是自己人——来自现实生活，不是党的上层官员，不是寡头，他知道什么时候日子艰难，知道什么时候日子好过。还可以做出推测，如果鲍里斯·叶利钦在他身上看到年轻时候的叶利钦，那么普京永远也成不了总统。相反，叶利钦百分之百看到了与他个人年轻时相反的情况。

　　以此类比，普京本人是否在梅德韦杰夫身上看到了年轻时候的普京？可以深信不疑地做出回答，不是。如果深入思考一下——他干嘛要这样？为什么要给自己找个年轻的拷贝？许多人就说，梅德韦杰夫今天就是普京的拷贝，但是情况并非如此。有一种意见认为，梅德韦杰夫只是个看守位子的人，他应该保持权力的连续性，在普京参加下届总统大选时仍能保住交椅。这是多少有些幼稚的推测，这个问题我们稍后再谈。

这样，什么是叶利钦总统的政策，是否因此就可以说继承性？我们从浮于表面上的东西开始说起：叶利钦是个站在坦克上摧毁了苏共的人，是个捍卫记者的人，至少他没有攻击他们，如果亚历山大·普罗汉诺夫和关闭《明天报》的历史不在此列的话。而他选择了一个几乎不可能站在坦克上的人，这个人的总统生涯从摧毁独立电视台开始，并在许多问题上放弃了叶利钦的政策。

这里马上又出现了一个敏感的因素。人们经常说，普京放弃了民主的方针。然而，要说的是什么样的民主？1996年的总统选举几近于缺乏正常的民主。未必可以把1993年炮打白宫视为民主的胜利。当然，难以想象叶利钦会为菲利克斯·捷尔仁斯基①树立纪念牌，但是同样也难以想象普京会在莫斯科市从坦克上向议会开炮。普京总统的方法与叶利钦总统的方法大相径庭。

无可辩驳的是，鲍里斯·叶利钦是自由派和民主派，在俄罗斯当时赋予这个词的意义是这样——他是反共分子。在80年代末90年代，反共分子这个概念同民主派和自由派一样，被视为同义词。叶利钦拥护言论自由，拥护人权和自由市场，严格地说，他对待媒体的态度表现了最大限度的民主，他可以允许媒体随心所欲地批评自己，只要它不赞扬共产党就行。

鲍里斯·叶利钦的特点是，毫无疑问，他是个革命家，如同所有的革命家一样，他是个可怕的最高纲领主义者和唯

---

① 十月革命后担任全俄肃清反革命和怠工委员会主席，简称契卡，即苏联克格勃的前身。——译者注

意志论者。由于命运的嘲弄，许多自由派后来都变成了最狂热的自由扼杀者。叶利钦内心对年轻的阿纳托里·丘拜斯的依恋不是偶然的，现代人认为，丘拜斯在心灵上绝对是个现代布尔什维克。

重要的是要明白，如果叶利钦哪怕有前后一贯的民主政策幻想的话，1993年也不会用坦克炮击白宫①。在这种情况下，叶利钦总统毫无疑问从一开始就输了，把自己与最高苏维埃的对抗发展到临界点，因此发布了解散议会的命令，最高苏维埃予以回敬。1991年，国家紧急情况委员会也没有走到这一步，坦克开上了莫斯科大街，他们利用的是预备役军队，而这次则是最糟糕的行动，对白宫发动了武装攻击。

俄罗斯联邦总统鲍里斯·叶利钦是美国人所称的百分之百的"政治动物"。按照所有的法律和规则讲，他都不应该成为总统——但他当了总统。根据俄罗斯人的推断，他不会自愿离开职位——但是他毕竟离开了，不再抓住权力不放，因为他是真正粗鲁、任性、固执的人，不是家养的政治动物，而是从皮肤上就能感觉到，他的时代已经结束了。作为总统，他没有掌管俄罗斯，他改革了俄罗斯，这种改革既有其优点，也有缺点。在他做出的决定中，与其说遵循的是理智，不如说是惯性，他凭感觉行事，而不是深思熟虑。另外，显而易见，这里除了弗拉基米尔·日里诺夫斯基外，普京本人也完全属于这种人。

毫无疑问，其实这就是叶利钦选择普京的一个原因。根据各种可能性看，正因如此，叶利钦当时把亚历山大·沃罗

---

① 曾是俄罗斯联邦议会的所在地，现在为俄联邦政府办公场所。——译者注

申拉到自己身边。鲍里斯·叶利钦在这些人身上找到一种同宗共祖的感觉，一种动物的直觉，而不是源自书本和课堂上得到的学术政治智慧，美国人把这成为 street smart，即街头的机灵鬼，对于高级政治家来说，这比来自书本的学术气重要得多。

为什么要如此详细地阐述鲍里斯·叶利钦总统？问题在于，不仔细分析鲍里斯·叶利钦执政的年代，就不可能明白现在发生的一切，也不会明白国家将被带向何方。叶利钦奠定了当代俄罗斯政治文化的基础，这种文化有优点，也有缺点。毫无疑问，其中可以历数的主要缺点是我们已经提到的解散议会，对整个立法机构、对议员及其独立性的蔑视态度，而执行权力机构完全不需要这种独立性。

极其狡猾的亚历山大·沃罗申在这里起了巨大的作用。他的特点是不仅拥有不切实际的实用主义，要说呢，这种实用性叶利钦也有，他绝对不尊重立法者，他认为，在俄罗斯当时的局势下，可以对他们使用任何手段。

当沃罗申面临解决立法机关弹劾叶利钦的问题时，他的解决办法是，彻底断送了立法者的独立性及他们解决国内某个问题的可能性。正是他给俄罗斯政治文化注入了与立法者做出可能妥协的做法：取而代之的是，为了达成协议，或者开始使用行政机构，或者使用镇压的手法，或者使用财政手段。当然，法律上说，议会依然是权力分支机构，但事实上已经彻底退出了三权政治，在这个意义上说，当前与上世纪90年代没有任何区别。

叶利钦操纵选举赢了久加诺夫

米哈伊尔·卡西亚诺夫在其《没有普京》的著作中讲述了令人震惊和厚颜无耻的历史。简短地说，其实质是：1995年，已经很明显，叶利钦没有赢得当前总统选举的任何可能性。尽管做了各种许诺，工资和退休金债务已经达到最高峰，国家没有这笔钱。对之前所欠下的堆积如山的债务勉勉强强地进行了改组，没有任何可信的理由去举借新债，实际上不存在这种理由。

叶利钦明白，自己失败将意味着共产党人夺取政权。他首先与当时的德国领导人联系，然后同法国的领导人联系，用"红色复仇"恐吓他们，达成了提供贷款的协议。贷款应该用于支付债务——事实上就是去贿买选民。

卡西亚诺夫直言不讳地写了这个事实。他说，在讨论准备进行的交易中，叶利钦把政治部分委托给巴维尔·波罗金①，技术部分委托给米哈伊尔·米哈伊洛维奇·卡西亚诺夫——当时的财政部副部长，国内贷款问题的主要专家。卡西亚诺夫和波罗金飞往国外，每个人都按照自己的日程工作。最后他们带着钱回国了，并向人们发放了工资。然而这还不够，正如大家记得十分清楚的是，投票机制被稍微做了手脚，所有媒体都对共产党人设置障碍，结果叶利钦和他的班子赢

---

① 曾任叶利钦时代的总统事务管理局局长，现任俄罗斯与白俄罗斯联盟理事会秘书长。——译者注

得了选举。

卡西亚诺夫承认这些后来都弄清楚了，为什么20世纪90年代俄罗斯竟然没有推行本国国际政策的企图，对来自西方的任何吆喝都会吓得惊慌失措，两腿打颤。为了消灭共产党人，鲍里斯·叶利钦总统准备与魔鬼做交易和背叛国家利益。顺便提一下，尽管如此，他还是没有决定把共产党赶尽杀绝。也不排除，叶利钦本人也从这里看到了俄罗斯的国家利益——不惜任何手段阻止共产党人重新掌权。但是，以这种方式解决迫在眉睫的问题，使他在战略上再度遭到失败。

第一，叶利钦公开表明，西方积极地参与了主权国家的事务，实际上违法实施了干预。第二，他表明了，作为不能正确向俄罗斯公民展示自己立场的领导人，他看到摆脱局势的唯一出路是，用西方的钱来贿买选民。第三个结论显然是，在做了这一切之后，叶利钦再也不能执行与那些作为债权人国家利益相矛盾的外交政策。这听起来无论多么残酷，但是这些行为没有别的解释，只能界定为叛国行为。

现在大家几乎公认的事实是，如果1996年如实地进行选举的话，当时共产党领导人根纳季·久加诺夫拥有获胜的一切可能性。在任何情况下，就如同进行的竞选一样，无论如何，竞选都远非民主可言，这是对立法权力、对选民和选举过程这种体制的最起码的不尊重。这种情况在后来，在2000年的选举中也显而易见。

我们看一下，鲍里斯·叶利钦总统给自己的接班人留下了哪些政治"未竟之业"。毫无疑问，他对俄罗斯的共产主义体制给予沉重打击，继续执行米哈伊尔·戈尔巴乔夫开始的政策。共产党虽然留在政治舞台上，然而已经变成了二流玩家，已经难以夺取政权。但是，在这个历史时刻，叶利钦没有冒险去对共产党进行自己的纽伦堡审判，甚至没有达到合理禁止其活动的目的。

也许他有意这样做，是因为考虑到国内的社会和经济状况及共产党本身的群众性。也可能只是由于他害怕。无论如何，叶利钦毕生的主要事业没有进行到底，也有可能，他把遗训交给了弗拉基斯拉夫·苏尔科夫，此人现在很认真地试图降低共产党在社会中的作用，或者迫使共产党蜕变成为社会民主党，他认为，共产党人想使社会倒退。

鲍里斯·叶利钦通过私有化奠定了俄罗斯市场经济的基础，把相当大部分国有资产交到了私人手里，创立了私人资本。然而，在俄罗斯创立市场的方式——例如，臭名昭著、后果悲惨的抵押拍卖——使整个体系变得更加恶性循环。取代民主化和建立现实的私人所有制就是把最优质的资产卖给了鲍里斯·叶利钦周围的亲朋好友，人们经营的主动性被匪帮们从根子上扼杀。寡头、七大银行家专权——这一切都是叶利钦总统的悲惨政绩。

例如，如果当时实行土地私有制，俄罗斯就会走上完全不同的发展道路。如果鲍里斯·叶利钦那怕稍微相信一下他的年轻的改革者班子——现在我们不对这个班子做出好与坏的评价——它至少说，还是始终如一的。然而，完全依据俄罗斯的政治传统，他把自己的首要任务看做是摧毁那个他从米哈伊尔·戈尔巴乔夫手里继承下来的体系。遗憾的是，叶利钦的原则就是破坏，他完全不是个建设者——这不仅因为他完全不明白该如何建设，也因为他根本不懂得如何抓住许多有利时机。

下一个因素——高加索问题及与格鲁吉亚的关系，这同叶利钦总统的对外政策有很大关系。正是在叶利钦执政时期，俄罗斯在自己的土地上建立和训练了山民联盟营，这个营参加了阿布哈兹的军事行动。后来，却产生了一系列问题。

也许，甚至可以说，叶利钦所犯下的最可怕的错误在于，他相信武器的力量。巴维尔·格拉乔夫[①]1994年曾承诺，给他一个空降团的兵力，就可以解决车臣问题。对于总统来说，他没有认为这是不可接受的。对付本国人民的战争，取得微小胜利竟然没有使他难为情。所以，一旦他已经发动了国内战争，做出选择对他来说已经不再那么重要和具有原则意义。

后来，鲍里斯·叶利钦曾因发动车臣战争公开请求原谅，然而，未必可以确信有谁听见了这声对不起，或被高加索人接受。这场战争事实上是国内战争，而且是由中央政权发动的——成了俄罗斯的耻辱。这不仅是俄罗斯人的悲剧，而且是车臣人的悲剧。

当我们说到继承性，还同时产生了一个以前谁也没有进行认真分析的问题。普京在解决车臣问题所使用的方式经常被同俄罗斯帝国的经验或大英帝国在印度的经验联系起来：从当地好战的领导人中选择一个最强有力的人，给予其信任，让他镇压所有敌人，实现个人统治，但这难道不是叶利钦"能拿多少主权就拿多少"那句话的同义语吗？

弗拉基米尔·普京确实在车臣实现了叶利钦曾提出的公理，向拉马赞·卡德罗夫提供了其他地方领导人所没有的巨大机会。可以说，普京用事实上的主权换取了叶利钦宣布的

---

① 时任俄罗斯国防部长。——译者注

法律上的主权：车臣共和国获得了空头支票，放弃了追求表面上的独立。而且，这种方式多大程度上能够获得成功，目前还难说。

实际上与鞑靼斯坦的关系沿着相反的道路发展。普京同时已经成功地从鞑靼斯坦共和国总统明基梅尔·沙米耶夫手里拿回了叶利钦当俄罗斯总统时给出的许多东西。这样，俄罗斯的新总统普京一方面落实了叶利钦曾发表的声明，另一方面，收回、聚集同时也保留了对叶利钦政策的某种继承性，并注入了自己的看法和理解。

现在，如果返回我们在本章开头提出的问题，可以满怀信心地判定弗拉基米尔·普京总统与鲍里斯·叶利钦的区别。普京执掌政权的时候，没有延续叶利钦开始做的许多东西。他开始重新改造国家，他不得不纠正叶利钦以革命性冲动所犯下的许多原则性错误。同时毫无疑问，德米特里·梅德韦杰夫是普京的政治接班人，他不单是作为一个政治接班人执政，而且作为一个人，他不认为自己有机会至少在第一阶段就宣布自己的不同世界观。至少需要一年来形成权力的"接班人"与"送话器"之间的某些区别。

第五章　总统秘笈

成功的标尺

在英国著名的系列喜剧《是，大臣》的续集《是，首相》连续剧中，讲述了一个英国现代政治家，他达到了首相的高位，其中有一些好笑的议论，说的是在其国家达到政治阶梯最顶端的人，应该工作多长时间。为了达到最顶峰，确实需要殚精竭虑地工作，但是一旦你当了国家元首，工作量将大幅下降。有许多事情是需要国家元首做的，有许多事情是他希望别人做的，根据普遍的看法，还有许多事情是国家元首应该做的。有国家元首不能不做的事情的一张清单，这个清单不像许多人想象的那样长。

然而，如果认真地分析，这个结论在很大程度上是公正的：国家元首应该工作多长时间，他决定该做什么事，该忽略什么事，这是极其重要的，对国家，对他的声望都是如此。

但是，作为开头，我们要谈的是，在俄罗斯，与权力联姻是如何进行的。从什么时刻一个人开始明白，他有权掌握命运？在什么时刻就像彼得大帝一样，认识到自己有权下任何处置命令？

我们许多人未必意识到，彼得一世曾是罗斯国家最可怕和最血腥的统治者之一：与索菲亚对抗，处死与自己做对的人，巩固其权力，建设伟大的帝国——然后是发疯，失去自己的儿子，死亡。在彼得统治时期，当时俄罗斯四分之一的人口被消灭。他进行的所有伟大征服，建立强大的海军，在腐死烂臭的沼泽中建设漂亮得无与伦比的城市——所有这一切简直是建立在累累白骨之上，并被如此巨大的鲜血所冲刷干净，生活在当时的人们想起来这些都感到惊骇。但是，他是作为伟大的国务活动家，作为对俄罗斯的发展给予巨大推动的帝王载入俄罗斯的历史的。俄罗斯政权本身和人民恰恰需要他这种历史形象，他们把他的残酷和暴力视为英雄主义和舍己精神。

俄罗斯毕竟是不平凡的国家。难怪在印度教中有一个发音听起来非常相似的术语，意思是"众神争斗之地"。某个时刻会出现一种奇异的平衡状态，一方面是当前的统治者，另一方面是人民，他们望着统治者说："是的，你现在已经坐上了王位。但是你有权力统治我们吗？"只有一种行为会给这个问题提供答案——奉献祭品的神圣封神仪式。要知道，表面上掌权并不意味着整个国家已经了解了其领导人，承认了他作为统治者的权利，甚至即使他是通过合法途径选举产生或按照一切仪轨加冕的。

俄罗斯权力的合法性并不取决于选举和举办排场的仪式——遗憾的是，合法性必然与流血相关联。在国内，与权力联姻总是要通过流血来实现。在这个时刻，与流血一起产生出对祖先的怀念，似乎必须从编年史上抹掉其他统治者企图记载下来的一切，只留下自己及其夙愿，改变自己的臣民，迫使他们成为你想看见的样子。

对历史渊源进行的分析证明了可怕的东西：最近300年来，实际上至少每个有点作为的俄罗斯统治者，都曾有自己的残酷血案，要避免这个糟糕的程序几乎是不可能的，权力尝到血的滋味后就难以停下来。权力好像是食人族，一旦尝过人肉，就总是要求源源不断地供应。

究竟为什么要对流血及对流血的态度赋予如此重要的意义？许多哲学体系都没有尝试去弄明白，流血和祭献的意义在哪里？每个宗教对这个问题都有自己的回答。要知道，基督教中葡萄酒象征着救世主的血，不是无缘无故的。《旧约圣经》在个别地方专门讲到血，这不是偶然的，书中说：请不要去喝血，因为血里面有灵魂。

是的，在血里有灵魂，其中包括人民的灵魂，血里还承载着祖先的记忆。这是一份关于一切事件的历史纪录，里面保留着多少代人的基因密码。为什么在俄罗斯会发生这种事，新统治者应该经过独特的非正式登基程序，在该程序中，人民应该说"是"，这应该成为用鲜血来完成的成年仪式，其结果决定了统治期的长短。所以，用什么样的牺牲品奉献给这个权力祭坛，起着非常重要的作用——一般来说，这是本国公民的鲜血，即伴随每个统治者成年仪式的不是国内战争，就是消灭俄罗斯社会的某个组成部分。这也是俄罗斯一个悲惨的历史传统。

一个最悲惨而且很典型的例证是沙皇亚历山大一世，就其禀赋来看，他可以说是俄罗斯整个历史上最出色的统治者。他受过最优良的教育，可以说是优中选优的教育——教师不是一般人，是法国的启蒙者。亚历山大相貌英俊，身材匀称，富有思想，热爱自由。人们对新统治者寄予厚望，他们开始憧憬宪法和自由。但是因为其掌权蒙上了弑父的阴影，或者至少纵容了这种行为，他做沙皇的下场极其悲惨。

不久前他还是自由思想者，当时同米哈伊尔·斯佩兰斯基①一起开始进行改革，后来重用了阿列克谢依·阿拉克契耶夫——一个可怕的保守主义者。辉煌的拿破仑战争以俄罗斯军队获得胜利而结束——之前多年来俄罗斯感觉自己在欧洲大地上消失，而结果是哥萨克人开进了巴黎。但是，尽管有"跳舞和会"②和亚历山大在会议上的主导作用，俄罗斯既没有占据势均力敌者的前排，也没有获得启蒙火炬的荣耀，而是"欧洲宪兵"的地位。

沙皇本人死得也很蹊跷。把权力交给了其弟弟尼古拉一世，权力交接也流了血——通过参议院广场和处死十二月党人。严格地说，在王位争夺斗争中，尼古拉把亚历山大的积

---

① 1772—1839年，伯爵，俄国国务活动家。1808年起为亚历山大一世亲信，制定自由主义改革计划，倡议建立国务会议。1819—1821年任西伯利亚总督。——译者注

② 1814—1815年的维也纳和会，会上签署了国际条约体系，其目的是调整拿破仑战争结束后在欧洲形成的局势。由于和会期间没完没了地举办舞会，所以被人起名为"跳舞和会"。——作者注

极因素最终消灭在萌芽中,消灭了其执政晚期萌芽的理智幼苗和把欧洲植入俄罗斯的企图。由流血开始而以什么告终呢?正如人们所说的那样,克里米亚战争的可耻失败,以自杀而告终。尼古拉二世在庆祝加冕时,发生了霍登流血事件①,这个可怕的预兆完全应验了。

让我们看一下后来发生了什么事。可怕的是,谁也没有能够避免成年过程中伴随的流血事件——我们甚至可以不谈列宁或斯大林。尼基塔·赫鲁晓夫,1956年的匈牙利起义,1962年的新切尔卡斯枪杀。列奥尼德·勃列日涅夫,1968年把军队开进捷克斯洛伐克。顺便说说,尤里·安德罗波夫作为未来的领袖,可以说是在党和政府系统成长起来的,1956年正好在匈牙利。弗拉基米尔·克留奇科夫,当时是苏联驻匈牙利使馆的三秘,年轻的外交官,尚未进入克格勃工作。这样,严格来说,他们都是从流血事件开始的。

可以推测,这个传统来自于俄罗斯大公们同鞑靼蒙古人签订条约并开始用火与剑向本国人民为他们征收贡税的时刻,即他们站到了征服者一边,卖力地为他们效劳。显然,正因如此,亚历山大·涅夫斯基被从诺夫戈罗德驱逐:他们打死了带着征税标志的人。亚历山大说,这是错误的,诺夫戈罗德人说,他们不需要这样的大公。

这样,为了他人而向本国人民收税,并与本国人民对立的权力传统,实际上绝不是叶利钦奠定的,他只是为世界犹太复国主义者或帝国主义效劳。几个世纪以来的这种权力规

---

① 1860年尼古拉二世登基时,在霍登广场发生围观人群踩踏事件,挤死许多人。——译者注

则与本国人民格格不入，这种权力压迫本国人民，向他们收钱交给外人。从那时起，流血就是义务——当你没有迫使人民流血，没有展示自己的权力，没有确立权力之前，人民不会把你视为实际的领袖。

普京如何站稳脚跟

甚至最近在公众意识中几乎要变成长着翅膀天使的米哈伊尔·戈尔巴乔夫都没能摆脱这个流血的魔咒。要知道，正是在他执政时期，在维尔纽斯①、苏姆盖特②和第比利斯③发生了可怕的事件。可以推测，与其说已经开始的苏联解体是所有这些事件的原因，不如说还不了解国内当时发生的进程是这些事件的原因。在苏联解体时，血可能会流得更多，这是另外一回事，这很难说。众所周知，历史没有假定式。

对叶利钦总统而言，1993年炮击议会大厦成了他的流血洗礼。事件对尚未巩固的民主萌芽造成最沉重的打击。作为狂热的反共分子，叶利钦认定，目标证明手段正确，他做了数十年来不可能做的事——发动了国内战争，不仅仅把坦克开到了桀骜不驯者所驻守的白宫对面，而且还下达了开炮的命令。不能说他的对手好到哪里去——"让你们两家都不得好死"的咒语用在这里是最贴切不过了——然而，事实毕竟

---

① 当时苏联的立陶宛加盟共和国首府。——译者注
② 当时苏联的阿塞拜疆加盟共和国的一个城市。——译者注
③ 当时苏联的格鲁吉亚加盟共和国首府。——译者注

是事实：血已经流了。

普京和梅德韦杰夫执政也不是没有流血。普京发动了第二次车臣战争。然而应该考虑到，普京执政时期，流血在很大程度上是被迫的，严格地说，流的是外人的血，流的是在达吉斯坦发动攻击的匪帮的血，并导致第二次车臣战争的开始——表面上是本国公民，实际上这些人放弃了俄罗斯国籍。但是怪异的是，当别人在流血时，国家却在等待机会。领导人将赢得信任得分，而人民期盼着他以后大显身手。

完全可以说，只是在尤科斯案件后，全国才最终承认了普京总统。这是他的转捩点并确定了他对任何反对派的控制权。之前，普京作为总统在本国人民眼里还未完全合法化——他的力道还未彻底显露。问题在于，人民尚未对合法性范围做出判断，人民只是观察着他的周围，谁是山峰顶端的沙皇？普京确认了自己成为顶端沙皇的权利。

梅德韦杰夫成人仪式就是在南奥塞梯的军事行动，而且不应该忘记，南奥塞梯冲突还是在有争议的土地上发生的。梅德韦杰夫总统还没有制造自己的尤科斯案件。将来有没有——时间会证明。目前他摊上了在"水兵寂静"监狱隔离室里死去的"传统资本管理"投资基金会的律师谢尔盖·马格尼茨基案件。

今天，要成为俄罗斯联邦总统，还需要什么？这里存在着地位这个客观问题。俄罗斯总统的地位本身是由1993年宪法决定的，权力是非常大的。但是这种力量和有效性多半属于隐形的。为了成为实际总统，必须实行权力让渡，如果可以的话，不仅是法律上的让渡，而且是事实上的权力让渡。

普京正是从1999年这样做的。精英们的状况渐渐地发生了变化——由普京领导的国有公司的精英们取代了金融和寡头精英。大众传媒，特别是电子传媒转由总统和他最亲密的亲信直接控制，而且同寡头的关系疏远了。庞大的选民资源于是建立起来了，这些资源绝不限于政党，尽管毫无疑问，统一俄罗斯党的垄断作用实际上是极其巨大的。

重要的是要强调，普京是作为彼得堡班底的成员出现的，在这个班底内有自己的关系，周围的人对这种关系既不知晓也弄不明白。重要的是，尽管形成了班底，但是他十分清楚，他应该有属于自己的办公厅。普京让叶利钦时代的大批人马仍然留在显赫位置，但是他坚定地认为，他首先必须去对抗他们：要有自己的人脉关系。同时还应该补充的是，这时候，彼得堡班底的相互忠诚度要比围绕着叶利钦及其家族帮派形成的莫斯科帮高得多，莫斯科帮则是相互嫉妒。

普京可能不是尼古拉·马基雅弗利原则的拥趸，然而，他很好地弄清了围绕着自己形成的相互政治关系，并很快吸取了教训。很大程度上正是他开始了真正大规模的专业政治游说时代。毕竟鲍里斯·叶利钦还不是百分之百的电视人物：他活动于电视可以反对他或根本不播放他的时代。普京的出现已经是电子媒体在俄罗斯占统治地位的时代，传统印刷媒体的作用已经减弱。普京十分明白电视的意义，而且还明白，如果电视荧屏上没有你，你根本就不存在。根据各种可能性看，梅德韦杰夫绝对明白这个道理，众所周知，他积极地使用互联网。

当了总统后，弗拉基米尔·普京做了什么？就职以后，他马上与美国电视主持人拉里·金在"库尔斯科"潜水艇沉没后进行了富有传奇色彩的谈话。这件事是个可怕的回忆，除了直接谈到悲剧本身外,还谈到不应该太信任记者,例如,谢尔盖·多连科①,看起来他似乎绝对忠诚于普京,但围绕潜水艇问题,他忽然尖锐地反对普京。此外,普京清楚地意识到,他没有自己的大众传媒,他们没有受制于自己的愿望,同正常民主国家的所有政治家一样,他事实上被有权决定电视播出的人们所掌控。

但是,由于在俄罗斯确实不存在真正独立的大众传媒,因为俄罗斯毕竟没有真正的民主,普京感觉重要的是把已有的媒体吸引到自己一边,否则它们会依附到其对立阵营,在任何情况下都不会保持独立和客观。于是发生了在总统办公厅主任亚历山大·沃罗申办公室里进行的著名谈话,谈话期间,普京明确地告诉鲍里斯·别列佐夫斯基,他本人将亲自掌管电视第一频道。接着就是围绕着独立电视台发生了同弗拉基米尔·古辛斯基的事。

弗拉基米尔·普京先于其他许多人意识到,他不能允许公开地"溺死"自己,但是叶利钦允许这样做,所以,对电视的争夺在继续,而且这场斗争非常有趣。普京绝对不想消灭独立电视台"独特的记者集体"——这多半是误解,因为他未必在起步阶段就提出消灭尤科斯公司的目标,只不过他完全需要让弗拉基米尔·古辛斯基与记者离远点。

问题在于,普京对记者有自己的态度,这是他在彼得堡工作时形成的。他直到现在还确信,他的印象是,记者和编辑即便不是卖身求荣的人,但是可以这么说,归根结底许多人做的还是与他们达成协议的事。根据各种可能性看,普京

---

① 当时是俄罗斯电视台一频道的主持人和记者。——译者注

绝对真诚地试图向独立电视台的记者们解释："问题不在于你们，你们从'天然气工业公司'拿了钱，然而你们没有履行政治义务，在这种情况下，就请还钱吧。"

起初这看起来像是纯粹的商业纠纷，实质上确实也是商业纠纷。然而似乎在新闻业这种领域的商业纠纷显然能够造成某种政治后果，这不能不引起人们的关注。应该指出，普京十分清楚地看到，叶夫盖尼·基谢廖夫①的人马在第二次车臣战争时是如何行事的，他们歇斯底里地支持对抗联邦中央的一方。他记得独立电视台扮演着什么角色，例如，他们试图放开格奥尔基·亚夫林斯基②的手脚，他们怎样公开地消灭根纳季·久加诺夫。同时不需要忘记，他们让"独特的记者集体"工作，而且到现在还在工作——电视台的其他人员在不同的频道工作，其中包括在 Pen 电视台工作。但是，由于所实行的行动，彼得堡人的时代——普京和梅德韦杰夫时代成了游说和克里姆林宫完全控制电视频道的时代。

对于新总统来说，下一个重点是强力部门。由于各种原因，在他的班子里，拥有大量无可争议地在情报部门工作经验的人，维克多·伊万诺夫、谢尔盖·伊万诺夫、还有伊戈尔·谢钦，后者作为军事顾问在阿富汗度过了许多年，还有维克多·切尔克索夫，他们给予普京的帮助非常大。同时，他还拥有强大的干部资源，他们是实事求是和能干的人，分布在许多"强力"领域。

但是，现在弗拉基米尔·普京一个主要的不足是——财

---

① 当时是俄罗斯独立电视台的记者和总编辑。——译者注
② 当时是俄罗斯政党"亚博卢"集团的领导人。——译者注

政资源不足。在普京急待解决的任务中，就有确立对财政来源的控制。我们已经说过，普京不是马基雅弗利的信徒，但是，显然，他读过弗拉基米尔·伊里奇·列宁的著作——要知道，他马上就开始夺取"电报局、桥梁和电信局"，以便把莫斯科推到次要位置。

让人好奇的是，他是怎样把自己班底的成员安插到最关键的岗位的。当时，他没有属于自己的寡头，但他逐渐成立国有公司来对抗私人公司和已经运作多年的商社，用必要的资源充实国有公司，起用对他个人忠诚的干部，把国家官员委派到理事会和董事会，明确地进行控制。此外，开始打击寡头贿买法院和执法机关的企图，围绕这些进行了严酷的甄别和斗争。

作为总统，弗拉基米尔·普京不能不明白，这将导致官吏横行，无法无天，然而，对他来说，拥有财政来源的罗曼·阿布拉莫维奇和米哈伊尔·霍多尔科夫斯基等寡头比任何官员都可怕。对叶利钦身边的寡头的行为保持警惕，普京非常明确地知道，决不允许垄断财源，把游戏规则强加于他。普京开始与寡头保持同等距离，并控制了国家的财源。

当然，这里爆发了真正的"国内冷战"。应当非常明确地认识到，就其实质来看，与米哈伊尔·霍多尔科夫斯基的战争绝对与鲍里斯·别列佐夫斯基的情况不同，它是个人的冲突，只不过后来形成了这种客观政治趋势。此外，霍多尔科夫斯基也在局部向普京发起严重的挑战，而总统意识到，他还没有处在可以接受这个挑战的地位——选举机制当时还没有处于普京本人的班子的坚定控制之下，这还得需要几年时间。况且，当时的立法允许米哈伊尔·霍多尔科夫斯基轻易地购买选票,顺便说,他本人对此也毫不隐讳。

别人能否取代米哈伊尔·霍多尔科夫斯基的位置?未必会有。霍多尔科夫斯基实际上是个非常厉害的经理人和商人,他太相信自己的力量了,在这种情况下丧失了必要的谨慎,结果就撞到了枪口上。国家对尤科斯公司的税收要求只是在出现了政治冲突之后才开始的。

同时无论如何都不应该把霍多尔科夫斯基理想化:米哈伊尔·霍多尔科夫斯基身边工作着许多来自克格勃的人员,他决定搞政治,开始建立名为"开放的俄罗斯"组织,事实上是平行的国中之国,他公开宣布,实质上要进行国家政变,把俄罗斯变成议会制共和国。

自然,在政治、社会和公众方面,他没有做任何不合法的事情,在这个意义上说,针对他的第二次司法案件所提出的新指控看起来特别无耻。但是,他以这种方式公然介入国家的领地,从而就变得极其脆弱。从严格意义上看,他已经失去了回旋余地——正如20世纪的历史表明的那样,罗斯福时代,美国的寡头也同样接近于把自己置于易受攻击的地步。当然,不应该忘记税收和财政违法行为——显然,国家不会对此安之若素,正是以这个借口抓了霍多尔科夫斯基。因为,普京未必纯粹与他个人算帐,尽管个人的态度这里显然也不能低估。

俄罗斯的政权党

最后,为了顺利地执政,弗拉基米尔·普京必须有选民资源，首先必须有自己的政党。关于政党的作用值得稍详细地论述一下。在俄罗斯历史上，传统上总统只有一个党——政权党。它的叫法各有不同，它经常与其他政党进行对抗和斗争，实质上是一个政党的各个分支之间的斗争，或者是前一个政权党与后一个政权党的斗争。

这样，在俄罗斯历史上，贵族与新贵阶层的传统搏斗乃是老的、已经失去势头的与新的刚刚产生的政权党之间斗争本身的原型，但是，已经很清楚，前一个政权党的时代已经逝去，尽管在其身后仍保留着全部经验、财政积累和已经形成的官员的联系。

俄罗斯著名历史学家和历史编年史家、莫斯科大学教授瓦西里·兹洛宾在其著作里极大地发挥了对俄罗斯政治和政党史的理解力，提出了与传统上对待国家政治史教条态度相反的观点。他出色地证明，对于祖国教科书和历史著作来说，其基础论断是，"与西欧国家的历史不同，19世纪之前的俄罗斯历史是没有政党的国家的历史"，这个论断是错误的，事实上是伪造国家历史。19世纪之前，俄罗斯政党的历史非常丰富。[①]

当然，瓦西里·兹洛宾教授写道，"对过去的政党，必须这样来研究，它们是什么样的，是如何对俄罗斯政治史施加影响（有时影响很强）的。这有助于理解推翻君主专制的历史，理解苏维埃时期和当代的政治权力史。现行政党也不是

---

① 瓦·伊·兹洛宾著《18世纪俄罗斯政党的斗争：历史编年体方法的经验和历史思想的传统——纪念瓦·伊·兹洛宾教授学术研讨会资料》莫斯科 罗蒙诺索夫国立莫斯科大学 2009年 第5页。——作者注

没有演变，我们不知道，这些政党将变成什么样的，或者它们根本就不会存在下去。"①

因此，去观察当代的冲突是很引人感兴趣的事，因为事实上只是共产党与统一俄罗斯党之间存在冲突。共产党恰恰是前一个政权党，它执掌国家70年，尽管后来在名称和意识形态上发生了某些改变。然而，在俄罗斯，只有认为最强有力的政治家是其领袖并紧紧追随的政党才能获胜。它似乎是相反的执政党，即带着现有纲领的政党不会赢得选举。而只有把上台的领袖提出的新思想变成自己纲领的政党才会赢得选举。

正因如此，譬如说，数年前依赖维克多·切尔诺梅尔金而没有依靠鲍里斯·叶利钦的任何一个政党都出了问题，正因如此，在没有出现统一俄罗斯党之前，当今这样的政权党还未存在过。未曾有过把自己的名字提供给党作为火车头的最强有力的政治家。切尔诺梅尔金毕竟不是叶利钦这样的火车头，所以，不需要十分认真地看待他。

这里要补充重要的一点是，当我们谈到俄罗斯政治家的力量时，谈的不仅是他个人及其受欢迎程度的力量，而且要谈他所支配的行政资源的力量。在这个意义上看，低估政党的作用是不对的。政党是巨大的推进机制，是社会的升降梯，地区间斗争的舞台，它们有可能解决非常多的问题，管理最有实质意义的预算。全世界政党都是为夺取政权而建立的。

---

① 瓦·伊·兹洛宾著《18世纪俄罗斯政党的斗争：历史编年体方法的经验和历史思想的传统——纪念瓦·伊·兹洛宾教授学术研讨会资料》莫斯科 罗蒙诺索夫国立莫斯科大学 2009年 第32页。——作者注

在俄罗斯，政党一般来说都要依附于当局或者依附于反对派的领袖。

统一俄罗斯党很大程度上是各种各样势力的产儿，但是是以我们所知道的形式出现的，它已经是普京班子的作品，亚历山大·沃罗申、弗拉基斯拉夫·苏尔科夫①在这里起了巨大的作用，他们成功地说服普京不当该党的党员而领导这个党。有趣的是，同时这两个人与其说是把统一俄罗斯党视为争夺权力和保持局势的机制，普京在这其中发挥巨大影响和占据国内的关键立场，不如说是与共产党人进行斗争和控制立法及地方权力的理想工具。

上面已经提及的俄罗斯政党史主要研究者瓦西里·兹洛宾发现并成功地论证了新政党的主要特质："政党在组织方面没有定型，但在思想政治方面是统一的。必须根据其活动家和领袖、在政治斗争中的立场来对政党做出判断。组织上的统一会形成的，就像十二月党人那样。"

对于1990年代的俄罗斯来说，最强有力的思想政治联合者便是反对共产主义。我们已经指出，在克里姆林宫里，俄罗斯现代历史上一个与共产主义历史遗产最始终不渝、最认真和最坚决地进行斗争的斗士是弗拉基斯拉夫·苏尔科夫，他提出的目标是彻底消灭共产党，不单在形态方面，而且让它从社会舞台上消失。在这种情况下，对抗不是别的，在很大程度上带有意识形态的性质。

政党推选总统，总统实际上领导政党的思想绝对是民主

---

① 时任俄罗斯总统办公厅副主任，现任俄罗斯总统办公厅第一副主任。——译者注

的，也是非常正确的。这样一来，全世界都走向民主的新阶段——从个人民主走向制度民主，这时候，重要的不是某个人眼睛的颜色，鼻子的形状和个人的观点，而是其纲领中的政党和政党的意识形态。俄罗斯今天发生的情况就是如此，而不是相反，官员们加入政党，以获得接近国家行政资源的途径。

由此就产生出对俄罗斯政党另外的严格要求。政党开始逐渐成熟，进行党内斗争，这迟早都应该导致合理的党内初选的出现，即导致党开始运作。对党内斗争取得胜利成果的奖赏不仅仅是国家杜马的议席，而且还有总统宝座。对俄罗斯来说，目前这只是遥远的理想，然而，现在就要用心观察通向这个理想的虚线，尽管这些虚线可能会被轻易地截断。

我们注意到，严格来说，普京解决了面临的所有主要任务。执掌政权后，他成功地重新建立了叶利钦难以改革并保留下来的体制。他十分娴熟地运用宪法，奠定了国内现存的各级权力制衡体系，并以自己不受控制和垄断的权力来维持这个体系，顺便说说，他在很大程度上重复了叶利钦喜欢用的平衡政策。

普京让寡头缴械

但是还有一个问题——民族地区的问题。普京起初拒绝对其做出激进的裁决，这是百分之百正确的，因为叶利钦考虑不周的"能拿多少主权就拿多少"这一句话导致了后来的车臣战争，导致了鞑靼斯坦的问题，导致了一系列其他问题。

况且，可能的是，正是由于那个阶段的主权游戏，使俄罗斯的完整得以保持，导致后来留给普京本人许多问题，但他没有面临国家的统一问题。

据说，当第二次车臣战争开始后，鞑靼斯坦的主权问题是普京执政后碰到的第一个问题。明基梅尔·沙米耶夫去见普京说："我不会把我的孩子们交给你去车臣作战。"显然，如果普京没有取得这场战争的胜利，鞑靼斯坦可能早就是独立自主的国家了，然而问题得以冻结几年。就在前不久，该问题得到全新的出人意料的解决，这个我们在书的结尾详细阐述。

有趣的是要仔细考察，普京尚未完成哪些历史使命，在许多可能的线条上，哪条最终会使俄罗斯出现新的紧张局势？可以推测，这又将是寡头与权力的对抗线。

寡头们目前怎么样？正如我们看到的，普京总统没有走除奸队和克格勃的路子，没有把国外的寡头们消灭。天才的企业家和创新者弗拉基米尔·古辛斯基至今在国外感觉都很好。顺便说说，普京对他的态度相对得体，公司交了税，让他的许多商业有可能继续在俄罗斯运作，确实，假民主派的知识分子对此没有大肆宣扬。

这样，古辛斯基在莫斯科的办公室仍积极活动，列奥尼德·涅夫兹林至今仍然自由地上班，鲍里斯·别列佐夫斯基也在工作，任何地方都看不到克格勃的某种特殊痕迹。试图把亚历山大·利特维年科的死与此联系起来也没有令人信服的证据，甚至西方对此已没有多大兴趣，尽管我们目前还没有得到真相。顺便提提，梅德韦杰夫总统是否想弄清真相，他如何体现俄罗斯当局的形象？

然而，俄罗斯的新老寡头看到了这一切。尤科斯案件后，惊骇不已和失魂落魄的情绪笼罩着他们许多人。这使他们的意识整体出现大转变，他们忽然明白了，没有"不朽的东西"。今天他们是这个国家最富裕的人，明天动一个指头就可以把你掀翻，让你消失。

一些人赶紧跑去宣誓效忠并亲吻普京的戒指——尤其是聪明而狡猾的罗曼·阿布拉莫维奇，他显然是第一个明白了风向已经转变的寡头。想起了鲍里斯·叶利钦的女儿塔季扬娜·季雅琴科说过的一句值得记住的话，当鲍里斯·涅姆佐夫注意到晚会上有一个人不断地给大家倒葡萄酒，跑来跑去张罗着烤羊肉串，就问她，"这个人是谁？"，她回答说，"这个人叫罗曼，他善于交朋友"。

天才经理人罗曼·阿尔卡季耶维奇·阿布拉莫维奇毫无疑问证明了自己善交朋友的能力，尽管他还没能建立需要的关系体系，譬如与英国建立这样的关系，对来自俄罗斯的政治和其他类型的难民关闭国门，当然，如果这样的任务摆在他面前的话，他会建立的。况且，楚科奇自治州行政长官当时已经是一个成熟的人，他能够为自己建立这样的关系体系。至少，这是比在危机加剧之时花9000万美元在加勒比地区购买豪宅和建设世界上最长的游艇更加明智的任务，他曾预先以红利的形式从自己的公司套取了不少现金，随后请求国家给予"微薄"的物资救济。

用温和的话说，这里又产生出另一个不一样的因素。寡头们实际上已经确信，他们中没有人会不朽，倒是在官员中出现了不朽的人。但是极其消极的方面是，全国已经看到，这个国家没有神圣的私人财产。财产可以被剥夺，并且可以以政治原因来剥夺。

即寡头们自然不会再怀疑,财产是可以和需要被剥夺的,他们自己原则上也不相信私有制的神圣性,他们相互争夺,不惜使用任何手段相互剥夺。在中小企业家眼里,所发生的事情是重大新闻,但对寡头们来说,这种局势下没有任何新东西。问题不仅仅在于财产:当时发生了一系列重大凶杀案,私有财产的神圣权利一下子被消灭了,但不是由国家消灭的。在大众的意识中,这是重大的消极政变,要克服其后果是非常不容易的事。

对于寡头们来说,让他们惊奇的是,弗拉基米尔·普京的国家出人意料地变得比他们强大了。因为在此之前,寡头们对国家颐指气使,从七大银行家开始,他们就说:"你们不会做,我们自己做,我们给你们做出选择,我们给钱",而现在,国家已经有人出头,这个人还战胜了他们。

豁然明朗了,出现了一个比他们强大的政治家,他们不可能贿买他,他说:"我干嘛要钱?我可以同我的官员们和我自己解决所有这些问题",他确实解决了问题。这是个利用其他寡头、善于建立示意图,施加压力,收税、驱逐别人的人。要知道,他们中许多人兴高采烈地捞了好处,撕裂了自己的前"兄弟"霍多尔科夫斯基及其生意。迄今为止还不清楚某些寡头在所有这些发生的事情中扮演了哪种角色,尤其是罗曼·阿布拉莫维奇或者是列奥尼德·涅夫兹林的角色很成问题。他们这些人都有自己的如意算盘,并受过委屈,有复仇的理由,不一定与普京总统等人的政策有关系。

然而,对俄罗斯私人所有制和市场经济构成现实威胁的乃是另一个东西。问题在于,没有自由、独立和公正的法院,没有法律至上，世界上任何地方根本没有就不会有私有制。寡头们花费大量气力来贿买法院，所以，所进行的司法审判看起来是有伤大雅的闹剧——公司在他们经营进行的顺风顺水的地方被诉讼了，于是就在这里解决自己的问题。可以并且需要在这里寻找执法机构，包括警察、海关和司法机关骇人听闻的腐化的根源。所以，对"蒙古可汗式的司法"的愤懑，就如同对腐败官员和国家所做努力产生的结果的愤懑一样，在做出更具批评性审判后，这种愤懑只会引起人们的冷嘲热讽。

整个 90 年代，寡头们在国内也没有建立起自由的市场，尽管他们拥有巨大的可能性。他们有整整 10 年可用，但是他们对自由竞争的市场完全不感兴趣——多半是喜欢没有市场。严格说来，他们长久豢养起来的东西吞食了他们自己。他们自己为目前的无法无天和有法不依、腐败和法律面前的不平等奠定了最坚实的基础。现在，这些杠杆落到了更加赤裸裸和不正派的官员和强力部门手中，这些人感觉到自己的时机到了。

还有一个值得提及并毫无疑问在初期阶段帮了弗拉基米尔·普京大忙的事实——石油价格开始大幅稳定增长，相应的所有能源，包括俄罗斯的天然气价格都上涨。现在很少有人记得，当 2003 年石油价格从每桶 15—18 美元上涨到 25 美元——现在看来这是可笑的数字——几乎增长了三分之一，普京的班子走了大运。

换句话说，在国家手里，即在普京和他的人手里有了现钱。一个条件是，普京可以向寡头们发起挑战，开始有了独立于他们的资金流，并开始定期地不受特别风险和不用预先投资及投入利润就拿到这笔钱。然而，在获得石油收入之前，必须夺取石油资源，否则一切都会从国库边溜走。相对来说，如果尤科斯及其具有政治野心的人在位，而且油价急剧地向上窜，那么，尤科斯的预算比俄罗斯的国家预算还要多，单靠尤科斯一个公司至少就形成国家预算的70%，对此想象一下，这是多么有趣的事。

所以，普京总统及时实施了他在这个领域目标明确的行动。令人惊奇的是，许多人对此表达了不满，他们是这样说的："你看，石油涨价了，有什么用呢。"可以看到，国家如何支配自己的钱和寡头们如何支配自己的钱。众所周知，国家是非常糟糕的所有者——全世界都可以做证。然而，无论如何悖谬，在今天的俄罗斯它还不是所有糟糕的所有者中最糟糕的。完全不难对国家和私有财产的态度做出类比：所有信息和例证是可以一目了然的。

国家尽管有各种明显的缺点，毕竟它还大幅提高了靠预算生活的人的工资和退休金。当然，官员的收入增长得更快——遗憾的是，目前还没人去限制他们的胃口。然而，对所有其他人来说，工资和退休金的增长用百分比来体现，突出的特点是比石油涨价的比例更高。而寡头们在这期间干了什么？他们买游艇，找姑娘，置别墅，大部分人没有投一分钱更新生产设备，几乎找不到一个做实体并成为工业巨头的寡头。

这个问题极其重要。危机表明，寡头经济管理体制效率极其低下，但是说国有体制很好也不是事实，但是在目前俄罗斯的条件下，证明它比寡头经济更有效率。今天国家被迫用自己的钱来拯救寡头，这再次证明，这些年来，他们在经济上没有成长起来。因此，不能把他们理想化——而且，俄罗斯需要市场经济和法律至上,它为私有制提供一切必要的保障,而不需要寡头或非国有化的经济。

无论如何,许多大寡头出现了恐惧。那些总是明白事理的,现在更是特别懂事——需要与当局友好相处,而不是对当局颐指气使,他们改用新调门进行谈话。放弃了命令式喊叫,取而代之的是彬彬有礼的耳语:"至尊的镇尼①,请不要拒绝我们的效劳。"出现了第二个最强大的寡头阵容——或者说,是生产性的红色指挥官阵容。事实上对叶利钦消灭、剥夺"红色经理们"的财产并把它分给"穿玫瑰色短裤的小孩子们②"的东西,普京说,"不行,不能这样干",重新做了调整。依靠"俄罗斯石油"和"天然气工业"的巨大增长把经济局势平稳下来。当然,这无论在经济上,还是政治上还有其明显的不足。

然而,平稳很快就变成了过火——官员们开始对俄罗斯经济下命令。正如总有的情况那样,钟摆偏向了另一方。在国家经济中,国家开始起太大的作用,其具体代表人感觉自己有权以国家名义对商人和企业家下命令,这不能不对国家的经济、其在世界舞台上的竞争力、相应地对官员本人的福利产生消极影响。

但是要知道寡头们也无处可以躲藏,他们都看到并且明白了。他们许多人都想——由于各种各样的原因——拥有行政资源。显然,任何一个寡头都不能像普京的朋友那样靠近

---

① 《古兰经》中所说的安拉从"纯洁的"无烟之火中创造的精灵。早在伊斯兰教之前的阿拉伯神话中就存在对镇尼的崇拜,当时把它作为自然界自发精灵来崇拜。——译者注

② 指叶利钦时代俄罗斯年轻的改革派。——译者注

他，这是另一个关系体系，"他们上的幼儿园不同"。普京的朋友们开始急速地成为新寡头，这是另外一回事。此外，普京总统创立国家公司，从财政能力角度看，实际上他比寡头们更强大，制止了寡头们通过阴谋或公开"收买"他本人、政府或议会来实施寡头政变的可能性。现在，普京及其班子本身能够收买所有的人或者几乎所有的人，用金钱来诱惑他们事实上已经不可能。

普京是成功的总统吗？

年轻的德米特里·梅德韦杰夫成为总统，部分老寡头突然出现了独一无二的报复机会。而且这种可能性客观上存在，它并不取决于梅德韦杰夫本人的愿望及其政治步骤。

但是寡头们需要官员。因为他们十分明白，现在，在全球经济危机的条件下，他们首先需要活钱，而不是社会责任，为此需要某种政治庇护。因为只有在有官员——行政资源的条件下，他们才能活得滋润，所以，现在实际上每个寡头都以某种形式与某个官员傍上了关系。这就意味着，我们进入了一个十分复杂的阶段，特别是如果考虑到德米特里·梅德韦杰夫总统宣布反腐败作为其一个政治优先方向的情况之下。

现在，寡头们为了能够举行新政变，他们实质上需要收买德米特里·梅德韦杰夫——至少，首先努力拆散梅普组合。况且，"收买梅德韦杰夫"这句话听起来粗鄙无耻。只是在某个阶段，当与个人利益吻合，那么就给予必要的财政援助——类似的投入和投资。这完全不只是"收买"，而是一种不同的逻辑。

我们举一个不太贴切但明白易懂的例证：20世纪初，德国统帅部向布尔什维克提供了金钱，但没能够收买他们。他们拿了德国人的钱，因为在某个时刻，他们所走的道路是共同的。德国的目的已经达到——沙皇君主制垮台了，和约缔结了，但是布尔什维克对此没有感到不安。他们也想达到这种目标。所以，事实上谁也没有被收买——只不过布尔什维克和德国人利益一致罢了。世界历史上，这样的例证不胜枚举。

目前局势的复杂性在于，德米特里·梅德韦杰夫没有自己的个人财政资源，他不能把国家垄断企业抓到手里。显然，梅德韦杰夫不能自作主张地指望普京总理的朋友和战友们——他的年龄比他们小，世界观与他们不同。正因如此，梅德韦杰夫的班子倡议把国家的代表从垄断企业中弄出来并审计其活动，这看起来步调不一，但总体上合乎逻辑。

弗拉基米尔·普京是否曾是成功的总统？他是否是具有高度职业能力的总统？怎么评价普京八年执政？弗拉基米尔·普京是在俄罗斯处于某个发展阶段，其野心和自我感觉相当低并且局势极不正常之时上台执政的人，他在相当程度上是个过渡时期的政治家，顺便说说，这一辈的世界政治家大多数都如此。毫无疑问，他摆脱了冷战和苏联。他能否给俄罗斯及其国际政策带来某个新东西——这个问题直到现在仍然是开放的。

普京的历史任务是摆脱某种东西，但这不是事实，他必须走向某个地方。严格说来，他延续了其前任鲍里斯·叶利钦开辟的道路——尽管也做出了认真的，而且在很大程度上是基础性的改变和修正。弗拉基米尔·普京总统多半是个短跑政治家——他一个接一个地解决问题，逐步向前推进，提出下一个任务，这取决于他对前一个问题解决得顺利与否。

一般来说，普京总是为自己选择可以达到的目标：无论作为政治家还是作为总统，他遭受的失败很少，根据各种可能性看，这种成功应归功于他自己能够选择合理而且客观上可以达到的目标。这是所有被置于复杂生存条件下——登山运动员、攀岩者及其他极限运动员最可能活下来的策略。他们不考虑路的尽头，他们考虑的是如何到达，如何攀住最近的一块石头，转弯，看到标志小旗和山上的石缝。然后开始规划下一个可以达到的目标。

普京没有不切实际瞄准他显然不能够达到的目标，例如，以当时苏联所呈现的质量和规模走向世界舞台，把经济恢复到改革前的水平等。他提出了更加局部性的任务来展示自己作为传递接力棒的政治家，如果可以这样表达的话，从一个任务向另一个任务推进。

当时还不清楚"地图怎么摆放"和国家下个阶段的具体方向，对于过渡时期的政治家来说，这种态度是极其自然的。当时有许多不可预测的因素，包括乔治·布什的政策，伊拉克战争和现在的经济危机。在这个意义上说，普京也许是个成功的总统。

在弗拉基米尔·普京执政时期的俄罗斯人的意识中，毫无疑问，对他的评价是正面的，这也由他的支持率得到证明。尽管这种支持率并不完全客观，但明确地反应了总体趋势。此外，假设普京没有取得成功，他就不会在总统宝座上干满两个任期，虽然高油价是重要的因素，但不是这种成功的唯一因素。

　　这样，普京总统执政两个任期，并推出一个人作为接班人，人们不动声色地支持了他。正是普京的支持这个事实保证了德米特里·梅德韦杰夫的掌权。后来明白了，普京本人保留了所有他想保留的一切制高点，包括可以产生的收入和影响国家实质性决策的制高点。

　　弗拉基米尔·弗拉基米洛维奇·普京领导着国内最大的政党，事实上继续控制着国内任何重大的政治进程。在离开总统宝座后，他留在了政治舞台上，他在社会上的影响力没有下跌——正如俄罗斯传统上发生的那样，所有离去的前任都受到骇人听闻的批判。而且，普京还毫无疑问是政治新潮的立法者，保留着某种道德权威。无论如何，德米特里·梅德韦杰夫摆脱普京阴影的任何企图在很长时间里都是徒劳无益的，而且没有前总统做出某种退让是不可能的。

　　梅德韦杰夫执政的头两年表明，他是够格的国家元首。其《俄罗斯，前进！》的文章就成为封神仪式，文章里对国家局势做出如此尖锐的评价，远离俄罗斯政治现实的人可能会做出反对派领导人执政的结论。发表文章的这一天才可以真正视为梅德韦杰夫成为总统的第一天，因为他最终发表了政治纲领，即做了竞选期间没有做的事情。看来，新总统有了得到广泛支持的可能性。

　　然而，尽管德米特里·梅德韦杰夫表面上行动正确，也没有犯重大错误，但是在俄罗斯人眼里无论如何没有把他视为真正的国家元首。他仍然被视为总理代行总统职权的假总统，即履行某些委派的任务，打击腐败，颁授勋章，改革内务部和法律体制，谈论现代化和创新等。他的总统的合法性既没有完全被政治精英首肯，也没有被国内实业家承认，更没有被俄罗斯社会所承认。

不能说，梅德韦杰夫没有做构筑自己社会基础的尝试。他扑到互联网上，求助于青年人，使用黑话，甚至脖子上还戴了有点乖戾的小带子。然而，最后他不得不向统一俄罗斯党俯首，2009年11月在普京的人占多数的代表大会上发表演说。如同其他势力——从体制外反对派到实用主义的企业家所做的那样，统一俄罗斯党人绝对不会疏远梅德韦杰夫，相反，他们表明准备在怀中把他扼死，并给梅德韦杰夫的现代化思想加上了"保守主义"的形容词，这在很大程度上颠覆了他的想法。

严格地看，没有普京的俄罗斯的地位在哪里的疑问是没有意义的——不应该走入极端并断言，国内近年来所做的一切只是由于有了普京总统个人、他的看法及其采取的政治行动所取得的，因为我们原则上不知道，没有他或者与他所做相反，局势会怎么发展。与他和他的班子相反，也将会取得不少成就。但是，俄罗斯建成目前这个样子，他当然做出了巨大贡献。

自然，《普京计划》，著名的《2020年纲要》具有某种战略眼光。普京的特点是，他一步步形成了俄罗斯所呈现出的相当完整和统一的画面。同他进行谈话你就会明白，他的脑海里总是累叠着许多难题，所有的难题都各就各位并相互对接——人权和能源，管道和霍多尔科夫斯基，军队和美国，伊拉克和瓦斯汽车。可能，这幅图不正确，但是其各个组成部分相互匹配。

换句话说，作为过渡型的政治家，作为过渡阶段的国家领头人，弗拉基米尔·普京能够提出很完整的看法，尚能一以贯之地实施，哪怕犯了错误、出现失误和有所变形，毫无疑问，他的看法中包涵这些东西。然而，他属于能够在很大程度上落实自己的观念、自己的路线的政治家。就这种狭义的政治方面，其活动应该是非常非常成功的。

得益于这种系统性的看法，普京展示了自己是完整的政治家。可能，他确实是政治上的短跑运动员，而不是长跑选手，但是他能够看到整幅图景，规划出难以从他手里夺走的某个阶段性的终点线。在这个意义上，做他的接班人是件复杂的事，因为觊觎真正总统称号的任何接班人应该提出他本人描绘的俄罗斯的完整图景。目前还不能说，德米特里·梅德韦杰夫完全成功了，尽管他在这方面也采取了不少措施，而且也不是没有成效，可以说，他走的道路是正确的。

此外，在言语上形成自己的政策还不够——在实际上推行它又是另外一回事。对于新总统来说，延续普京的事业看起来有点怪异——梅德韦杰夫作为总统，却要延续本届政府总理的事业。据说，要对某些领域做出改变，正如梅德韦杰夫现在所做的那样，他试图把精力集中于反腐败或司法体系改革，这可能会有意义并会取得成果，但这一点儿也没有改变普京留下的一系列难题的整个画面。这纵然重要，但毕竟是局部，细节，是整个画面的组成部分。共产党人、体制外反对派和普京的其他批评者都谈到了其中的一些，但谁也没能提出与前任总统确立的俄罗斯现状的完整和现实图景不同的引人注意的方案。

换句话说，德米特里·梅德韦杰夫总统应该向普京发出挑战——当然是褒义上的挑战，提出一切都各就其位的完整图景。问题在于,梅德韦杰夫有没有这样的图景?目前看起来似乎没有,原因在于梅德韦杰夫当总统时间不长,在于普京在其前任鲍里斯·叶利钦使俄罗斯失去创造性观点之时当政。鲍里斯·叶利钦本人多次把自己的观念一笔勾销,而发动车臣战争则彻底把这些观念摧毁了。此外,1996年的选举沉重地动摇了俄罗斯的民主源头。

普京是过渡时期的总统

　　普京总统为俄罗斯留下了完整的观念,前后一致的《2020年计划》,干练的政治家和现行的政党——还要加上德米特里·梅德韦杰夫这个因素。从这个观点看,我们可以说,普京是成功的,因为在撰写本书之际,从弗拉基米尔·普京离开总统职位约两年时间内,他的观念在继续发挥作用。他不是丘吉尔,不是甘地或邓小平,然而,他的观念超过了他在总统职位上的时间。远不是所有政治家可以被人如此称道。

　　普京不当国家总统已经两年,然而,大家仍然继续议论:这是普京的俄罗斯,这是普京的问题,这是普京的决定,他的权力,他的政党。在这个意义上,他"赶上"了约瑟夫·斯大林,斯大林当时就创立了比他本人活得更久的关系和权力体制。迄今为止,在俄罗斯还可以找到斯大林体制的元素,关于斯大林本人在国家历史上的作用和意义的争论还未停息。我们看到,苏联的领袖们谁也没有达到这个高度。"普京的俄罗斯"也已经比弗拉基米尔·普京总统活得时间更长。

每个接班人都有摆脱其前任的阴影并盘算着什么时候要超过他，不是在所有方面，不一定要全面超过，而是在个别领域。这里就出现一个问题——前任让不让他的接班人在人民眼中成为比他本人更成功的总统？在梅德韦杰夫与普京的关联性方面，我们目前还不得而知。这对梅德韦杰夫本人来说也是个大问题——他在多大程度上能够成为成功的总统。

当然，直接做出比较是件难事——毕竟话题谈的是不同的历史时期和不一样的总统。普京总统不像是可以与叶利钦并排站在坦克上的人，他们是完全不同类型的政治家，解决问题也使用全然不同的方式。当时他也碰到了比叶利钦艰难的局势，但他按自己的方式行事。

鲍里斯·叶利钦是极其狂热的真正的革命家——他在装甲车上讲话，把坦克开进莫斯科，炮打议会。与他不同，譬如，普京更加注重政治技巧，用在梅德韦杰夫总统身上，这个定义更加公正。但是，例如，普京可以毫无问题地走向人群最聚集的地方，包括站满了人的广场，发表极有说服力的讲话。设想一下，如果梅德韦杰夫总统出现在这种局势下，他如何行事，真是难说。令人惊奇的是，普京总是准备回答任何问题，他拥有与大众交流的经验，梅德韦杰夫客观上没有也不可能有这种经验。可以深信不疑地说，普京是俄罗斯从广场政治向职能干部和技术专家政治过渡的环节。

最后，还有一个原因，应该把弗拉基米尔·普京视为成功的政治家：他是全民总统。人们按照自己的方式喜欢他——甚至共产党人也不能不承认这点——普京总是坦率地承认苏联人民的伟大及它在20世纪历史上的作用。此外，不能不指出普京对老战士们无可争辩的尊敬态度。自然而然，官员们对他奉若神明。契卡分子因为他恢复情报机构的威望而喜欢他。无论如何悖谬，许多民主派也尊敬他，米哈伊尔·霍多尔科夫斯基狂热的拥护者除外，因为来自右派思想的很多内容总是体现在他的经济纲领中。最后，人们喜欢他，是因为普京给了俄罗斯人自尊感——开始向靠预算资金为生的人们发放退休金和工资，这也并非不重要。

现行梅普组合有趣的、重要的和细微的特点是，按照想法来看，其中一个参与者应该"自减"，而另一个应该"增加"，以便随着时间流逝，权力彻底从普京手里交到梅德韦杰夫总统手里。即任务不是保持平衡，而是使梅德韦杰夫成长为真正的总统。看来，普京正是把这看做自己的任务，当然，如果他决定不再参加2012年的总统选举。自然，我们马上就接触到"2012年问题"。

首先，重要的是，梅德韦杰夫能否（他是否获得了这种可能性）在这段时间内成长为真正的总统，从国家正常接纳他或者他在经济和外交政策领域取得某些成就的角度看，他能否获得成功。如果能够成功，那么普京归位的方案就可以排除，因为梅德韦杰夫已经成为成功的总统。否则，普京就得做出解释，他作为成功总统手下的总理，不但从未受到批评并且还总是得到支持，忽然这位总统不去参加连任竞选，这显然需要做出新的有政治技巧的决定。

当然，可能有相反的方案——如果梅德韦杰夫在总统任上没有取得成功，由于他本人不能大显身手，或者普京没让他这样做。在这种情况下，也对普京产生出许多要求，因为梅德韦杰夫是他培植的心腹，他的接班人，他任用了他，他在这个人执政时期是国家的二号人物。无论哪个方案摆在普京面前，任务是复杂的——他本人是否会参加 2012 年的选举，譬如说，梅德韦杰夫失败了，或者说现任总统做得太成功，弗拉基米尔·普京就不能再去参加竞选。

同时，我们十分明白，如果梅德韦杰夫去参加第二任竞选——这将是六年任期，那么，在这个任期结束后，普京已经深深地走入历史，他已经没有回来的特殊机会。美国和俄罗斯某些专家认为，普京 2012 年将回来，再干 12 年，两个总统任期，之后，再把权力交给梅德韦杰夫，那时梅德韦杰夫正好是普京现在的年龄。

当然，从西方旁观者的立场看，这个理论粗陋不堪，因为它与盎格鲁撒克逊民主实践的精神有冲突。然而，它完全反映了俄罗斯的现实，2009 年 9 月普京对自己 2012 年计划做了一个不很成功的回答，我们下面谈这个问题。无论如何，2012 年问题绝对存在，在下一个例行总统选举到来前，必须解决这个问题。

实际上可以说，今天，在精英中持反对普京回来立场的大有人在。尽管反对立场并不显眼，而且是静悄悄的，但确实有人反对，甚至在强力部门人员中也有反对情绪。部分反对派认为，必须对权力体系做出更新，这在很大程度上与制定俄罗斯新构想的必要性有关。这里产生的问题是：《2020 年计划》能否适应新条件，梅德韦杰夫能否从《普京计划》开始，创立《梅德韦杰夫计划》，因为在任何情况下，总统都需要这个计划。什么将是梅德韦杰夫总统获得成功的标尺——司法改革、确立法律优先，反腐败取得突破，高技术取得成就，军事改革取得成果？

我们知道，梅德韦杰夫想拥有自己的计划，2009 年秋天，在瓦尔代俱乐部会见时他就谈过这个问题。毕竟在普京执政最后一刻，经济发展得相当顺利，石油和天然气帮国家挣了大钱。世界对俄罗斯的尊敬即使增加得不是太多，但毫无疑问开始对它给予更多关注，开始考虑其利益，这在叶利钦时代是没有的。

大家都清楚记得，普京头四年的成就确实是积极的。他开始了实施现代化纲要和一系列改革，这些改革后来或者半途而废了，或者在普京总统第二任期时悄无声息地结束了，例如，教会合并，开始时间不长的退休改革。但是，严格地说，普京总统的第二任期是保守的——放弃了现代化，试图建立国家资本，实施咄咄逼人的对外政策。在许多方面看，这是失去的四年，他本来可以以另外的方式度过。

梅德韦杰夫的难处

目前，梅德韦杰夫总统的第一任期与普京总统的第二任期很相似。说了许多漂亮的话——纵然是用另一种语调、另外的词汇和宣布了另外的目标——但是实际上具体行动不够，内容不足。此外，梅德韦杰夫倚重个人熟悉、来源单一的一小群人，明显会使人产生警觉。他们大部分人不是梅德韦杰夫的中学同班同学就是他的大学同班同学。缺点在于，这个资源是有限的。在普京执政时期涌向权力的彼得堡洪流，到德米特里·梅德韦杰夫执政时，缩小到圣彼得堡大学法律系毕业生的涓涓细流，而且是他上学的那个班的同学。

因此，梅德韦杰夫切实需要进行认真的干部工作，而且开始得越早，对大家就越好。要知道，就实质而言，总统唯一起作用的工具就是干部政策，即把自己的人任命到关键岗位上来，除此没有其他的工作方式。叶利钦使用了坦克，普京积极地从事干部政策，实际上把所有跟他共事的人都拉到权力中。梅德韦杰夫本人就是这样走入政治的，所以，他在干部问题上的自由度比普京要小。然而，任命自己的同班同学显而易见是个重大的错误，这样，总统成了他们的人质。此外，从政治角度看，在社会和国家掌权者眼中有损于自己的名声。

至于国家经济，那么凭肉眼就可看出，梅德韦杰夫几乎与整个经济和实际摆脱危机没有任何关系。他和金钱都搁置于俄罗斯政治的各个角落里，甚至可以说，就掌握在不同的山头手里。弗拉基米尔·普京总理掌管财政，人们主要找他要钱，主要同他商量，正是他去了皮卡列夫小城，他使各银行有可能通过某种决议。所以，从经济立场看，德米特里·梅德韦杰夫看起来是相当软弱的。

从对外政策观点看，德米特里·梅德韦杰夫的角色和特权——是个有趣的问题。俄罗斯总统的政治成就与美国权力易主密切相关，俄罗斯本身在这方面的作用是极其微小的。尽管梅德韦杰夫几年前确实在华盛顿、在雅罗斯拉夫尔、在莫斯科和德国都发表了自由主义的政治宣言，但是，并没有超出宣言范畴。在普京执政时期，外交政策实质上变成了对外经济政策，普京继续从事这方面的活动，与中国、与拉丁美洲、欧洲和独联体发展关系，与石油管道打交道。从这个观点看，德米特里·梅德韦杰夫看起来像是远离这些问题的总统。关于国防政策更是无从谈起。

剩下的还有社会领域。梅德韦杰夫当时被委派从事社会项目，搞得相对比较成功，但是就定义来说，俄罗斯的社会领域是国家经济派生出来的，要解决的问题是，在哪里、建设什么和怎么建、向谁付款和怎么付等，它在相当大程度上掌握在总理和政府手里。众所周知，2009年秋，总统试图对莫斯科领导人"使性子"，但没有任何效果：莫斯科继续掌握在市长尤里·卢日科夫手里，严格地说，他们是普京的人，要知道，这是国家的主要财政中心。尽管这里充斥着不成体统的事和赤裸裸的盗窃行为，梅德韦杰夫总统没有做出捅这个马蜂窝的决定，而是继续在莫斯科发表演说谈论必须打击腐败。尽管他每天都要经过莫斯科的街道上班，可以亲眼看到腐败所产生的最丑陋结果。

而且，2009年莫斯科市杜马选举，实际上是尤里·卢日科夫取胜，他保证了统一俄罗斯党取得梦幻般的胜利，甚至把最听话的反对派都逐出杜马，巩固了普京的阵地，尽管引起了明显的怀疑。卢日科夫市长证明，他是统一俄罗斯党有用的干部，因为他可以向该党保证莫斯科不出问题，而且控制了莫斯科——这是控制国家的必要条件。

梅德韦杰夫事实上输掉了这场战役，尽管还觉得，这里也有自己的干部，是首都，反腐败和法律的胜利——年轻总统有施展身手的地方。但是没有给他这样的机会，或者说他还没有做出决定。无论如何，莫斯科当局从梅德韦杰夫输掉的战役中得到巩固。尽管总统希望拿掉尤里·卢日科夫，但是怎样拿，目前还看不到方案，如果莫斯科的市长不想自己离开的话——因为过去的选举证明了他的用处。

必然产生的问题是——德米特里·梅德韦杰夫作为总统

如何看待自己，什么能使他成为总统？总统不仅仅是职位，还需要纲领，需要向人民提出点东西。梅德韦杰夫已经写了《俄罗斯，前进！》的文章，里面阐述了改善国内局势的必要性。顺便说说，在苏联时代，每个总书记上台伊始，一定要写此类文章，里面阐述改善国内局势的必要性。斯大林、勃列日涅夫、安德罗波夫和契尔年科都写过这种文章。2009年，现代发展研究所董事会主席伊戈尔·尤尔根斯把普京2012年可能杀回来与勃列日涅夫相提并论，在他看来，这是新的停滞，是第二个列奥尼德·勃列日涅夫。然而，如果梅德韦杰夫是个不成功的总统，他不仅仅是新勃列日涅夫，而且是新康斯坦丁·契尔年科，后者在1984年尤里·安德罗波夫去世后领导国家，任何事情都没做，就写了一篇对完善发达社会主义充满憧憬的批评性文章，然后就静悄悄地去了另一个世界。

这样，梅普组合还没有走过梅德韦杰夫被视为普京的平等伙伴的极点。但马上又出现了下一个问题——德米特里·梅德韦杰夫总统是谁的总统？怎么去衡量他作为总统的成功或者不成功？

德米特里·梅德韦杰夫的总统生涯有一个相对成功的开始，他绝对准确地把握住了两个令俄罗斯人不安的主要内容——司法紊乱无序和腐败——局部获得胜利和曾表现出的合理的坚定性忽然开始失去章法。随后讨论放弃民主和自由来换取吃饱穿暖的生活，并在亲近梅德韦杰夫的小圈子里再次渲染所谓的社会条约的思想，确实让人难以理解。顺便说说，这个思想绝对毫无生存能力，甚至是对俄罗斯人的不尊重。此外，在俄罗斯，也从来没有谁问过人们，他们对此同意还是不同意。

梅德韦杰夫总统的确提出了两个让社会不安的内容，但是事实上没有为解决这些问题做任何切实可行的事情——一切都流于形式，而且，局势在继续恶化。取代大家期待的解冻是某种"冻结"的到来，这种冻结是临时的，还是长期的还很难说。总统说着自由主义话，呼吁着民主，但是说的和做的完全矛盾。

现在已经很明显，格鲁吉亚战争取得的成果非常有限。俄罗斯与格鲁吉亚的关系没有任何改善，族际问题还没有解决。赢得了战争，承认了阿布哈兹和南奥塞梯独立，但是发展没有跟上。一年过后显露出来了，恢复重建完全没像预想的那样进行，整个形式不如以前那样透明，所有这一切都可以具体指控俄罗斯。而且，在阿布哈兹，人们开始谈论，俄罗斯帮助他们脱离格鲁吉亚获得独立，然而现在他们却开始更加依附于俄罗斯。这种言论在土耳其、伊朗和美国的阿布哈兹侨民中非常强烈。

局势越来越像第二次世界大战后的东欧：对解放者的感激现在变成了摆脱他们的愿望。然而，俄罗斯不打算离开，他已经在黑海和外高加索站住了脚跟，这确实符合它的利益。但是可以推测，外高加索的独立问题迟早将以新的方式出现——准确地说，是相对新的方式，因为俄罗斯为其做了许多事的人后来都背叛了它，这种情况历史上数不胜数。显然，他们不仅期待俄罗斯的军事援助，而且还有金钱，而他们则任何东西都不打算付出，俄罗斯成了别人期待的人质。

遗憾的是，俄罗斯政治的这种特点——立场不清楚，责任不明晰，经常做暗示，没有一句明确的话。这一切在很大程度上是克里姆林宫的突出特征——不善于履行责任和不能清楚和明确地达成协议。俄罗斯信奉短期政治，行事的原则是"以后我们再搞清"：解决具体的任务，没有看到背后是什么，加入打斗，甚至赢得个别战役，却不知道战争的总体目标。

毕竟还是要弄明白——德米特里·阿纳托里耶维奇·梅德韦杰夫能否成为成功的总统，是没有取得任何成功或毫无建树的总统？民意调查显示，只有3%的大学生在互联网上阅读了他的文章，这群人是这篇论文的主要特定读者，事实本身是对国家元首虚荣心的沉重打击。总统的博客也没有高的点击率和知名度，同时还坚定地表明，互联网自由的观念在俄罗斯很大程度上受限。对于军队和军事工业综合体来说，德米特里·梅德韦杰夫是外人，企业家也不准备认真地支持他，因为他们对他的期待要比他们得到的东西多得多。人们一次次地问：他实际上是谁的总统？

显然，他是官员们的总统——政治上某种 deja vu（法语，显而易见的意思）的事实。他不是大家的总统，而是属于他的帮派，形成其 Odnoklassniki（同班同学）.gov 资源的官员的总统。这样一来，就呈现出一个凄惨的局面：年轻的才俊们，毫无疑问非常有能力，过个一年两载，这些人的首创性越来越弱，成为老干部和怀着巨大失望情绪的圈外人。

第六章　权力演变

普京是天才的政治策略家

　　前面我们已经说过，无论是弗拉基米尔·普京，还是德米特里·梅德韦杰夫，在他们执政之时，表面上都没有属于自己的班子。但是，经过仔细地分析，让人十分意外的是，他们不仅有班子，而且还相当有实力，这些人已经各就其位。

　　如果可以这样说的话，事实上早在1990年代非常受欢迎和有影响的政治家——圣彼得堡市首任市长阿纳托里·索布恰克培养出来的人就掌管国家。原来是两个城市、两个班子的对抗——莫斯科①和圣彼得堡，彼得堡班子近十年来的表现

---

①　这里的主要人物包括尤里·卢日科夫、叶夫盖尼·普里马科夫和许多国家杜马代表。——作者注

十分抢眼和有力。

形成的情况是，还在阿纳托里·索布恰克时代，彼得堡班子里不是把赌注押在演讲艺术等外在形式上，而是放在进行深思熟虑和富有内容的具体工作上。结果，年轻而受过良好教育的法学家、经济学家和其他"索布恰克分子"聚集在弗拉基米尔·普京身边。他们很快就彼此熟悉，建立了新的内部官阶等级体系，渗透到办公厅，开始相当有效地抓政治、经济主动权。

显然，1990年代末到2000年初，彼得堡帮在莫斯科获胜在很大程度上是与他们年轻精力充沛有关，也同他们之间形成了不同的关系有关。他们对彼此表现出更多忠诚，给予帮助——可能是因为他们之间没有什么东西可以分割，可能是因为，他们明白，要对抗莫斯科的"黑手党"，他们必须抱团。换句话说，他们班子内部不搞竞争，不自废武功。而在莫斯科帮派内，此刻完全是另一种玩法。当彼得堡的人马出现在莫斯科，行事就像蚂蚁搬家一样：一个人把另一个圣彼得堡的人带过来。在莫斯科，他们继续相互支持，对于首都的官员来说，这是种新现象。

这种趋势基本上保持到今天。然而，遗憾的是，莫斯科也给这些人打上了自己的烙印，彼得堡人慢慢地开始相互争斗。但是，在初期阶段，个人忠诚和不卷入阴谋起初就是很强的王牌。彼得堡人至少不把政治看做是阴谋——当然，他们认为，这些阴谋是对外的，而不是班子内部，不针对其成员个人。这使他们不仅战胜了莫斯科人，如果要准确地体现的话，就是压制了寡头帮，而且也建立了完整的班子，其成员相互支持，相互依赖，围绕着自己的领袖——弗拉基米尔·普京总统，他也是彼得堡干部的大家长。

伊戈尔·谢钦①正是这样出现在大政治中的。他总能获得普京的信任，阿列克谢依·库德林②，当时在权力部门工作，但是同其他彼得堡人一样，得到了进一步发展的推动力和促进力。当然，1999年末，德米特里·梅德韦杰夫也是以这个路子出现的，他现在已经当了总统，继续保持着这个传统，只指望那些他自己熟悉的人，他与他们有过某种共同经历、共同感受的人，他对他们的信任要比某个官员对另一名官员的信任要大。今天，国内局势全然不同，这是另外一回事。

弗拉基米尔·普京这样的人出现在俄罗斯政治天际线，呈现出某种特点。鲍里斯·叶利钦毕竟是在某种异常变故的情况下出现的，而普京则是由于偶然因素出现的。这个人在某些条件下不应该也不能成为总统，但是他当上了总统，出乎一切常规，完全是偶然。这对普京的个性打上了实质性烙印，他总是对偶然情况给予重大关注。他明白，重要的是，在需要的时间出现在需要的地点，抓住时机。他知道，没有体制，指望体制选择最优秀的人是不行的，因为在目前俄罗斯的条件下还不可能。西方领导人面前没有这样的问题，他们知道，他们已经有运作纯熟的体制，在这个体制内，人们按照一定的规律成长。而在俄罗斯则没有任何这种体制。

可以说，如果没有阿列克谢依·库德林厨房里的那个著名的折叠床，库德林未必会成为财政部长。毫无疑问，偶然因素在政治家普京的个性中存在。与许多西方领袖不同，他

---

① 曾任俄罗斯总统办公厅副主任，现任俄罗斯政府副总理。——译者注
② 现任俄罗斯政府副总理兼财政部长。——译者注

们严格地说是经理人,按照规则、按照教科书行动,他们知道,应该如何依据体制工作。普京是个凭直觉行事的人。这就是他的力量,因为他靠感觉比他靠大脑更早地感觉到某种行为的正确与否。

毋庸置疑,普京是天才的政治策略家,鲍里斯·叶利钦第一眼就看上了他。可能,他不是最深刻的思想家,然而他能够最大限度地批判性地分析今天的局势,看到优点和缺点,运用一切可能性把局势翻转过来。这是他的力量,也是他的弱点所在。

正因如此,对他来说,拥有海量信息是极其重要的,就如同拥有决策权垄断一样,它在垂直权力中体现出来。他明白,能当上一个问题成堆的大国的领导人,在很大程度上是偶然的,正如这种偶然性不能总是出现一样。为保险起见,普京凭直觉预先做出决定,以防止出现偶然性。只有预知并把一切控制到细微末节的时候,才去做这件事。

循着前程似锦的官员弗拉基米尔·普京的足迹,如星璀璨的一批人走进了俄罗斯的政坛,这也相当具有偶然性,当时这些人还籍籍无名,但相对具有职业素养。与其他人相比,他们还有一个重大优点:他们十分明白什么是失败。与索布恰克市长的班子一起在市长选举中经历了失败,他们明白,他们再也输不起了。对他们而言,这几乎是致命的打击,他们不能允许经受第二次打击。他们未必还能承受一次这样的失败,所以,多半是因为理解到绝对不允许下次失败,班子内部开始形成团结和统一,尽管这是罕见的,而且可能并非是有意识的。

顺便说说,不难发现,两位总统——普京和梅德韦杰夫政治的根，包括对媒体的态度，部分来自于同阿纳托里·索布恰克共事的经历。当索布恰克成了圣彼得堡市市长，显然，至少他在自己的城市成了偶像，突然，莫斯科派来的权力机构的代表们，还有大众传媒的代表们开始以可怕的力量要把他"溺死"。

结果，这使阿纳托里·索布恰克在选举中付出了失败的代价，因为他扮演的角色是诚实的民主派，他实际上也是民主派，他不能对结果偷梁换柱。所以，由海军学校和军事单位的公民组织的"选举空降兵"才变为可能，他们一致投票选举弗拉基米尔·雅科夫列夫，从而保证他以最微弱的优势获胜。

根据各种可能性看，普京和梅德韦杰夫这时显然已经明白，既不能对媒体放任不管，也不能对强力部门，更不能对选举过程置之不顾。无论作为心地如何善良的民主派，在俄罗斯这样的国家，必须考虑一些技巧，当时生活迫使他们遇到政治对手，必须考虑与他们打交道的技巧。与阿纳托里·索布恰克共事的经历，成了弗拉基米尔·普京的一块胎记，如果可以这样表达的话。

问题有一点变得严重是由于普京本人还不是一个属于某个班子的人。可以说，在政治上，他单打独斗，他是直接意义上的唯意志主义者。原则上，这同时是弗拉基米尔·普京的优点和缺点。一个人的时候，普京感觉非常好，感到舒适，所以他不需要班子，他需要的是下属，需要他本人建立的权力机构。

如果必须与谁协商的话，也许有两三个人，他确实终身都对他们信任有加。而且，他信任沃罗申，至少在那个著名事件之时他离开办公厅之前是这样。毫无疑问，伊戈尔·谢钦是信任的人，普京与他的关系过去和现在都有点特殊。当然，还有德米特里·梅德韦杰夫，还有谢尔盖·伊万诺夫，普京同后者的关系不如同上述三人那样密切和信任。然而，伊万诺夫同围着普京转的所有其他人不同，他是克格勃将军，当时普京还是克格勃中校，所以，严格地说，他对普京没有任何感恩的东西。

普京对所有这些情况或多或少知道一些。这与其说是个班子，不如说是一群他拽上来的人，如果可以这样表达的话，像是鲥头鱼一样，他们与他一起游进了政治，当然这是褒义用语。所以，不能严格地把他们视为普京的班子。有些是普京通过他们来实施自己的决定和执行纲领的人，但是就职位而言，他本人不需要那种坐下来反复思考并大声喊叫的拳击陪练员，这在普京担任总统期间表现得特别明显。

梅德韦杰夫的权力被普京削弱

在2003—2004年的某个时候，第一任期结束时，弗拉基米尔·普京不仅形式上变成了占据总统职位的人，而且成为掌握着管理国家的一切特征的人——由于摧毁了寡头，开始形成国家和经济控制权转到官员们手中的体制。

普京看到没有任何其他选择，这确实可以理解。从寡头们手里把国家、经济和政治夺到自己手里，又把它交到了大批官员手里，让他们去做生意，把自己的人安插到主要公司的董事会、理事会等机构，越来越把生意变成国有的生意。

这样，国家静悄悄地介入了生意，明里暗里把寡头们从那里排挤出去。既然国家进入生意，那么其行为与私人企业家的行为就有所不同。商业需要解决自己业务的生存问题：应该发展什么、应该挣钱、投入、投资。而国家介入生意不是为了挣钱，不是为了寻找投资，而是为了解决自己的国家任务。

普京需要让实业家清楚，国家进入商业不是为了解决商业的问题，而是为了解决国家的问题。但是，商人们或许不理解这些，或者理解得不准确，至少试图进行反抗。当然，国家在商业中存在是必要的，但是它应该是最小限度的，因为国家进入商业是腐败的基础。国家从来不是有效的管理者，因为它没有诸如商业发展的任务，而且将来也不会有。

作为总统，普京经常碰到的问题是，他必须引导商业去解决国家的任务。正是从这个角度，而不是从税收要求出发，开始与米哈伊尔·霍多尔科夫斯基冲突：在普京看来，企业家不应该搞政治，而是应该帮助国家搞政治。显然，这完全不是正常的局势。

我们看到，与米哈伊尔·霍多尔科夫斯基的斗争，剪除寡头都发生在德米特里·梅德韦杰夫的眼皮底下。需要补充的是，不仅仅发生在他眼皮底下，而且还有他的直接参与，因为当时他已经是总统办公厅副主任，然后是主任。后来，与寡头的战争终于结束了，他当了第一副总理，在这个岗位上作为一个相对强势的管理者和经营者展示自己。

结果，官员们在很大程度上变成了垄断者，俄罗斯历史上曾经有过这种情况。普京总统第一任期结束时，形成了奇怪而独特的局势，那些管理俄罗斯的人，事实上掌握着俄罗斯。俄罗斯经济和商业的主要部分或多或少掌握在官员们手里。正是这个体制奠定了后来称作垂直权力的基础,总体来看,建立这个体制在很大程度上成了普京第二任期的内容。

同时,商人们想从普京这里得到的只有一个:规则不要变化。纵然有五个、十个或一百个规则,但这些规则应该稳定,大家一视同仁地使用,以使整个国家都系上安全带。当某些人变得"比其他人平等"时,商业就完蛋了,这时候就开始寻找空隙,卢布、美元、欧元都涌到能够感觉到有利可图的地方。但总体来说,钱是个胆小鬼,当出现某种危险的时候,它马上就遁逃。危险只出现在不可预测的地方。

在法律面前的不平等就意味着不可预测性,因为你不知道如何对你不明白的事情做出应对,你不明白什么可以做什么不可以做。规则方面的不平等导致你不知道自己的位置,开始坐卧不安,试图弄明白,如果你不正确地执行这个规则,他们会怎么对待你。实质上,这是俄罗斯商人们期待普京的主要东西:规则应该统一。无论规则好或糟,这是另一个问题,这是可以讨论的问题。

自然,我们已经提及的祖先留下来的所有特点也奠定了政治发展的方向,奠定了德米特里·梅德韦杰夫担任总统期间对各种集团的打击方向。

上面我们已经对普京和梅德韦杰夫就任俄罗斯总统之时的情况做了比较,并弄清了普京作为叶利钦的接班人执政之时,看起来还是个虚弱和缺乏自信的人物。他不掌控媒体,没有属于自己的办公厅,不控制强力部门,也没有选举基础,选择落在他头上纯粹是因为他表现出来的弱势。然而,问题在于,1993年,鲍里斯·叶利钦通过了总统拥有巨大权力的宪法,形式上奠定了俄罗斯联邦总统拥有强大权力的潜力。

正是宪法向普京提供了逐渐恢复这种潜力的可能性,实现了这种潜力,并聚集起现实的力量,完全把所有的权力分支置于自己的股掌之下。

奇怪的是,事实上叶利钦本人削弱了国家总统的阵地。在鲍里斯·叶利钦执政末期,任何人手中掌握着实际权力杠杆,就是不在叶利钦手里。弗拉基米尔·普京当了总统后,起初也没有掌握总统应该拥有的大部分权力。一般来说,文明国家的总统在当选后自动得到其权力资源,而普京就没有这样的幸运。所以,他不得不从事恢复和收聚工作,用内容来填充形式。

乍看起来,德米特里·梅德韦杰夫2008年5月就职总统时,处于类似的状况。在执政之时,他同样没有控制任何一个党,没有控制重大的财政来源,没有控制媒体——尽管有的媒体给予他的好感要比对其他政治家多一些,没有控制强力部门和执法部门。然而,重大的区别在于,2000年普京执政之时,无论是媒体,还是执法部门,还是情报部门,还是财源,他都不掌握,实质上不是由国家掌握,而是被寡头们掌握。

我们看到,许多寡头有自己的保安机构,与克格勃没有任何区别,甚至曾经的苏联英雄都在那里工作。不能不回忆起菲利普·波布克夫将军,他担任属于弗拉基米尔·古辛斯基的"桥"集团的分析处领导。在苏联时代,这个人以打击异见人士而闻名全国,曾与克留奇科夫直接竞争过克格勃的领导权。

这样,当梅德韦杰夫总统执政之时,所有的关键职能都掌握在国家手里。弗拉基米尔·普京把这一切都留给了梅德韦杰夫，把所控制和掌握的资源交给了他。而在去职前一天，这些都掌握在普京手里。与这次不同，在叶利钦去职前一天，他手里不掌握任何东西。

作为总统的普京，面临收聚俄罗斯、结束战争和恢复官员阶级的任务，他从寡头们、地方贵族们和种族领导人手里夺回了权力，结束了战争，创建了政党。梅德韦杰夫总统面前没有这样的任务，尽管客观上也很明显，他手里的各种资源都不充足。如果说普京需要通过截留和争夺来建立自己的资源，那么梅德韦杰夫只需要截拿，问题是从谁手里截拿？

这方面标志性的事件是，在鄂木斯克召开的会议，主题是国家能源综合体的发展问题。会上实质上划分了政府和总统的职责范围，总统也参加了这次会议。德米特里·梅德韦杰夫声称，他将亲自控制两个巨大的天然气产地——科维克金和什托曼诺夫斯基的开发。换句话说，总统把国家天然气方向作为自己的责任范围。同时，石油领域仍然处于副总理谢钦的控制之下，即掌握在政府手里。

还有一件令人感兴趣的事，梅普组合——总理普京和总统梅德韦杰夫采取了新立场，第一件事就是重新划分职权范围。毫无疑问，在梅德韦杰夫的首肯下，严格说来他也不能拒绝和抵抗，许多权力职能开始逐渐静悄悄地流转到白宫，流转到政府，并在立法上得到确认。普京成了比他任总统时的任何总理和他的前任总理权力大得多的总理。总统的地位实际上被削弱了。

政府是总理的附属

2009年秋，在回答本书一名作者关于2012年选举的问题时，普京说："不要忘记，我是拥有很大权力的总理，我有许多职能，我们掌管着许多权力，掌握这么大的权力，我感觉自己很舒适。"显然，无论从权力职能的表面还是实际角度看，他无论如何都没有觉得受到伤害，他的权力已经足够大。从国外角度看，这是非常明显的。如果说华盛顿和世界其他国家的首都第一年争论的是，梅德韦杰夫总统多大程度上能够实施自己的职能，他在何种程度上是个独立自主的人物，那么经过短时间的观察后，甚至对权力杠杆的职能和能力表面上流向政府的所有这些怀疑和议论都消失了。一切都结束了。

况且，在精心分析俄罗斯政府的运作后，显而易见，政府是一个人的辅助机构，这个人独立自主地做出决策，至于他怎么做出决策，至今仍然秘而不宣，谁也不知道他的思维逻辑和过程，政府实质上变成了国家总理的办事机构。普京总统曾有总统办公厅，普京总理有政府形式的办公厅，政府实质上不觊觎独立的位置，而是总理的附属物，完全和百分之百取决于他个人的命运，取决于他个人的情绪、转变和动作。

这是某种新状况，因为我们知道，在普京任总统时，部长们与总理的独立性在各个阶段是相当大的。例如，阿列克谢依·库德林当时是相当强势的部长，甚至比某个总理都要强，谢尔盖·伊万诺夫拥有巨大的权力。今天，没有一个部长可以被视为独立自主的人物，他们都是一幅名为《弗拉基米尔·普京》画面的组成部分。"普京计划"因此也转型为政府的计划。

德米特里·梅德韦杰夫现在的特点是，如果他想重新为自己夺回这些职能，就要同普京总理发生直接对抗，因为他不得不向普京本人拿权，毫无疑问地要与掌握这些权力的那个人发生冲突。这样，对他来说，这种选择不存在，因为除了向普京要权外，他不可能从别的地方拿到大量权力。然而，一切不是这么简单。

甚至从表面上看，总统的权力依然是强大的。毕竟1993年宪法确立了强大的总统制，迄今为止，这部宪法还没有被取消，而且没有做实质性的修改。尽管在梅德韦杰夫任总统第一年时做了修改，梅普组合权力还是平等的，因为凭自己的能言善辩，凭他是统一俄罗斯党的领袖这个事实，普京用立法领域的优势平衡了自己暴露出来的不足。因为，鲍里斯·叶利钦奠定的那个逻辑至今依然在发挥作用。

德米特里·梅德韦杰夫是宪法规定的强权总统，他之所以强大，是因为他坐在克里姆林宫里，因为他是总统。这是王位的神圣权力。总理是不能与之相提并论的，纵然他拥有立法权力，他有多么大的权力。弗拉基米尔·弗拉基米洛维奇·普京只是个总理，总统可以把他从职位上撤掉，而弗拉基米尔·普京却不能撤换总统。

局势的敏感性在于，两个人一个人是总统，一个是政府总理，实际上都代表着执行权力，尽管根据俄罗斯宪法第80条，总统也是国家元首。实际上，权力等级制表明，在这个分支上，总体不应该有斗争。根据宪法，总统作为最高统帅应该做出所有决定，政府总理根据总统的指示，管理经济。

总统和总理的对抗尽管不明显，也看不到，但我们观察到，当米哈伊尔·卡西亚诺夫企图扮演独立政治家之时，对抗出现了。然而，尽管米哈伊尔·卡西亚诺夫拥有男人的一切魅力和强力，只要普京动动眉头，卡西亚诺夫不仅离开了总理职位，而且离开了整个大政治舞台。况且，卡西亚诺夫背后没有政党的支持。

可以准确地说，德米特里·梅德韦杰夫总统生涯头两年的特点是，这个组合，或者更准确地说是联系体，可以制定自己的某种相互协调机制。然而，未必能说他们各自的班子会步调一致。

由此观察到一些十分微小的冲突却引起巨大的反响这种让人好奇的事。我们记起发生在互联网上的一次风波，记者亚历山大·波德拉比涅克发表了点击量相当大的一篇文章，其中谈到了一家名为"反苏维埃"的烤羊肉串馆招牌的命运问题。根据奥列格·米特瓦里①的要求，招牌被拆掉了，他确认，由于卫国战争老战士和老战士联合会主席弗拉基米尔·多尔基赫本人写的信，他关注到了这个招牌，然而，之所以做出拆除的决定，只是由于招牌外观不得体。如果外观一切正常，就不会有问题。

然而，"纳什"运动实施了毒化活动，他们对波德拉比涅克进行了驱逐活动，这首先引起了含有敌意的反应，例如，叶夫盖尼·冈特马赫尔做出反应，他在"莫斯科回声"在线

---

① 时任莫斯科市东区区长。——译者注

版上发表了文章，文章尽管有点遮掩，但仍然直指弗拉基斯拉夫·苏尔科夫。苏尔科夫同时被指控为没有专款专用，而是用来资助"纳什"运动。

但是，冈特马赫尔确实提出了一个十分敏感的问题：俄罗斯所有这些政党、各种各样的社会运动，组织和运动靠哪里来的资金生存？任何人任何时候都不会对这个问题给予回答，而且任何人也不会特别急于给答案。根据不同时期的传言，某个寡头资助了这个运动，不过他现在已经失宠了。在当代俄罗斯条件下，确认或否认这些传言实际上是不可能的，因为我们从恐怖分子沙米尔·巴萨耶夫之时起，某些反对派人士就会承担一切责任——从发生地震到糟糕的天气。今天，寡头们已经不搞政治，但是财政资助仍在继续。资助来自哪里？依据什么原则分配？

实质依然未变：可以说，侧近人士之间已经开始了近乎病态而且非常消极的冲突。众所周知，德米特里·阿纳托里耶维奇·梅德韦杰夫曾表示不满的一个事实是，他的下属苏尔科夫向俄罗斯日常生活中发布了一个"主权民主"的术语，梅德韦杰夫对此不十分同意，毫无疑问，这是他的权利。尽管应该指出，这个术语是对英语的临摹，起初多半是美国总统罗斯福使用的，因此，甚至不应该说，苏尔科夫在这里觊觎某种发明权。

然而，事实总归是事实。我们看到，梅德韦杰夫总统正是责成弗拉基斯拉夫·苏尔科夫——我们认为，苏尔科夫本人是有创造力和老谋深算的俄罗斯政治操纵者（这是个褒义词）——在总统和总理的直接掌管下，实施梅德韦杰夫的主要项目——国家现代化，包括在莫斯科郊区建立俄罗斯的硅谷，即单独的综合体，用于最新科学研究和现代技术创新开发。

国家的精英们正在磨合

确实，精英间的这种冲突在很大程度上体现在干部任命之中。因为，无论多么奇怪，难以想象，例如，在美国，一个政党内部办公机构发生变更，白宫的官员实际上不会发生变化，如在罗纳德·里根总统之后入主白宫的老乔治·布什总统。这里可以自信地说，弗拉基米尔·普京离开之后，他的侧近班子基本上留给了梅德韦杰夫。只是在梅德韦杰夫执政一年半之后，在他以互联网文章《俄罗斯，前进！》的形式向人民发表呼吁书之后，人们才开始说，可能要同时采取某些措施，不仅更换司法领域的干部，而且也对总统办公厅干部进行调整。

许多关键的岗位现在依然属于那些在生活过程中与现任总统形成了各种关系的人们。正因如此，可以自信地重复说一下我们已经说过的话：因为鲍里斯·叶利钦是尼古拉·马基雅弗利的崇拜者，因为无论普京还是梅德韦杰夫都不是马基雅弗利分子，他们没有去清洗那些看着他们走上权力高峰的人。尤科斯案件后，弗拉基米尔·弗拉基米洛维奇·普京继续与鲍里斯·叶利钦任用的不少人一起工作，某些人也留给了德米特里·阿纳托里耶维奇·梅德韦杰夫。这里可以发现，那个非常有影响的弗拉基斯拉夫·苏尔科夫无可争议地是这个体制的老人。

第六章 权力演变

德米特里·梅德韦杰夫与总统办公厅的每个成员过去和现在都形成了不同的关系,他们中以前没有一个人是德米特里·梅德韦杰夫的直接下属。在某个阶段,弗拉基斯拉夫·苏尔科夫的职位要比他高,在权力等级台阶上,阿列克谢依·格洛莫夫①都比梅德韦杰夫高——即局势是独一无二的。

大家非常熟悉以下情形:亚历山大·沃罗申辞职后,阿列克谢依·格洛莫夫向弗拉基米尔·普京进言,说他认为梅德韦杰夫不应该当总统办公厅主任。人们说,阿列克谢依·阿列克谢耶维奇·格洛莫夫刚关门离开普京的办公室,德米特里·梅德韦杰夫就知道了这个信息。当然,未必可以期望,德米特里·梅德韦杰夫会忘记这件事。

还有人说,梅德韦杰夫与苏尔科夫之间也曾存在摩擦,当时梅德韦杰夫已经离开总统办公厅被派到政府任职。由于这些摩擦,他们之间的情况尖锐到这种程度,一段时间以来,除非工作必需,他们根本互不往来。

一方面,德米特里·梅德韦杰夫已经克服了与他现行班子成员之间的关系的消极方面,他们高度评价他的个人品质。另一方面,可以说,在梅德韦杰夫执政的头半年内,他没有可能形成由亲近和忠诚的人组成的感到舒适的自己的办公厅。事实上他还是与别人的办公厅在共事。

当然,在国家第一号人物发生改变,期待对干部做出变更绝对是正常现象。这种期待在弗拉基米尔·普京总统第一任期也存在。然而,米哈伊尔·卡西亚诺夫在普京总统第一任期内工作,如果他不是不遗余力地对总统办公厅和时任总

---

① 时任总统办公厅副主任。——译者注

统办公厅主任德米特里·梅德韦杰夫表现出某种不尊重的话，原则上他未必会离开总理职位。普京总统在这场冲突中做出了有利于德米特里·阿纳托里耶维奇·梅德韦杰夫而不是米哈伊尔·卡西亚诺夫的选择，这是普京很典型的风格。

无论如何悖谬，弗拉基米尔·普京与德米特里·梅德韦杰夫之间的关系问题实际上与他们个人的矛盾几乎无关，总统与总理之间有某些体制性冲突，这涉及到两个人的职权范围。当然，在个人层面上，梅德韦杰夫十分了解普京，普京也十分了解梅德韦杰夫。

毫无疑问，德米特里·梅德韦杰夫是普京最优秀的学生，在某种意义上讲，吸收了后者职业经验的一切好的和坏的方面。也许，他是唯一一个经历了一切历练，普京总统手把手把他推上总统职位的人。这有时会导致某些消极后果，尤其导致接人待物的方式相似，这成了他独特的成长的烦恼。但根据各种可能看，用不了多久这种烦恼就会得到克服，因为这种相似多半是表面的，而不是实质的。

弗拉基斯拉夫·苏尔科夫和亚历山大·沃罗申从2001年起就不停地试图说服普京领导统一俄罗斯党，直接把自己与政党结合起来，最终取得了成功——总统本人的政党属性其实很微妙。在这种有点粗糙的结构里，普京本人不是党员，但他是党的领袖，而且已经开始运作。弗拉基米尔·普京现在直接与统一俄罗斯党联合起来，他定期为党的行为承担责任——有趣的是，远不是承担一切责任。

普京根本不喜欢依赖任何人。除了叶利钦，他不感激任何人，他也不欠任何人。在这个意义上，他很自由，不像其他政治家，其他经理人，欠自己的班子或自己体制的债。生活中没有人引领弗拉基米尔·普京，特别是某个政党。

但是，俄罗斯经常出现这种情况，当机制已经理顺，明白政权党应该干什么的时候，所有其他政党就不再轻松。谢尔盖·米罗诺夫绕过政党主要经理人弗拉基斯拉夫·苏尔科夫参加选举，证明"公正俄罗斯"党是"普京的伏击团"，这个个人企图遭到完全失败，严格地说，该党付出了在杜马中丢失很多议席的代价。之所以发生这种事，因为杜马选举之前，弗拉基米尔·普京与统一俄罗斯党已经直接联系在一起。

然而，2010年2月，谢尔盖·米罗诺夫与统一俄罗斯党的领袖们的冲突更具代表性。一切都源于联邦委员会主席接受电视采访，在采访中他宣布，在某些问题上他与弗拉基米尔·普京的看法有分歧。作为回敬，统一俄罗斯党人指控米罗诺夫说，他要根据行情来改变自己的政治观点，甚至公开呼吁撤换他担任的俄罗斯议会上院主席职位。

流传的看法是，2012年选举前，梅德韦杰夫总统将领导"公正俄罗斯"党，他表面上曾是由四个党推荐的候选人。但是，在可预见的将来，这种事情可能性不大，而且这在政治上是极其缺乏远见的。对于俄罗斯来说，有两个政权党，而且总统和总理分属不同政党——这是某种全新的东西，国家现在对出现这样的对抗还没有完全做好准备。尽管在战略方面看，对于俄罗斯来说，这种方案十分可能，甚至是理想的。

反对"双头"政党的论据与苏联的笑话不同，这个笑话所提的问题是："为什么苏联只有一个党啊？"回答是："因为我们养不起两个啊。"当然，这是开玩笑，但是考虑到现在的经济状况，完全可能出现另一种解读。问题在于，来自精英的零星信号就被老百姓视为政权虚弱的表现，助长虚无主义，最终对权力的威望造成打击。这已经是俄罗斯大众政治文化的问题。

尽管部分执政上层试图用西方文明来"磨砺"俄罗斯，因为俄罗斯依然是亚细亚观念占上风——对权力需要的甚至不是尊敬，而是非理性的酷爱，鄙视下层那些人，对上层的人则奉若神明。好沙皇的形象，英明的化身，诚实和正派，也许是俄罗斯最持久的神话，严格地说，与之斗争是没有意义的——在最好的情况下，任何斗士都难以被记住，而在最坏的情况下，注定遭到人民的仇视和挞伐。

缺乏施政杠杆的执政党

这样，在任何情况下，都不要低估政党的作用，尤其是在精英不稳定的时期。首先是因为，一般来说，在政党中，未来的政治领袖将成熟起来。此外，真正的政党通常都比爬到最高层执行机构的具体代表，即比总统或总理都更了解民众的疾苦。所以，必须倾听他们的意见。

有趣的是，如果某个时候政党由寡头掌管，可以确信地说，在杜马中某些政治家或议员将代表寡头，那么现在局势更加复杂。而且，某个寡头狂热地希望赞助某个政党绝不意味着政党也狂热地希望拿这些钱。即局势已经发生了急剧的变化。明显的例子就是企业家叶夫盖尼·契奇瓦尔金的命运，他当时曾乐于置身于统一俄罗斯党的卵翼之下，随后又加入了"右翼事业"党，结果，这种转换无论如何都没有在他更加悲惨和评说不一的命运中体现出来。

然而，俄罗斯的第二个党，根据各种可能性看，最后将成为保持力量平衡所必须的。德米特里·梅德韦杰夫客观上需要深信，有他可以依赖的政党，因为现在在俄罗斯，甚至地方行政长官的任命越来越成为政党的特权，至少在各地区是这样。目前局势远非理想，总统实质上开始越来越与统一俄罗斯党结合在一起，这可以表明，俄罗斯的这种趋势将发展得非常缓慢。

2009年10月地区选举之后，鲍里斯·格雷兹洛夫①、安德烈·沃罗比约夫②和维亚切斯拉夫·沃洛金③与德米特里·梅德韦杰夫和弗拉基斯拉夫·苏尔科夫进行的一次谈话极其典型。当德米特里·梅德韦杰夫问，统一俄罗斯党在地方选举获胜后，理论上可否推荐非该政治势力的代表作为地方行政长官候选人，格雷兹洛夫相当不满地回答说，这种可能性微乎其微，他不明白，为什么要这样行事。即尽管总统直接暗示出现了自由的想法，鲍里斯·格雷兹洛夫还是表现出缺乏牺牲党的利益的愿望，尽管严格来说，这完全是可以解释清楚的——毕竟党付出了大量的行政努力，以取得地方选举的胜利，这是非常重大的工作。

我们看到，近来对统一俄罗斯党的攻讦几乎变成了全体国人的乐趣。对警察的蔑视则更是常态化。批评者的论据是

---

① 现任俄罗斯国家杜马主席、统一俄罗斯党最高委员会主席。——译者注
② 现任统一俄罗斯党中央执行委员会主席。——译者注
③ 时任统一俄罗斯党总委员会主席团书记，现任俄罗斯联邦政府副总理兼办公厅主任。——译者注

可以理解的，然而，我们不妨注意一下它的细微之处。

毫无疑问，统一俄罗斯党是个合适的靶子，许多针对它的言论是公正的。党是各种各样的人们的聚合体，党里有运动员、音乐家、职能工作人员、警察等。然而，当局要求解决具体问题时，就向统一俄罗斯党提要求。必须赢得选举以通过政府所需要的决议——要保证取得成果；应当选举反对派谢尔盖·米罗诺夫进入联邦委员会，就在彼得堡投票支持他吧；需要实施汽车工业纲要，就让它举办集会予以支持。

而谁给授权呢？出现了奇怪的局面：譬如说，使阿列克谢依·库德林愤懑的是，杜马多数派不愿意满足他的愿望，不把他提交法律放行，他忘记了，代表们好歹也是人民选举的，他充其量是任命的，而且根本不是广大人民群众任命的。因此，库德林遭到各党最严厉的批评，然而他对统一俄罗斯党不满，试问，为什么？难道就是因为这个立场吗？

对统一俄罗斯党的怀疑者是可以理解的。否则，就如同强迫认真的成年人去改变自己的看法，有时是泾渭分明对立的看法？

但是，不应该对个别的党提出要求，而应该对政治生活的结构体制本身提出要求。今天，统一俄罗斯党表面上执政——什么问题由他们来解决？什么又由他们来决定？是法律吗？相对地说这样——只是等着杜马多数派不假思索地批准法律。政府的干部政策由它决定吗？这甚至是可笑的。而克里姆林宫的干部决定呢？确实没有。当然，出现了推举地方行政长官候选人的可能性。然而，这多半是请安礼，而没有实际影响。后备干部由它决定吗？也许，但这还不够。在地区层面有某种可能性，这就是一切。

这样看来，形成了奇怪的情况：向党提的要求多，实际上却没有实施和体现选民意愿的机制。社会生涯升降梯已经建立，但是政治生活货真价实的组成部分依然没有形成。所以，与苏共做出比较是不适当的：统一俄罗斯党绝对没有掌握类似的全权和机遇。

对国家来说，这种不健康的情况为冲突创造了前提条件。选民有权问政统一俄罗斯党，而它自己去问谁呢？要知道实施机制有限。结果，在杜马选举获胜的政党没有得到主要的奖赏——权力。在这种情况下它赢得了什么？站在升降阶梯的权利？这还差点事，而且这与选民不相干。

顺利经过选举熔炉的杜马所有政党的精英之间、高级官员之间都会发生冲突，他们与这方面没有任何联系，他们的命运甚至不是取决于其工作质量，而绝对取决于个人关系和联系。有时会发生政治家转变为官员和相反的情况，但这是非体制性的决定。结果，所有"长寿者"都聚集在政府，如果他们不参与政治活动（如谢尔盖·绍伊古，亚历山大·茹科夫和其他一些人），事实上已经淡出批评者的视野。

这样，党的能力有限，而部长们很强势。为了分量很轻的奖赏进行政治斗争。只有去猜测——这是成长的烦恼还是制度安排的畸形？

毫无疑问，评判总是容易的。然而，有益的是要记住，目前正是统一俄罗斯党是政治体制稳定的中坚，尽管它有各种优点和缺点。正是这个党的成员完成了大量的具体工作。当然，他们大家也不是没有胎记——要知道在这方面指责统一俄罗斯党成员是可笑的。他们中间既没有外星人，也没有长翅膀的天使。重要的是，不要把国家政治结构的问题归结为统一俄罗斯党,把它及其党员妖魔化,况且该党内还聚集了各种各样不同的人。有意思的是,人们把党的偏好置之一边,分析该机制在国家政治生活中的作用,而且同时不要忘记,批评是必要的,特别是考虑到,社会上充斥着对一党制有害性的理解。

精英在梅德韦杰夫与普京之间寻找嫌隙

除了党的精英,在俄罗斯起重要作用的是执法机关的精英。今天,这里也有着一部分阴谋活动——直接进行着干部斗争,官员之间的斗争和争取任命的斗争。这正好是外面的观察家完全看不到的过程的另一面。并不总是明白发生了什么事,例如,2009年4月莫斯科市内务局局长辞职后,任命首都警察新领导竟需要四个月,但事实本身说明了许多问题。

德米特里·梅德韦杰夫2010年2月做出的决定产生了强烈的反响,当时他撤换了17名警察将军——这比普京整个总统任期内撤换的还要多,任用许多上校取代他们。当然,对这样的职位任命应该进行严肃和长时间的协商,在这个意义上不能说,普京总统与梅德韦杰夫总统之间有原则性区别。然而,梅德韦杰夫就内务部做出的决议,其中除了撤换将军外,他严厉地改变了这个组织和其他机构的职能,本书中已经谈到了这些,这证明,他在干部问题上很快就聚集了现实力量。

除了对强力部门的争夺外,也许,最重要和复杂的是争取自己财政资源的斗争。在俄罗斯目前条件下,这里应该看到弗拉基米尔·普京及唯普京马首是瞻的国家公司拥有的位置和力量,如同政党一样,它们掌握着巨大的选举资源,因为看得出,俄罗斯大量有劳动能力的居民恰恰在这些公司工作。

在这个意义上,俄罗斯联邦的新总统没什么值得特别对抗。当然,类似的局势意味着潜藏着一定的问题——或迟或早"顾问"、所谓的专家社团的代表们将要出现,他们将试图向梅德韦杰夫总统解释,必须建立自己的财政资源,自然,寡头的积极性将表现出来,特别是那些受了委屈和指望国家在危机条件下给予重大援助的人,他们将乐于给予扶助。当然,德米特里·阿纳托里耶维奇·梅德韦杰夫需要自己可控制的财政资源,我们上面已经指出,这里对他重要的是,不要成为这些人的人质。

经济局势是如此严峻,如同最近一两年那样,即首先要求国家向寡头们提供援助,而不是寡头们帮助国家,这将相当大地改变图景,极大地激化对负责金钱分配的职位的争夺。正因如此,报纸上紧张地进行着诋毁格尔曼·格列夫及其储蓄银行的活动,因为在该银行积聚着巨大的资源。自然,反对阿列克谢依·库德林的传统战争已经成了家常便饭,甚至没有人愿意提起。

部分"老"寡头的逻辑指向是,要向总统做出提示,必须成为某种形式的独立政治家。今天,俄罗斯独立政治家的特点是,首先有自己的财政基础。谁能向他施加压力?这里开始了争夺总统耳朵的斗争,如果可以这样说的话,这些人可以被理解为秘密机构,即总统倾听他们的意见的人。

有趣的是,这场争夺耳朵的斗争经常产生出独立自主的决定。例如，建立当代社会发展研究所，这是绝对健康和合理的思想，这完全有理由与梅德韦杰夫直接联系起来，因为他担任了该组织的监事会领导，结果导致了相当怪异的后果——社会发展研究所的发言者突然开始发表如此离经叛道的言论，即使是极右或极左反对派都难以容忍这些言论。

在这方面，伊戈尔·尤尔根斯和叶夫盖尼·冈特马赫尔表现得特别抢眼。非常有意思的是，尤尔根斯和冈特马赫尔与弗拉基斯拉夫·苏尔科夫直接进行争论，但难以把他们称为反对派。两人都曾长时间在权力部门工作。两人的观点从未以激进主义著称。所以，当尤尔根斯忽然对普京本人和其执政的前几年进行最激烈的批评时，这种批评不仅在国内引起反响，而且在国外被视为王国里一切都不正常的直接信号。

例如，与弗拉基斯拉夫·苏尔科夫班子有关系的政治学家同与德米特里·梅德韦杰夫本人的班子有联系的记者和政治学家之间进行斗争也不是偶然的，这是相当耐人寻味的事。最明显的是俄罗斯政治行情中心副主任维塔利·伊万诺夫，根据各种可能性看，他认为自己是政治分析家，与亚历山大·布德别尔格之间发生了口角。伊万诺夫方面把这场争论发展到了进行个人侮辱：对布德别尔格写的任何一句话，伊万诺夫都要狂怒地竭力给予批判、抨击、践踏并绝对加以消灭。显而易见，目标绝不是布德别尔格，而是德米特里·梅德韦杰夫的直接亲信，看起来多半是算账，试图清洗场地，让最高权力的耳朵与不可靠的嘴疏远。

谈到总统和总理班子的冲突，应该指出，精英们相互表示"你好"，这是非常值得玩味的事情。有兴趣读一下报纸就会明白文字后面隐藏着东西。例如，一个这种典型的"你好"以《后皮卡列夫的俄罗斯》报告的形式出现了,显然作者是非常专业的人士,报告由经济学博士尼基塔·克里切夫斯基和弗拉基斯拉夫·伊诺杰姆采夫撰写。有趣的是,报告的作者属于不同的阵营:众所周知,弗拉基斯拉夫·伊诺杰姆采夫与苏尔科夫有不错的个人关系,与他的班子共同完成了几部著作,而尼基塔·克里切夫斯基却与苏尔科夫帮根本不搭界。

由于报告谈的是危机条件下寡头们的活动,以事实证明了他们行为的丑陋性。文件本身是很给力的,然而其出炉的事实本身,根据各种可能性看,是服从于某种意志,而且与苏尔科夫本人没有任何关系。因为必须要把别人的这种意志遮掩起来,作为一个直接与苏尔科夫有关系的人,经济学博士伊诺杰姆采夫的出现起了分散注意力的作用。

归根结底出了问题:在工作过程中,两个作者相互大骂,订货者对他们的任性和缺乏做出正确结论的意愿极其不满,然而,一个正确的结论还是做出了——他们向梅德韦杰夫总统发出呼吁,要求整顿总理所负责的经济领域的秩序。

今天发生的精英们的分化,事实上涉及所有重要或不重要和来钱不来钱的职位以及影响力的争夺。彼得堡和克拉斯诺亚尔斯克论坛被视为总统的,索契论坛被视为总理的。如果总理去索契,那么这时总统就去亚罗斯拉夫尔。应该指出,弗拉基米尔·普京、德米特里·梅德韦杰夫尽管有直接摩擦和对彼此治国方案的不满,但由于许多年共同工作形成的相互谅解,他们毕竟有办法使个人关系体系不致发展到某个极端点,不会埋葬相互之间的正常人际关系,当然,这是极其珍贵的,应该值得尊重。

他们能够在一起呆多久，这是另一个问题。因为在经济危机持续的条件下，在各种可能性不断增长的条件下，已经形成的朋友帮派自觉或不自觉地将发生冲突。正因如此，例如，梅德韦杰夫总统的班子试图倡议检查国家公司的活动，这同时被弗拉基米尔·普京的朋友们视为直接介入他们的势力范围。第二波私有化思想本身将被某些人看做德米特里·梅德韦杰夫试图塑造自己独立和不缺钱的精英。

遗憾的是，同时不得不谈到目前的某个新精英。事实上，尽管褒义上的新政治思维的代表们管理国家，他们没有背负苏联时期的悲惨经验，不知为什么一年半时间内国内腐败猖獗绝对没有表现出下降的趋势，而是有所增加，公司的正常活动已经像是做出英勇的业绩：工作变得越来越艰难，这一切什么时候结束，不可能说清。

国家的经营环境需要改善

当代俄罗斯权力面临的最大问题是，它开始相信自己所玩的游戏。它认为，如果控制了电视台并说服它播放想看到的节目，那么，现实生活就会变得如同它下命令想成为的那样。所以，梅德韦杰夫总统发表"无论如何感到诧异，看来危机没有教会我们任何东西"的声明看起来是极其幼稚的。瓦斯汽车制造厂领导所说的一句话是绝对出人意料的，他说，工厂的亏损已经达到200亿卢布，尽管俄罗斯政府2009年向瓦斯汽车制造厂提供了巨大的援助。我们已经把盗窃预算和制造黑洞的本领掌握得炉火纯青，但无论如何也不明白，不能向经济和经营活动下达"火车，停下来，一二"的命令。必须创立立法基础。不对体制进行重大改造，不会也不可能摆脱资源经济的弊端。

此外，可以直言不讳地说，近年来，俄罗斯的经商气候大大地恶化了，这绝不仅仅是危机造成的。这尤其与所谓的打击腐败和整顿司法体系秩序的企图有关。因为任何打击腐败和整顿司法体系秩序都不可能在个别领域进行。这就如同努力在个别国家建立共产主义或发达社会主义一样。而反腐败如果被宣布为实际清洗政策，那么就会出现"这里我们不会动，这不是我们的一帮人，我们要在这里任命自己的人，他一切都可以做"，这只会导致对资源的重新分配，最后的结果对商业完全不利。

问题就在于乍看起来简单的事实，真正的生意只有在某种稳定的条件下才可以生存和发展，纵然是斯大林时期，纵然是共产主义的中国，关于这一点我们在上面刚讲过。俄罗斯实现了糟糕的稳定，但当存在游戏规则，哪怕某段时间这种规则不变时，生意就会活跃起来。

如果经常改变游戏规则，就会重新划分势力范围，就会产生新的人物，新人物出现了就会说："我们是朋友，我们想干什么就干什么"。而以前那些想干什么就干什么的人，忽然从朋友圈子转到了被怀疑和被指控者行列。对于生意来说，这意味着：无论稳定的关系体系曾多么可怕，它将要消失，新的关系体系将出现，同时谁也不打算履行旧的义务。这样一来，对生意的压迫不成比例地增长，生意行将灭亡。

国内类似情形一定程度上可以用所谓的"早期收获"现象来做出解释。这个术语是由当时的世界银行资深研究员乔尔·赫尔曼使用的，他研究所有后共产主义国家的部分改革和尚未完成的改革的历史。

他认为，在改革第一阶段在政治上和财政上大获全胜的人们，快速形成了一个阶层，这些人会竭尽全力巩固自己在国家的地位。尚未完成的政治、法律和市场转型不仅向他们提供了从国家，而且从社会吸收各种"地租"的可能性，并借助重新分配财产来掌控局势。现在，他们的目的是拒绝更深入的改革并依靠政治稳定，使他们有可能无尽地保持"收获者"地位。为这种稳定的斗争变成了目的本身，预防现在的"领袖们"，防止来自那些在后共产主义变革第一阶段输掉的人取代的危险。

结果，"早期收获"的共同信条就是政治保守主义。社会无论如何都没有参与做决定的过程，权力在上层被垄断，只有那些能够接近权力的人才会得到另外的好处。产生出官员、大企业和刑事犯共生的现象。赫尔曼认为，在鲍里斯·叶利钦时代进行的大规模私有化，有意识地不随之建立法律机制，结果得到财产最有效的方式是利用"灰色"腐败路线图，它成为再次重新瓜分国内任何财产的固定基础。

"早期收获"的共同兴趣在政治制度的本质上体现出来：软弱的权力，猖獗的腐败，缺乏法制体系。重新瓜分财产的高风险使"早期收获者"相对容易控制局势和周围的人，首先是控制国家权力制度。

有趣的是，2010年，在克拉斯诺亚尔斯克经济论坛上，具有市场主义者和自由主义者良好声望的伊戈尔·舒瓦洛夫声称，在实施德米特里·梅德韦杰夫所宣布的现代化时，当局的优先方向是保持政治稳定，如舒瓦洛夫所说的那样，以便国家就像近15年来那样继续生活。许多人一致并不无根据地把这番话理解为，他承认，最高权力对现代化和国内政治和社会机制的更新没有做好准备，包括对扩大决策的参与者范围和确立坚定的所有制法律基础没有做好准备。

同时国家没有意识到，为什么垂死的商业忽然交税开始变少，不去执行明确和合理的政策，并意识到没有人去干促进商业发展的事情，而是开始大声地向商业界吼叫："我们需要钱，我们应该向靠预算养活者付钱。"

国家开始拧紧螺丝钉，利用累进机制，向海关部门下达指令，向税务机构和负责打击经济犯罪的强力部门下达指令，一句话就是"要找到问题并予以相应处罚"。但是，找到和处罚的企图只会导致，之前驮着一公担重物的不幸的小驴子被迫再驮上一公担，之后可怜的动物悲伤地说声"对不起"，蹬蹬腿就呜呼哀哉了。甚至如果以令人吃惊的固执继续向所有幸存的动物施压，归根结底他们将用尽最后一点力——但不是向那些对他们的生活造成这么大问题的人尽力，而是拿到一张离开俄罗斯的票。

如果看一下近一二年来俄罗斯报纸的时事栏目，就会产生一个感觉，现行政权的主要敌人不是恐怖分子，不是匪帮，不是腐败分子，而是生意人。恰恰是对他们逮捕的消息定期出现在报纸上，对他们进行的一次次谋杀、他们的破产和司法诉讼成为报纸的内容。

游说活动造成大面积腐败

遗憾的是，近乎祈祷性的一句话是，俄罗斯经济不应该和一定不要再成为原料性经济，听起来甚至不是号召，好像全然无用地振动空气，这只会引起那些十分明白俄罗斯在可见的将来不会有任何其他形态的经济的人们的窃笑。在国内现行体制条件下，能够生存下来的只有超大型企业，它们恰好从事自然矿物开采，已经深深地与权力机构结合在一起，以致在某些玩家发生变化的情况下，结合体系原则上不会受到损害。

为了达到这个"国家"目标，这些公司也应该成为国有的，或者是假国有公司。同时它们可以越出法律框架，对打击腐败和宣布的国内权利至上不予理睬。例如，在利润下降和实际上难以完成所承担的责任的条件下，至今还存在着许多"污水池"公司，它们伴随在俄罗斯最大的垄断者周围。这些"污水池"公司每年都重复注册，不知道它们为什么有权在工厂里购买它们自己生产的成品，随后以奇高的定价转卖给其他公司。

尽管存在明显的不透明，并且完全不参与反腐败斗争，为什么还要允许这种公司忽然以疯狂的造价，去建设谁也不需要并引起建筑师公会齿冷而使已经流氓化的文化活动家们高兴的这个奥赫塔楼中心。同时十分严肃地去进行某些研究，表达哲学性论断并组织讨论，就会做出如此解释：没有这个建筑，圣彼得堡无论如何也活不下去。

联合国教科文组织代表的声音听起来谦恭文雅，但是他们坚定地表示，在这种情况下，圣彼得堡将被从世界文明的珍珠名录中除名，除了讥笑之外，这席话没有引起任何反应。当然，当局为什么要倾听某个毫不相干、既无钱财也无政治影响、让人难以理解的组织的话呢？就应该倾听怎么也不肯在自己的队伍中实行透明化的天然气垄断者的声音，温和点说，在俄罗斯天然气化水平比周边各国更低的情况下，它认为自己可以随便乱花钱，这就难以对现行天然气价格做出解释，因为根据该价格，可以完全用同样的价格向国内外消费者供应天然气。

还可以举出几个决定拆除莫斯科成为俄罗斯文化标志的决定，诸如为修建宾馆，拆除克里米亚围墙街的展览大厅。我们在俄罗斯看到这种例证还少吗？

遗憾的是，围绕着在北方首都建设奥赫塔楼中心计划的历史和对原料工业态度的例证本身同样表明，今天的俄罗斯不仅仅是个原料经济取向的国家，而且是只有拜托自己的原料才能生存下去的国家。因为甚至尽管有巨大的——不是，不叫受贿量、不叫官僚主义横行，不叫腐败元素——而是按照时下惯用的文雅语言来表达，称为"官员寻租"，所有这些公司依然故我地千方百计想办法证明实现了某种利润。

看一下他们的实际效率水平，让人都觉得可怕，如果忽然有真正的专业人士来从事管理，这些人不是被政治任命的，不是来到平行机构违法挣钱，不是来就便洗钱，只是诚实而内行地完成自己的工作，那该多好啊。哎，这只是理想，这是在我们的"实用主义"世纪里显得相当怪异的理想。

同时，譬如说，2007年"俄罗斯纳米技术"公司的建立，接着任命俄罗斯历史上独特的人物阿纳托里·丘拜斯①为该单位的领导，不客气地讲，这项任命看起来是使预算资金不知去向的清晰示意图，尽管媒体对该示意图做了大量宣传，还是引起人们怀疑和讥笑。让人难以理解的是，纳米技术实际应该在国民经济中占据何种地位，主要的是，在俄罗斯，完成这个项目的保证在哪里，届时，世界技术的微型化是否会发展到更高的水平？到那时，我们会再次拖出一个希腊语词，来表示更小的单位，并以原有的热情扑向这个技术枪眼。毕竟让人惊奇的是，俄罗斯如此喜欢词汇，特别是以这个词汇的名义可以获得——自然而然是切割一块国家预算。

  在总是聊预算，谈国家和私人管理的条件下，梅德韦杰夫担任总统第一年的明显象征就是饭馆座无虚席，不过在这里吃饭的不是生意人，不是参与商业秀的明星，而是执法机关的代表和有头有脸的官员阶层，他们与政治活动家们一起高兴地庆祝总统发表的文章和获胜的选举，顺利签署的合同，这种情况并非偶然。饭馆生意不好的时候，只有那些超豪华或十分贫寒的饭馆幸存下来。官员们到超豪华的饭馆大吃大喝，而呆在十分贫寒的饭馆里的则是那些每晚只喝一杯茶的人。

  当局这样歪曲地理解现实会导致什么后果？显然，不会期待任何好事情发生。在这种情况下，今天俄罗斯政府的许多成员的确不能放弃他们所具有的巨大劳动能力和激情，但要看到，这远没有涉及他们中的每个人。即应该明确地知道，现代政府乃是各种各样的人的汇集。一方面，看起来绝对得

---

① 被称为俄罗斯私有化之父，曾任俄罗斯政府第一副总理。——译者注

到上司宠爱的人，例如，他们从事交通部管辖的俄罗斯道路建设。另一方面，譬如说，对伊戈尔·舒瓦罗夫的班子所做出的巨大努力看得很清楚。

顺便说说，有趣的是，旧新交往方式发生令人惊奇的冲突。本书的一个作者在电视台工作期间，曾近距离接触到了农产品生产者和进口者与运输和销售这些产品的网点之间冲突的场景。网点的代表人物没完没了操作定价，他们在各主管部和各管理署为自己的利益游说，导致的结果是，尽管普京直接下了命令，通过商业法时，他们千方百计地对此予以阻止，阻碍在法律草案的文字中加入他们完全不能接受的修改内容。

通过法律的程序本身看起来极其令人回味——直到某个早上，当人们去开会，他们看到了法律文本，发现文字与他之前一天讨论的不一样，即事情发展到了直接伪造的地步。第一副总理维克多·祖布科夫直接领导这个委员会，但是普京总统出席会议，他专注地观察了网点代表们的行为，他们的吆喝、吼叫、威胁和当时主管部长的行为举止。会议结束时，弗拉基米尔·普京拿过了文件，亲自涂去了网点代表们加入的内容，得到了完全符合生产者利益的方案。因而，在几天时间内，总统有可能观察到，游说者们实际上如何公关，部长们的立场多大程度上受制于这些人。

同时，俄罗斯的游说活动已经达到新的腐败水平，大公司的代表们以专业人士身份为掩护，拿着微薄的收入，作为代表进驻各部委工作，占据这些机构中的行业主管职位，在这个职位上，他们似乎应该促进市场发展和建立竞争条件，让该工业的所有参与者感觉大致平等。显然，如果考虑到他们以前的经验及与母公司的直接财政联系，这是不可能的。即国家只是以这种方式助长了其官员的腐败。

国家领导人经常处于信息真空之中

弗拉基米尔·普京、伊戈尔·舒瓦罗夫、伊戈尔·谢钦和其他一些人试图理顺俄罗斯政府的工作，遇到的问题是，究竟该如何行动，他们代表的利益和观念经常产生直接的矛盾。例如，谢钦和舒瓦罗夫对所发生的事情进行分析的角度不同，这是第一。第二，在各种各样机构中为自己的利益游说的企图，这是俄罗斯的传统，也成为其灾难——当我们说"游说"，我们当然谈的是巨大的、经常无法控制有时是犯罪的资金，不应该用这个漂亮的英语词汇来自我欺骗。第三个因素——俄罗斯社会极大的信息封闭性，无论是当局，还是记者，实际上不可能知道地方的真实情况。

第一，任何顾问们所做的事情是——检查和清除任何未获批准的信息上呈到应向之提出建议的高级领导手里。俄罗斯领导人经常处于信息真空之中，这在相当大程度上是他们自己造成的。俄罗斯官员的力量和弱点就如同是天使的军队——要由离天庭的远近来决定一样，这不是偶然的。官员们总是近水楼台先得月。他离阳光雨露越近，获得的机会就越多，他占据多高的官方职位并不重要。

实际上，在俄罗斯没有比递衣服、叠被子、装枕头和及时擦皮鞋的人更重要的人了，因为他总是向沙皇国王陛下咬耳朵，可以分享自己的委屈和陪同掉泪。但是，这种就其本身相当野蛮的收集信息的方法，无论如何都不会得到客观的图景，而且在互联网上经常遭到口诛笔伐，人们企图打掉它。

因此，当尼古拉二世忽然意识到不可能以专制的方式加工和分析得到的大量信息并做出客观而有根据的决定时，一个帝国已经垮台了。毕竟"我们大家要盯着拿破仑的人，盯着那几百万两腿畜生"，但不是每个人都能够命中目标。俄罗斯确实不是产生狙击手的国家，平生那怕光顾过一次公共厕所的任何男人都可以确信这点，缺乏精准性是俄罗斯男人们的毛病。

继续这个内容，必须肯定地指出，观点各异、机构盘根错节和缺乏信息有时候导致非常迥异的后果，当年轻和富有才华、无可争议地热爱祖国和希望为祖国人民谋福祉的人登上权力顶峰时，就试图打破这个有害的循环。为此，他使用他感觉别人不可能从他那里夺去的那种出口。这个出口就是互联网。这里等待他的将是巨大打击。

例如，明显地对业已形成的状况感到失望，希望亲自表达出自己的思想，而没有依靠一大群助手，梅德韦杰夫总统写了我们已经提到的那篇《俄罗斯，前进！》的文章，文章呼吁大家毫无例外地积极参与讨论，确实在社会真正引起了很大反响。总统把文章登载在互联网刊物上——这样事先就极度缩小了潜在的参与讨论者的范围，因为绝大多数互联网常客，特别是俄罗斯的网友，并不总是最有职业精神，不总是最聪明的人。或者是富足的水平，或者是年轻的程度有关，但敬业精神这个范畴在这里没有起任何作用。

甚至对俄罗斯来说，局势的下一步发展看起来极其怪异。搜集到的无数的反应，总统如果纯粹靠自身的体力显然不可能看完全部反应，不知为什么有一个人的反应竟跃入他的眼帘，这个人的笔名是马克西姆·卡拉什尼科夫，他在自己的博客上直言不讳地写道，他是同情斯大林的法西斯分子。作为战胜了法西斯主义的国家的总统，忽然关注到的竟然是这个人的建议。难以想象，德米特里·梅德韦杰夫在互联网上出现如此重大的失误。

当然，卡拉什尼科夫先生持有这样的观点，德米特里·阿纳托里耶维奇·梅德韦杰夫对此没有任何一点概念。但是，为此需要有真正的助手，使总统不出这样的失误。同时，总统的文章本身整体来看是也不是白碧无暇——例如，在谈论司法体系的那一节里，表达了一个前后相当不一致的想法，认为司法体系应该自我判断，什么符合国家利益，什么不符合国家利益。

我们由于自己的天真，总是认为司法体制绝对应该分辨什么符合法律规定，什么不符合法律，而不是它的工作符合谁的利益。也许，总统指的毕竟是同一个东西，只是编辑对某些地方做了修改，或者是梅德韦杰夫时间不够，未读完材料并把自己的思想具体化。可以确切地说，德米特里·梅德韦杰夫就是这样做出判断的，因为这是循着他文章的逻辑，还可以从总统是专业律师、法学家来推断，这样的偶然性对他来说是不可能的。

这样，与卡拉什尼科夫谈话的经历不知干嘛还要迈出第二步，而且也这样做了。梅德韦杰夫责成总统办公厅主任谢尔盖·索比亚宁去分析博客建议。在谢尔盖·谢苗诺维奇·索比亚宁面前的任务并不简单，他以出色的官僚主义做派完成了。同卡拉什尼科夫进行了会见，整整5分钟，他非常注意地听了他阐述的观点，之后推荐自己对面的谈话对象向科学院提出建议，因为，他提出的建议多半属于学者的范畴，而不属官员所管的部门。

然而，总统的委托得到执行，谈话进行了，其结果也显而易见，大概类似推荐去法院，这个推荐信在当代俄罗斯意味着，以前提这样的建议，去的完全是另一个地方。

这一极个别的现象就很好地表明，权力体系及其信息收集系统是如何运作的，信息工作是如何运行的，这就如同任何试图让房子透透风，可能产生的结果是，新鲜的风会变成来自田野的淡淡的馨香。正在出现恶劣的趋势，当然，不应该这样。

第七章 外部环境

实用主义外交战略总体上不成功

后苏联时期,俄罗斯对外政策的演变是个让人非常感兴趣的内容。起初,明显看到它竭力与西方融合——目前,可以说,这个庞大的方案已经遭到彻底失败。现在没必要讨论这是由于谁的过错——这是另外的内容,然而事实毕竟是事实。

每个后苏联时代的领导人——米哈伊尔·戈尔巴乔夫、鲍里斯·叶利钦、弗拉基米尔·普京和德米特里·梅德韦杰夫,都是作为亲西方的政治家走进克里姆林宫的,都曾对美国和西欧表现出热爱,但是过了一段时间,这种感情就减弱了。叶利钦和普京离开克里姆林宫之时,采取了激烈的反西方立场。美国和欧洲的政治家的观点同样也经历了类似的演变：他们对新上台的俄罗斯总统们抱有好感，彼此寄予希望，到了俄罗斯总统们的执政末期，这些肯定将变成失望，发生新的冲突。

例如，美国的一些专家对这种趋势的解释是，他们说，俄罗斯不能融入西方政治文化是由于其内在特点，这种特点不会随着国内政治制度的改变而发生变化。另一些人认为，俄罗斯和西方不可能成为战略盟友——它们的民族和地缘政治利益差别太大，能够摆脱公开的冲突、不发生战争已属万幸。拥护第三种观点的人们认为，这是源于俄罗斯政治阶级的野心，其原则是"告诉我，谁是你的敌人"，其表现形式则是获得敢于对抗某种类型的强大对手的"声望"。

最后，近年来比较流行第四种观点，其论据是，2008年格鲁吉亚战争后，俄罗斯与美国之间有一系列难以解决的矛盾，每次随着一个矛盾得到解决，另一个矛盾又产生出来。换句话说，俄罗斯和美国需要自己的政治肾上腺素、刺激剂，它可以绷紧这两个国家的对外政策方针，这些角色时而是乌克兰，时而是格鲁吉亚，时而是科索沃，时而是阿布哈兹和南奥塞梯。

这首先涉及俄罗斯——它必须经常向国际社会发出挑衅，以便显示自己依然是有影响的玩家，而不是滞留在国际进程中的边缘国家。例如，伊朗也成功地运用同样的策略。所以，每个俄罗斯政治家执政之时，都开始寻找这些紧张点，毫不费力地找到后，开始煽惑起反西方立场，因为只有依靠这些举措，俄罗斯才能轻易地站稳脚跟并获得支持。

无论如何，迄今为止，俄罗斯与西方的一体化方案毫无疑问地遭到了破产。而且，当时由美国促动的，尤其是老乔治·布什总统促动的独联体方案垮台了。用弗拉基米尔·普京的话说，前苏联国家"文明离婚"的想法没有实现。2008年夏天俄罗斯与格鲁吉亚事件就是明显的例证，看起来正是为了文明离婚而建立的一个国家间组织的成员国彼此间发生了流血武装冲突，独联体却不能去阻止这次冲突。

西方很快注意到俄罗斯没有马上看明白的东西——在这场冲突中，没有一个独联体国家站到俄罗斯一边，至今没有一个独联体国家承认阿布哈兹和南奥塞梯为独立国家。甚至在独联体框架内，俄罗斯也没有得到它所指望的那种支持，考虑到其施加影响的杠杆，首先是经济影响的杠杆，它曾寄希望于那些与它相邻的国家。

当然，如同阿拉伯国家一样，西方已经染指了俄罗斯的两个最大的一体化项目。当帝国瓦解时，大家都试图进入已经腾出的空间。无论如何，俄罗斯都难以胜任后苏联空间一体化引领者的任务，它今天在相当大程度上促使这个空间彻底瓦解。

欧亚地区变成了如同美国电影音乐剧《欢乐合唱团》里所呈现的场景般的独特地区。所有处于前苏联疆域上的国家示威性地把自己与这个地区脱钩，试图走出国门，或者与美国傍在一起。格鲁吉亚就这样做了；或者如乌克兰那样要加入北约，或者走向欧盟、中国或阿拉伯国家。阿塞拜疆试图走向全球能源市场，并成为独立自主的玩家，亚美尼亚试图通过与土耳其关系正常化使自己走向多样化的全球市场。总而言之，大家都试图找到不经过俄罗斯而与世界接轨的方案。

由于普京总统（现在是德米特里·梅德韦杰夫总统）实

行的对外政策活动，俄罗斯丧失了帮助所有这些国家同全球世界之间联系的角色，相反，它们开始把俄罗斯视为障碍。对于俄罗斯来说，这是个重大问题，因为它相当大程度上在世界舞台上单打独斗——的确，没有人把它视为敌人，但也没有人把它视为朋友和盟友。

这样，俄罗斯的"站起来了"和"加强"对外政策导致的结果是，俄罗斯重新处于国际舞台上独来独往的"小猫咪"的地位。一方面，正如国家的领导人们所说，俄罗斯的威望恢复了，另一方面，俄罗斯依然在单打独斗，一旦它的问题尖锐化，世界上某个国家未必会站出来认真地帮助俄罗斯，尤其在军事方面。上海合作组织确实得到了重大而积极的发展，这在相当大程度上应归功于中国，俄罗斯的对外政策在这里越来越变成中国的根本利益或其他国家利益的人质。而且，今天，上海合作组织很多方面发展得越来越好，它是弗拉基米尔·普京对外政策留下的干货。

俄罗斯对外政策表现出的咄咄逼人与它无论怎么做都难以证明自己在世界上的重要性有关。许多外部观察家确信，俄罗斯永远不会同意与别国平起平坐，它总想成为自己盟友中的老大。正因如此，俄罗斯存在着加入世界贸易组织的问题，正因如此，它不同意加入北约。同样的原因，俄罗斯在欧盟中有问题，因为那里有俄罗斯传统上不会尊重的国家，但是这些国家平等地参与做出决定的过程。

简单地说，尽管近十年来俄罗斯的对外政策奉行实用主义，战略上它总体上未获成功。俄罗斯获得了难以预测国家的名声，最好与它保持友好，但是不值得指望它，因为在对外政策上，难以预测性是非常糟糕的品质。此外，近年来，俄罗斯试图扩大自己在世界的影响，开始移植这种影响，尤其试图塑造对北朝鲜或伊朗体制的影响，与它们保持良好关系。德米特里·梅德韦杰夫继承了所有这些问题。

苏联瓦解过程尚未结束

最近，俄罗斯明显出现了建设民族国家的倾向。这对独联体解体也起着非常重要的作用，独联体的每个成员国开始寻找本国走向国际舞台的途径。但是，问题还在于独联体国家都意识到，它们已经不是庞大的联盟内的共和国，而是独立自主的玩家。因此，它们突然明白，企图靠在一条大船上是没有意义的，感受到自己的独立性和利己主义，这样确定本国的政策更为有利，同时它们也采取极其危险和冒险的步骤。

例如，格鲁吉亚企图作为独立自主的国家，但没有站稳脚跟，没有取得成功，结果导致领土损失。摩尔多瓦在亲罗马尼亚的政治学说取得胜利后，严厉地镇压反对派，可能会导致失去德涅斯特左岸地区，这样，将对共和国的领土完整造成极其沉重的打击。至于其他国家，它们常常自认为受了委屈，既不理解也不承认俄罗斯采取强硬和最后通牒式甚至是学说性路线的权利。

正因如此，当俄罗斯领导人忽然声明，我们将作为共同关税同盟加入世贸组织时，忘记了同其他国家讨论这个立场，它们也就自然产生了愤懑——为什么总有人要替它们做出决定，如果它们有本国的、与俄罗斯不同的利益，共同加入有什么意义？当然，它们最终可能会接受俄罗斯的立场，但是它们还是有苦恼和怨恨。

历史教科书编撰者把1991年12月25日标定为苏联解体的日子，显然他们是操之过急。这一天只是作为长期、艰难和血腥过程的第一阶段结束了。帝国不是一下子崩溃的，苏联的解体至今仍在进行，而且未必近几年就会结束。所以，在后苏联空间里，还可能不止一次地发生疆界变更——新国家的产生和老国家的消失。

苏联会整齐划一地沿着其各共和国的疆域瓦解，这样看问题是幼稚的，我们知道，这些疆域很大程度上是主观形成的，没有考虑当时存在的民族、宗教、文化和军事以及经济区划。这样，重新审视这些疆界变得更加可能，这给后苏联空间增添了恐慌和不稳定。大家明白，本地区形成的政治地理不是最终边界。这对俄罗斯来说也是公正的：保留现有疆界还不是事实，所以在心理上、政治上和军事上需要对此做好准备。

我们在本书中提到的所有俄罗斯的领导人——戈尔巴乔夫、叶利钦、普京和梅德韦杰夫，都是生活在正在融化的冰块上和身处帝国瓦解进程中的一些领导人。他们都是正在融化的冰块上的统治者：戈尔巴乔夫与苏联解体相伴，叶利钦提出了"你们能拿多少主权就拿走多少"的话，普京提出"把税收交到中央"，梅德韦杰夫总统将如何掌控这些问题，目前还不清楚。冰块的融化进程尚未停止。

俄罗斯在独联体处境艰难

众所周知,由于冷战,两个国家——苏联和南斯拉夫瓦解了。南斯拉夫经历了极其残酷的战争,数十万人被夺去生命,严格地说,苏联避免了战争,但说彻底避免了战争,这还不是事实。2009年,叶戈尔·盖达尔①在华盛顿回答自己所取得的并真正为之自豪的主要成就的问题时,不假思索地回答说,毫无疑问,就是避免了国内战争。盖达尔说,"至今几乎谁都没有弄明白,当时我们实际上离战争多么近,碰上了大规模饥饿暴动的可能性。这是我当时真正担忧的主要问题,但是,暴动没有发生,我觉得,这可以算是我的主要功劳。当时许多措施都是由于担心这种危险出现而采取的。"

此外,伴随着苏联解体,重新组建的国家一下子成为独立自主的国家,它们对此既没有在政治上,也没有在心理上和经济上做好准备。前第一书记们当上了总统,他们必须有自己的军队,自己的对外政策,建立自己的财政政策,发行货币等。他们当时既没有经验,也没有准备,更没有建立主权国家的战略。他们大家都是苏联精英的组成部分,与莫斯科等量齐观。当莫斯科脱离了这块地域,它们要单独面对许多问题。

苏联解体后新组建国家的当代当权者,严格说来,是由一些曾得宠于上司的人们构成,他们在需要的时刻出现在正

---

① 曾任俄罗斯联邦政府代总理。——译者注

确的地点，但是，他们中的多数人比俄罗斯更加土里土气，更加缺乏职业能力，甚至对掌权都准备得比较糟糕。一般来说，他们没有经过民族精英的严酷淘汰，没有经过竞争，没有通过制定国家思想的过程，在不理解自己民族利益的情况下就实现了独立。如果可以这样说的话，这些国家都没有一个自己的普京。

大多数独联体国家的元首曾处于美国童话中成为未来糖果厂经理的小孩的地位。他们对选择和确定民族利益这种责任没有做好准备，所以，严格来说，他们难以胜任自己的任务。在任何一个后苏联国家，包括俄罗斯，民族精英都不能顺利地解决诸如确定民族利益、建设独立主权国家、建成正常的政治机制和政党、摆脱旧的已经过时的苏联的那些关系等最重要的任务。年轻的德米特里·梅德韦杰夫总统在这方面处于相当有利的地位。

换句话说，苏联解体尚未结束，过渡的执政者还没有离去，还没有形成能够真正确立民族利益、而不是试图在后苏联废墟上移植这些利益的新民族精英，这些国家的政治体制将是苏联体制的残余和西方民主模式移植的杂烩，它难以有效地运作。俄罗斯的梅普组合也是目前过渡条件下产生的怪异和让人难堪的即兴之作，当时既没有相应的政治文化，也没有政治传统，更没有严肃的工作积累。

从外来观察家的观点看，所有这些组合把后苏联空间变成了极其危险的地区——大体来说，至今仍不明白，近年来或最近十年将发生什么事，国界将发生什么变化，谁跟谁将发生战争。大家都对俄罗斯与格鲁吉亚的战争记忆犹新，但是很少有人注意到诸如哈萨克斯坦与乌兹别克斯坦的关系，它们之间的关系同样紧张，亚美尼亚与阿塞拜疆之间的关系传统上也不轻松。

后苏联的邻居们——其中许多邻居不仅不喜欢俄罗斯，而且相互之间也难以容忍。而俄罗斯处于这个大组合的中心。这样，弗拉基米尔·普京和德米特里·梅德韦杰夫在这种条件下很难制定长期的对外政策，而且简直是不可能的。对外政策在很大程度上应该是灵活的。但是这将带来不可预测性，这在世界的对外政策中将引起极大的担忧。

其中一个主要问题是，今天，进入欧亚地区的外来玩家向前加盟共和国提出形形色色的或者很有吸引力或者不怎么有吸引力的走向全球性世界的方案，同时，俄罗斯是欧亚地区的中心，没有地方可去。在这种情况下，在后苏联国家的精英中，经常出现的问题是："美国还能让我们感兴趣多长时间？"问题在于，作为把它们带入"大世界"的火车头的俄罗斯本身有多大吸引力。顺便说说，认真地说，这种情绪可以一致被视为帝国思维的残余——离开了一个主人，这些国家试图找到另一个主人，他们不明白，目前的局势迫使它们接受没有主人的状态，必须独立自主地发展。

在这个意义上，亚美尼亚的例子很有意思，该国政府迈出了风险巨大但具有历史意义的步伐，开始与土耳其调整关系，并开放边界，只有在该国政府绝对相信国内政治局势稳定的情况下，这个步伐才是可能的。况且，这个行为之所以反常，是因为它导致土耳其和阿塞拜疆这对天然盟友似乎出现了摩擦。如何对待这种局势，促使俄罗斯领导人必须做出更加复杂的决定。因为与阿塞拜疆、土耳其和亚美尼亚的关系对俄罗斯来说是标志性的和重要的。

根据这一切看得出来，在不久的将来，俄罗斯执政的梅普组合在国内利益与情感眷恋之间将产生最强烈的冲突，毫无疑问，弗拉基米尔·普京对德国①存在这种眷恋，德米特里·梅德韦杰夫对美国有这种眷恋，这种眷恋具有客观必然性，它百分之百会明确地迫使对方接受另外的行为路线，然而，无论是德国还是美国，都没有做好为俄罗斯而放弃自己国家利益的准备。

无论莫斯科觉得这些国家多么理解它，南奥塞梯战争的经验还是反导问题的争论以及乌克兰加入这些计划都表明，不管俄罗斯喜欢不喜欢，乌克兰还是可能成为北约国家。此外，无论俄罗斯喜欢与否，北约国家很少打算考虑它的利益，无论俄罗斯的精英代表如何对待这个事实，他们同样都难以对对外政策航班的运行航路施加影响。

应该指出，与围绕着关闭在吉尔吉斯"玛纳斯"军事基地的冲突类似，俄罗斯社会意识担心独联体国家对俄语造成威胁，这种局势就如同经常出现的北极光柱一样，没有任何合理的基础。要知道，如果认真考虑一下，如果前加盟共和国继续神圣地服从于俄罗斯优先地位，促进俄语大规模地在自己的领土上传播，这是多么奇怪的事。从这些共和国的国家利益看，这至少是不合理的，这同样会导致这些共和国民族主义情绪的增长，直到他们失去政治权力。而放弃军事基地——当然，这总是某种交易的对象。而俄罗斯在这里会提出什么建议？主要的是，它履行承诺的保证在哪里？

---

① 尽管普京与意大利总理西里维奥·贝卢斯科尼之间存在着十分良好的私人关系。——作者注

遗憾的是，目前可以确切地说，无论是弗拉基米尔·普京还是德米特里·梅德韦杰夫，其对外政策的华丽言辞与实际落实具有很大差距。而且，在激情层面上，独联体国家的亲俄罗斯政党并不轻松。不仅仅是因为，如同乌克兰的经验表明的那样，俄罗斯不以合理的事情来支持它们，而且因为俄罗斯不能向说俄语的公民和那些我们承认暂时身处异域的同胞们提供有效保护。

有一种公正的看法是：俄罗斯在邻国所做的事不符合说俄语公民的利益，而是符合俄罗斯当权者和对外政策的利益。但这也基本停留在言辞层面上。同时，大多数前苏联共和国经济上依赖俄罗斯——它是它们的最大商品销售市场或者是最大的劳动力市场。一方面，这削弱了俄罗斯的经济立场，因为从国内抽走大量资金，另一方面，导致这些国家的精英产生"爱恨情仇"，他们无论如何也不承认此类依赖性。

我们回到保护俄语的思想。这种思想本身并不错——对许多年轻的欧亚国家来说，说俄语的阶段成了他们变成全球世界一部分的钥匙，然而，精英操着别国的语言，这个国家不可能有正常的主权。需要明白，在中学用别国语言教学的国家，在军队说着别国语言的国家，最后，总统说着别国语言的国家，从来都不会拥有真正的主权。

让我们尝试把这种局势推及到俄罗斯身上。心理上和教育上的依赖要比政治和国防上的依赖大得多。在后苏联空间，多半应该把俄语作为文化、全球性学术交流、知识分子交流的工具保留下来，仅此而已，不能强迫，否则我们将回到苏联时代，当时民族共和国的精英讲俄语，而第二书记是由莫斯科任命的俄罗斯族人，这成为苏联解体的一个启动装置。

◎ 第七章 外部环境

在美国，人们说，住房的价值由三个尺度决定：第一是位置，第二是位置，第三还是位置。无论是房屋的面积，还是质量都不会起如此显著的作用。俄罗斯在政治版图上的位置绝对不是最有利的。它邻国众多，在这方面绝对是世界冠军。一般认为，俄罗斯与中国的边界是最长的，但是，实际上最长的边境线是俄罗斯与哈萨克斯坦的，这也在一定意义上影响到俄罗斯的对外政策。

俄罗斯拥有如此众多的互不喜欢的邻国，而且彼此打仗，使俄罗斯外交部变成了第六院——需要想办法同时与相互难以容忍的那些国家保持良好关系。此外，带着各种利益的外来玩家也来到了后苏联空间——美国，中国，以色列、阿拉伯国家、土耳其——自然，它们的利益与俄罗斯的利益有矛盾，经常与其他后苏联国家的利益有矛盾，加之这些国家本身正在形成之中，增加了越来越多的内部问题。要想让这口沸腾的锅平稳融入欧盟或别的地方，简直是不可能做到的事情。

而且不应该忘记，独联体领土上不仅有核武器，而且还有大量持有武器的人。在所有那些局部冲突后，后苏联国家的大量武器未予登记。加上贫穷问题和一整套与此有关的社会并发症，种族和宗教冲突，恐怖主义，尚未解决的内部领土争端，苏联时代和苏联之前旧的冤屈——不要指望西方看到这些会宣布热烈的合作愿望并签署长久条约。

目前，尽管巴拉克·奥巴马提议削减核武器，尽管许多美国政治家明白，核弹头多于或少于数百枚没有意义。然而，本质在于，如果签订这个条约，那就不应该有任何变化，否则俄罗斯与西方之间的信任不会增加，如果不签署条约，一切都会变化，而且向更坏的方向变化。

梅德韦杰夫未必能经营好俄美关系

　　这里我们观察德米特里·梅德韦杰夫总统对外政策中最主要的东西。我们从两个方面看到根深蒂固的不信任。在后苏联的18年里,俄罗斯与西方彼此不再完全信任。无论一方说什么,另一方对此总是不信任。我们记得,冷战时期,无论苏联与西方如何敌对,签署的条约还是能够得到执行。今天局势变化如此之快,下一代政治家将按照另外的方式看待发生的事情。条约都难以跟上这些变化,所以,签署某些长期纲要和项目没有意义,应该在短期基础上,日复一日地行动,用策略取代战略。

　　今天,俄罗斯对西方的全部政策,如同西方对俄罗斯的政策一样,建立在策略基础之上。根本不用谈什么可预测性。奥巴马提议"重启"关系,人们兴高采烈地支持他,然而我们大家知道,按下重启键之时,根本不明白要发生什么事,只是希望计算机自己调整好内部设置。在这种情况下,系统通常建议"回到最后一个工作配置",因此,应该有某种正常的基础。不幸在于,俄罗斯与美国的关系没有这种工作配置。这种配置的移植基本上与期待积极的东西有关,而与实际对策关系不大。

　　弗拉基米尔·普京给德米特里·梅德韦杰夫留下了极其艰难的俄罗斯与美国的关系,实质上接近于软冷战。目前所有恢复两国之间信任的企图都以失败告终。随之就会生出下一个问题:如果普京总理依然是俄罗斯对外政策的主要动力,他会不会让梅德韦杰夫在俄罗斯人和全世界的眼中成为在外交政策领域比他自己成功的总统，保证俄罗斯的安全，与美国达成协议，消除紧张状态，开始恢复信任？要知道，如果梅德韦杰夫总统在对外政策方面更成功，2012年普京将难以返回到权力中心。

阴谋论甚至断言，弗拉基米尔·普京在某个阶段将对俄罗斯与美国所有这些重启进行拆台，德米特里·梅德韦杰夫将成为失败总统，之后普京实质上会重复其在慕尼黑的讲话。还是不愿相信会发生这种事。

美国把赌注押在俄罗斯总统德米特里·梅德韦杰夫身上。他们的一个主要论据是，美国当权者的大多数代表的确想让弗拉基米尔·普京离开，确切地说，不单单是离开，而且毫无疑问希望俄罗斯的对外政策出现变化。他们不仅把德米特里·梅德韦杰夫视为表面上的接班人，而且视为实际接班人，指望他努力给俄罗斯带来必要的多样化观点，而且表明这是正确的。梅德韦杰夫总统越强大，甚至在政治上不去削弱俄罗斯总理普京，而人们就越有可能性去讨论形成的问题并提出解决问题的建议。

同时，美国在相当大程度上故意不理睬弗拉基米尔·普京，这不能不引起他的某种不满。普京当总统八年，已经习惯了重大和有威望的国际非正式交往，习惯在电视摄像机面前闪亮登场，握手和喝香槟酒。现在，年轻的德米特里·梅德韦杰夫做着这一切，而弗拉基米尔·普京不得不行驶在糟糕的道路上去皮卡列夫小镇，对失败地区拉一把，给他们发钱。可能，这种行动中受某种因素驱使，但是缺乏高尚的使命感。

今天，与普京一起工作的人们说，他怀念以前的生活，怀念繁忙的全球政治和自己引领时尚。他对担任总理感到寂寞，就如同当总统时某个阶段的寂寞一样。想向前走，但是无路可走——那里有德米特里·梅德韦杰夫。从心理上看，这对弗拉基米尔·普京，对他的接班人，包括即将到来的"2012年问题"都是重大问题。

可是，我们现在由此得知，未必可以得出一致的结论，认为梅德韦杰夫总统在对外政策方面会比普京当总统时更成功。第一，因为梅德韦杰夫自己宣布，他将继续前任的政策，第二，因为对外政策是内政的延续，不可能建立单独的政策。遗憾的是，德米特里·梅德韦杰夫精确地重复着俄罗斯与美国政策之间关系体系的传统发展路径。我们提醒一下，迄今为止，所有俄罗斯总统都以亲美国开始，而以反美国而告终。

同时，梅德韦杰夫总统还有一个重大问题，这个问题是：德米特里·梅德韦杰夫作为法学家，潜意识中试图把西方国家纳入自己的政治势力范围，这些国家具有民主、相当大的透明和让人理解并在情感上舒适的法律行为逻辑，而在同发展中国家发展关系方面，例如与中国发展关系方面经受着某种复杂性，他把这些方向留给总理承包。然而，无论我们想不想这样，近年来中国越来越成为对俄罗斯具有重要意义的玩家。

此外，梅德韦杰夫总统自己垄断了在"20国集团"会见的职能，这在很大程度上是冒险行为。"20国集团"讨论抗击危机的经济措施，而在俄罗斯国内权力结构中，政府总理负责这部分事务。例如，美国就不是这样，国家总统领导政府。所以，一方面，梅德韦杰夫总统表示，必须与保护主义斗争，当一些国家确立了高额关税，关闭自己的内部市场之时，俄罗斯政府随后还是通过了对汽车和其他商品实施阻挡性的关税，这是不对的，然而，这让人看起来好像总统不能完全一个人说了算，难以履行所承担的国际义务。

第八章 喜忧参半

梅德韦杰夫面临艰巨的考验

德米特里·梅德韦杰夫当选了俄罗斯总统,但他作为国家领袖之初的那段日子是极其艰难的。德米特里·阿纳托里耶维奇·梅德韦杰夫成为国家元首的第一年,就开始了外高加索战争,从一开始,俄罗斯总统就被迫必须使用武力,然后俄罗斯做出了承认阿布哈兹和南奥塞梯独立的最重要的政治决定。总统第一年任期结束时,世界能源价格快速下跌,这动摇了俄罗斯预算的基础,国家被彻底卷入全球性世界危机之中,并严重地冲击到俄罗斯人的生活质量。

这对任何国家,甚至最富足的国家的总统都难以应对,何况俄罗斯面临的国内问题并不简单,梅德韦杰夫本人不得不处理这些问题：从大规模的腐败到与乌克兰的天然气冲突再到买凶杀人和吸引全世界目光对之予以关注的巨大的司法案件。毫无疑问，梅德韦杰夫对担任面对战争和全球经济危机的总统没有做好准备。他的竞选纲领完全是另一种样子，俄罗斯总统不得不走一步看一步——有时候获得成功，有时候不很成功。

对此还要予以补充的是，德米特里·梅德韦杰夫是在俄罗斯人对当局的期望处于最高峰之时进入克里姆林宫的，这种期待是在前几年经济迅猛增长和政治某种程度上稳定下才形成的，当时及时地发放工资和退休金，实际收入得到增加，人们开始对未来充满信心和憧憬。

的确，2008年5月，梅德韦杰夫就任总统时，在当时对局势的认识和国家元首职权的观念框架下，他在心理上和情感上已经准备做总统，相当出人意料的格鲁吉亚战争开始把德米特里·梅德韦杰夫置于全然不同的局势之下，当时要求迅速而坚决地采取行动，但在第一时间，他有些不知所措。梅德韦杰夫没有准备好担任进行战争和解决诸如承认阿布哈兹和南奥塞梯这种纠缠不清的国际问题的总统。他实际上是普京总统的接班人，自愿同意成为《2020年计划》的一部分，而普京的计划无论如何都没有预先料到会与格鲁吉亚发生战争。局势已经失去控制，对于俄罗斯新总统来说，这是严峻的挑战。

2008年9月，德米特里·梅德韦杰夫在"瓦尔代"国际辩论俱乐部框架内与外国专家进行了会见，在回答记者和政治学家的问题时，他回答问题时神态不像国家总统，有点不安，坦率地说，作为国家元首，他有全然不同的工作计划，对局势的变化完全没有做好准备，没有做出当时需要做出的那些决定和承担责任的准备。显然，当时发生的许多事都是总统办公厅的仓促之举。

众所周知的事实是，"五日战争"结束后，梅德韦杰夫所做的第一件事就是邀请南奥塞梯和阿布哈兹的总统到他这里来，建议他们建立对其他国家开放的邦联，俄罗斯对此应该予以承认。客人们很害怕，拒绝了这个建议，他们解释说，他们的国家之间没有共同的边界。这样看来，克里姆林宫明显有点惊慌失措，由于出现这种局势，在某些人的头脑中出现了这种古怪的想法。

2009年秋，德米特里·梅德韦杰夫看起来已经完全今非昔比。根据一切外在特征看，他已是俄罗斯名副其实的总统。他的行为举止换了另外一副样子，说话也不一样了，他的思想表达风格也发生了变化，如果可以这样表达的话，他更像总统了。德米特里·梅德韦杰夫不再坐卧不安，变得更加自信——总而言之，他在相当大程度上契合了总统本来应有的样子。他开始谈论政府和普京总理，完全是用另一种语调，与一年前或一年半前已不可同日而语，已经不耽于强调某种距离感，尽管这种距离感还是在言语上表现出来。

从2008年春到2009年秋，对梅德韦杰夫来说，这是他意识到身处克里姆林宫并且就坐在沙皇宝座上的阶段。无论人们怎么谈论实际权力，他拥有这种权力，而且这种权力是神圣的，是由在南奥塞梯所流的鲜血产生出来的。然而，很显然，他还要做许多事加以证明。顺便提一下，2010年，总统所做的一系列决定，包括干部问题上的决定，就证明了这种趋势，以后我们还将回到这个内容。

当了总统，德米特里·梅德韦杰夫在克里姆林宫取代了弗拉基米尔·普京——在俄罗斯人的意识中，他们把国家历史上最成功的一个时代与这个人的名字联系在一起。而且，普京在离开总统职位后，继续被视为毋庸置疑的国家领袖。这是俄罗斯几个世纪都没有发生过的事情。况且，弗拉基米尔·普京本人就承诺过，他会离开克里姆林宫，但不会远离政治，他接任了总理职位，因此，制造了一种俄罗斯所不习惯的政治局面，在国家最高职位上，出现了一个没有被俄罗斯人视为该国主要人物的人。

因此，德米特里·梅德韦杰夫从一开始就应该付出更多努力，表现出更多的敏感性、自觉性和政治能力，以便在俄罗斯社会和当权者眼中被定位为实际总统。

从世界舞台上发生的根本变化的视角看，梅德韦杰夫总统任期的开局变得极其重要。承认阿布哈兹和南奥塞梯后，俄罗斯与国际社会大部分国家的关系恶化，要修复这种关系，德米特里·梅德韦杰夫需要精心筹划和实施对外政策。随着美国新领导人执政，向俄罗斯提议完全重新审视相互关系的基础，就符合两国利益的合作开始严肃的对话。这不仅为俄罗斯开辟了新的可能性，而且也提高了其总统在选择对华盛顿正确的政策、确定国家战略利益等方面的责任。

换句话说，梅德韦杰夫总统面临着极其艰巨的任务，解决其中任何一部分问题都将使世界任何国家的领导人会成为真正的成功政治家。毫无疑问，在试图对梅德韦杰夫总统生涯的阶段性成果做出评价时，必须考虑这个因素。

如果对总结梅德韦杰夫执政的开局做个总结，可以得出的主要结论是，德米特里·阿纳托里耶维奇·梅德韦杰夫在相当大程度上展现出自己确实是俄罗斯实实在在的总统,这比2008年选举后大多数西方观察家马上就做出的预测要正确得多。尽管对他的政治独立性有各种各样的看法,可以一点不矫情地说,第一,与外国分析家分析的相反,他的独立性表现得无可比拟,表现得更多和更加频繁,甚至比广大公众看到的都多。第二,德米特里·梅德韦杰夫展示了承担责任的能力,展示了做出决定和不怕公开捍卫这种决定的能力。远不是所有西方人预料到了这些情况。未必可以找到在当时的局势下他试图推脱责任,比如把责任推在弗拉基米尔·普京身上的某种实质性的例证。第三,十分显然,梅德韦杰夫是在没有自己的班子的情况下走进克里姆林宫的,在第一年和第二年的一段时间里做了不少努力,以便围绕自己把志同道合者和具有高度职业素养的创新性人才,特别是经济领域的人才联合起来。看起来,德米特里·梅德韦杰夫已经说过,危机开辟了新的可能性,他指的不仅仅是俄罗斯经济的可能性,而且包括自己在其中所扮演角色的可能性。

一方面,事实清楚地表明,俄罗斯总统与他的年轻班子不仅在俄罗斯政治和反危机活动中创建了自己广大和可以自主的地盘,而且越来越自信地把这个领域其他人的活动部分置于自己的控制之下。俄罗斯政府的作用看起来经常是补窟窿,试图利用过去的储备和保持危机前的经济基础来度过困难的阶段。同时,梅德韦杰夫总统和他的班子越来越积极地谈论进行基础性现代化的必要性,以便在后危机的世界里,俄罗斯不要身处竞争力低下、没有全球品牌、依然依赖世界能源市场的失败国家集团里。

对西方来说,德米特里·梅德韦杰夫在对外政策上的立场越来越看不清楚，越来越搞不明白。他发表了许多自相矛盾的声明，这些声明时而让人充满希望，时而令人失望。他在很大程度上看上去是自己前任的追随者，而且他对此并不掩饰，尽管世界上许多人仍然希望，梅德韦杰夫总统——冷战之后产生的第一个俄罗斯领导人——能够摧毁深深植根于精英意识中的被围困的城堡的心理特质。看来，对他来说，在这个领域，对来自美国巴拉克·奥巴马当局提出的建议做出正确的、深思熟虑的和考虑周详的反应成为重要考验。

除了高加索战争和世界金融危机，若干个非常严重的丑闻使梅德韦杰夫执政第一年就被蒙上阴影。也许，这些丑闻中最严重的一个是发端于土耳其的"马尔丹宾馆"开张事件，该宾馆是由俄罗斯商人特尔曼·伊斯马伊洛夫所建。在宾馆开张仪式上，莫斯科的全部达官显贵前来捧场，还有阿塞拜疆的客人和一些美国的主流明星也来掺和，该丑闻还没有合理的结局。

根据俄罗斯首都市长尤里·卢日科夫在伊斯马伊洛夫先生的生日所发表的声明判断，这个人简直是天才的商人，莫斯科最大的市场加入了其商业帝国，其中包括下场悲惨和声名狼藉的切尔基佐夫市场，它成为发生冲突的主要原因。根据莫斯科人的目击证明，这个市场完全不掩饰自己的"黑白两道"运作。在"白道"上，为承租场地交纳一定的费用，而在"黑道"上，市场所有者获得数倍的收入。但是主要的是——喧嚣一时的电视情节表明，在这个市场上，出售的大部分是走私货，货物基本来自中国。

我们大家都十分明白，来自中国的走私货物是怎么回事。第一，这意味着，该商品不仅仅是对俄罗斯进行走私。考虑到在中国实行严厉的监管体系，未必可以认为对这些商品没有进行统计，它们未必由中国的不法机构控制而没有地方特种机构的参与。这就是说，为了进行这种走私和让走私物品出现在市场上，必须向边界的"窗口"付钱并理顺关系，与此有关的是海关人员、边检人员、各个级别的官员和官方机构，他们必须实施这个计划。

当然，可以生成巨大的财政资金流。这些像瀑布一样飞流直下的钱，一方面，它很危险，这些"黑"钱可能用于破坏和恐怖活动，另一方面，这些钱腐蚀负责国家安全机构内的人员，助长了走私活动。

看来，众所周知的目标是，大多数强大的走私资金流直接由契卡分子的"靠山"来实施。而且，开始于"三头鲸"案件的这些丑闻导致来自各种委员会集团相互之间严重倾轧，然后导致尼古拉·普拉托诺维奇·帕特鲁舍夫[1]和维克多·瓦西里耶维奇·切尔克索夫[2]的职务调换，导致出色的苏联和俄罗斯记者、维权人士和议员尤里·舍科奇辛的死亡，该案到现在仍没有告破。

最后，实际参与的官员依然没有受到惩处，巨大的资金流仍然没有遭到制止。但是有两个情况必须予以考虑。第一个——执法机关高官腐败的事实尽人皆知，包括参与这个走私生意、应该直接保证国防能力和捍卫祖国的中国人。当然，这也涉及加入了这个市场的官员们。

---

[1] 现任俄罗斯联邦安全局局长。——译者注
[2] 曾任俄罗斯国家反毒品委员会主席和俄罗斯毒品监督局局长、俄罗斯联邦武器供应局局长。2010年6月被梅德韦杰夫总统解职。——译者注

第二个重要的因素：经过切尔基佐夫市场的商品分散到全国。例如，如果致病的微生物和病毒入侵，这个任务怎么解决？要知道，没有任何问题地通过边界开放的"窗口"，这就意味着缺乏任何形式的控制，把任何导致疫病的传染病带到俄罗斯境内都有可能。

在需要的时刻，为了使局势动荡，总是可以利用俄罗斯的边界，一方面，南部边界绝对是透明的，大量的毒品走私就是证明。另一方面，在其他任何过境点实际上又都不太透明。来自东方的走私货物流、来自中国和韩国的假冒和有传染病的肉类同样证明，对俄罗斯的局势产生作用的外来因素可以通过各种各样的渠道涌入——不仅通过大众传媒、外交官和伪颜色革命，而且通过具体的毒药和传染病等。

2009年末，有一个信息显示，就吸食海洛因数量看，俄罗斯位居世界第一，遗憾的是，经过阿富汗的主要运输线路就穿过俄罗斯的领土。吸食海洛因的俄罗斯人数多得可怕，比美国和英国两国加起来的数量都要多。为了获取海洛因，人们花费了大量金钱。更可怕的是，只有4%的毒品流通在俄罗斯被阻断，这等于沧海一粟，与印度和巴基斯坦相比，百分比小得可怜。

对这个问题进行评估的外国专家表示，其中的一个原因就是腐败。报道说，十年来，俄罗斯吸食的毒品增加了10倍。所以，我们幼稚地认为，谈到腐败和对国家的威胁，只是一小部分官员阶层，但情况不是这样。应该清楚和明白，这是庞大的犯罪帝国，这个帝国不打算离开，它会滋生出自己的保护者。腐败也是毒品，这是黑色通关，这是与切尔基佐夫市场相似的机构。

无论如何不应该有宗教启示录式的看法。必须要说的是，当国家不能对毒品和走私关闭其国门，那么，它也难以保护自己，难以防止武器的供应和武装人员的渗透。有这种渠道，有腐败的人员，他们如何找到自己的下一位主人——这是个技术和时间的问题。譬如说，在伊斯兰威胁变得尖锐的情况下，国外用任何方式为其提供给养的可能性都很大。因此，谈到俄罗斯的未来，需要考虑到独立做出决策的程度，一方面，独立性严重受限于官员的腐败和他们对"黑道"资金流的依赖，另一方面，这些官员在很大程度上成了现行局势的人质。

梅德韦杰夫脑海里充斥着理想主义

俄罗斯当代发展阶段的独特性在于，目前执政的梅普组合每次都要谈到摆脱令人诅咒的90年代、摆脱鲍里斯·叶利钦实际上放弃独立的对外政策时代的可能性，尽管这种雄辩的言辞大行其道，但不完全是真理。如此不公正的断言与某些东西有关。

第一，最可怕的是，目前俄罗斯的局势与古罗马有点相似。我们记得：当罗马人想让自己好勇斗狠并相当危险的邻居变得规矩时，就常常使用人质策略。一方面，罗马周边野蛮国家的统治者和高官显贵家庭的子孙们被送到罗马，作为真正的罗马人来培养，另一方面，孩子充当人质，其父母明白，在开始实施侵略政策之前，一定要三思而行。

这个有害的做法被鲍里斯·叶利钦复活，他把自己的外孙派到英国学习，随后，孩子、孙子和其他亲戚们被送到国外几乎成为必需的事情。不难在国内找到大量拥有实权的生意人、议员和官员，他们把孩子送到国外学习，妻子在国外生孩子，孩子随之获得双重国籍，局势达到如此程度，甚至在最高权力梯队中，他们的一些近亲不仅在美国工作，而且还拥有美国国籍。此外，众所周知，现任总理、俄罗斯前总统弗拉基米尔·普京的孩子们就在国外度过不少时间。这意味着，在家庭、个人账户或不动产层面有了人质，那么，这就难以谈对外政策的任何独立性。

换句话说，尽管目前的执政精英觉得，他们的地位极其稳固，实际上，他们的地位相当脆弱。在因经济或者种族因素引发骚乱的情况下，任何权力之果都不可能从德米特里·梅德韦杰夫手里传到弗拉基米尔·普京手里。当亲戚和丈夫在政府工作时，当同班同学领导司法体系时，当有意识和紧锣密鼓地建立起朋友和亲戚不可接触者族系、尽管它不是帮派但不接受任何批评时，社会必将坚决拒绝所有陷入任人唯亲和裙带关系的统治阶层。

同时企图在干部问题上找到普京总统和梅德韦杰夫总统的区别，绝对是件有趣的事情。归根结底，这意味着，小圈子活动的不公正性、不合理性和缺乏效率会导致建立这个圈子的人的威望受到损害。加之，将来培植出的条件是，从做出判决起到贷款利率止，一切都不取决于法律，不取决于经济形势和市场条件，而绝对取决于某人与当权的小圈子关系远近。

如此一来，今天，国内的精英还在快速增加，这与其说是精英在增长，不如说是重大紧张状态在快速增长，这体现在对司法体系和正在形成的关系体系的不满,甚至表现在俄罗斯工业家与企业家联盟的代表同总统的会见中。工业家和企业家联盟的这些成员当时为了能够从大公司抽出资金,直至其一贫如洗,接着进行讨价还价,榨取国家的财政支持,为此应该向现行当局宣誓效忠。但是,根据危机还未停止、某种形式的经济衰退明显变得持久的情况来判断,显然,世界经济的结构本身将发生变化。

俄罗斯在世界经济中所起的作用将越来越小——不仅是由于缺乏现代化的激情,而且主要是由于缺乏合理安排的体制,而这种体制为有效运作的市场经济机制提供了施展身手的可能性。然而,应该可以存在市场的、真正自由主义的机制,而不是原始"自生自灭"的机制,俄罗斯对此缺乏原则性的了解。

正因如此,从最后一个反对派米哈伊尔·霍多尔科夫斯基起到克里姆林宫第一个理想家德米特里·梅德韦杰夫止,大家都在议论,似乎在同一个指挥体内都不明白,为什么机车不想停下来,为什么经济不能再成为资源性经济,否则,任何现代化都不会到来。

然而,如果说梅德韦杰夫总统只限于利用1995年前个人的某种现实生活经验,根据他的说法和援引的例证判断,天真而又真诚地提出问题的话,那么,米哈伊尔·霍多尔科夫斯基——尽管对他力求对改善俄罗斯局势做出自己的智力贡献十分尊敬——我们认为,他提出的方式更加可怕,因为他的建设国家现代化主义者特殊阶级的思想与寻找超人和共产党时期阶级优先的思想没有任何区别。

产生出这样的印象,在善于进行系统性思考的米哈伊尔·霍多尔科夫斯基的脑海里有某种动员机制，而在梅德韦杰夫总统的脑海中充斥着理想主义的观念，他认为可以同所有的人达成协议，只要提出请求，一切都会变得好起来。遗憾的是，在国家这种现实下，一切都依然故我：没有人去谈论建立合理的经济条件，让机制开始运作起来，不再依靠祈愿。俄罗斯现行当局由此应该采取的下一个步骤是，为使经济成为现代化经济——就得邀请带着红色方牌子的萨满①巫师进入克里姆林宫举行祈祷仪式，唱歌跳舞。

必须指出，每天艰苦工作和企图用手工方式管理经济当然是必要的，把现行政府与曾因手工管理国家而破产的1998年政府做出区隔也是有益的。但是这也正好凸显了日前（1990年代末缺乏的）存在的这类机制效率低下，因为意志和风格、个人好处和好感、关系与主观趣味主义代替了体制的缺陷。

这里展示出俄罗斯所发生的事件的经典选项，它不是整顿家里的秩序并予以保持，而是每次在目力所及之处进行大规模的共产主义星期六义务劳动，然后等着一切又都被逐渐污染。但是，在这种制度下，如果说家务好歹还能够继续维持，那么以类似态度对待经济则是不可能的，也不会有效。

人们在这种情况下开始经常吵嚷说美元明天要下跌，吵嚷说美国是个破产的国家，印刷没有黄金支撑的货币，但却忘记了一个相当明显的事实：俄罗斯的经济不仅依赖美国的

---

① 萨满教是原始宗教，相信万物有灵论，主要流行在亚洲北部和中部。萨满教巫师是跳神人的专称，被视为神与人的中介。他可以把人的祈求、愿望转达给神，也可以把神的意志传达给人。——译者注

经济，而且严格地说，是它的附庸。所以，美国欠大家的钱，它是赤字预算，这种吵嚷不应该把任何人带入幻觉并忘记，俄罗斯大多数的大公司，一直到"当局的钱袋子"，严格说来，全体人民的钱袋子，即我们如此依赖的那些公司，是美国银行的债主。

如果认真分析一下世界欠美国多少钱，并比较一下美国本身欠多少钱，那么资产负债表完全对世界其他国家不利。所以，如果在某个时刻关闭小小的水龙头，俄罗斯经济不仅感觉不舒服，而且简直无处藏身。既不能逃往西方，因为美国在这里的地位还较坚挺，在国内坐等也不行，因为美国人完全可以进来，即使没有发现任何问题，它也要整顿秩序，因为它拥有政治潜力，经济潜力，遗憾的是，还有军事潜力，而最近20来年里，俄罗斯的军事潜力被实质性损耗了。

俄罗斯已经建立了依赖外部世界的经济，这个想法是十分公正的。这种经济是为别国服务的，之所以产生，是因为俄罗斯指望把自己变成加油站，变成经济方面的加油站，立即变成为别国政治服务的国家。

这种局势的特点是，国家官员中的服务阶级力争生活在订购油料的国家，竭力把自己的家庭成员送到那里，在那里购买不动产。寡头们和官员们仇恨本国，他们举办派对和在国外不动产就是一个鲜明的例子。我们还不知道任何一个西方有点影响的政治家或商人在俄罗斯购买不动产。同时，俄罗斯精英和官员的代表们事实上以某种形式在英镑、美元和欧元国家里拥有和租赁财产的情况不胜枚举。

令人震惊的是，作为财产、运动队或银行账户的拥有者出现在那里，他们行事十分正派，过着遵纪守法的生活，完全与社会融合，一点也没有试图做出精英的派头。他们十分明白，在西方，大家的机会都是平等的。

那里不可能与法院达成协议，不可能花钱就可以买到签证，不可能让政治家腐败，不可能只因为他们建立了某种名为"国外企业家和工业家联盟"的机构直接去找总理接待，更不能指望从国家拿到某些资助，只有一点——大家在法律面前都是平等的。但是，自然而然，谁也不想把这些规则搬到俄罗斯。俄罗斯的当权者们不需要国家的这种现代化。俄罗斯吸引他们的只有一点，这里是不平等的王国和收入的来源。

毫无疑问，在目前的俄罗斯精英中，一开始就奠定了虚伪的基础。他们向本国人民介绍说有些国家是俄罗斯的敌人，而他们却生活在这些国家，尽可能让孩子在那里接受教育、休养、购买不动产——受到法律保护的不动产，顺便提一下，谁也不能把他们的财产剥夺——他们中许多人不向那里移民，这是因为，回到俄罗斯以后，他们感觉到自己走到那里都高人一等。严格说来，他们任何时候都不会完全移民，因为在这里他们感觉比别人高，而在那里他们只是平等的人，而不管他有多少钱。

总体来看，这是许多俄罗斯官员和商人严重的心理综合症。实际上，他们发出的大多数反西方言辞完全是儿童般的消极挑衅性反应，任何心理学家都可以对此做出解释："我在政治上和经济上如此依赖它们，哪怕让我在情感上对他们咆哮一下也行。"这是半大孩子的不安分行为，然而在国内，这在政治上对他们是极其有利的。

在俄罗斯境内，他们大声地重点强调俄罗斯的"自我性"，独特性，"特殊道路"，表明对俄罗斯人来说，按照"西方标准"生活从历史上看是不可能的，同时却继续把钱换成外汇存在西方的银行里，希望那里"至上的法律"来保证他们从国内偷来的财富安然无恙。俄罗斯道路的"特殊性"并没有延伸到他们的金钱、不动产或他们自己的孩子的教育上。在这些问题上，他们是全球主义者。

回到俄罗斯所建立的经济为别国服务这个内容，我们还要强调：建立了依赖性经济，俄罗斯的政治阶级自觉或不自觉地要奉行他们所依赖和积极批评的国家的政策。这种政治上的依赖性将把俄罗斯的实际主权放上十字架，对美国或西欧进行非常空洞的伪批评，以便主动地掩盖着这种依赖性，而这些伪批评又为大众传媒大肆传播。

当局试图展示自己是反西方主义者，但同时，反西方的声明既没有伴随经济上的行动，也没有政治上的行动，更没有个人的行动，仅仅停留在言辞层面。无论如何，这种言辞都得不到商界代表的认真支持，他们表现得更加低调，因为他们在国外处于伸手者的地位。

最近，对俄罗斯经济的不尊重开始表现出来，例如，我们如此艰难地遗留在非洲的资产即刻就被剥夺，成为明显的例证。第一，不合理地向政治体制不稳定的国家投资，第二，这些国家完全不尊重俄罗斯，他们清楚地意识到，类似的活动不会对那里的现行制度带来任何严重的后果。

当权者的综合症

　　总是让居住在美国并与俄罗斯人打交道的人们感到惊奇的是——一抵达那里，俄罗斯当权者的代表们，中央的、地方的代表经常向人家提要求，在他们看来，这人能够安排他们与某众议员见面，组织与国务卿或副总统会见。如果问他们为什么需要这种会见，他们回答说："我需要解决问题，需要达成协议。"如果你千方百计地解释说，在美国，如同任何一个正常的政治体制一样，问题不能这样解决，而且也不会产生任何结果的时候——他们或者感到受了委屈，或者意味深长地微笑。

　　当俄罗斯的当权者与他们需要见的人在一张桌子坐下来时，就弄清楚了，第一，形象地说，他们明显地进了另一个"幼儿园"，因为他们与对方谈话，甚至根本没有理解对方说的是什么意思。第二，美国权力机构的代表总是自己支付自己的一半账单，不允许向自己送礼品，并且甚至还为午饭付帐，俄罗斯的当权者看到这种情况快要休克了。跟美国人吃顿饭都如此，像带着姑娘去洗桑拿，把金表和汽车钥匙留下就更不能做了。

　　经过许多年观察后，本书作者形成了一种印象，许多有权有势的俄罗斯人把美国白宫视为莫斯科的克里姆林宫一样，只是白宫在华盛顿。他们通过私下谈话来解决问题的想法非常强烈。例如，"耍酷"的俄罗斯人经常极其自豪地说："我与总统会面了，他同意我的意见，我解决了问题。"当你给以解释说，问题还没有解决，总统只是表达了自己的看法，他们对此感到不理解。

大多数俄罗斯人相信一个论断，认为政治到处都一样，是令人厌恶和肮脏的事。来到美国，他们就认为，在白宫里也一样——我来了，达成协议了，总统或国务卿同意了他们的意见，握了手，问题解决了，就等着结果吧。对此不得不做出解释，这不是解决问题，还需要找某个地方——美国国会，例如，或其他力量和政治影响中心。在美国，总统只是政治经纪人，纵然他是很有影响的人，出于国家利益考虑，而不是自己办公厅的利益，不是自己家族或个人钱包的利益，他试图找到共同的解决办法。他不得不更频繁地去祈求，而不是下命令。当然，问题不在于美国，而是在于俄罗斯。

在俄罗斯，这种态度不可能而且难以让人理解。这里的统治者从来都不是经纪人，事实上是"俄罗斯土地的主人"，对他的态度也是如此——要知道，去见主人，不带礼品是不行的。另一方面，感觉到自己是主人，他按照主人的方式做出决议：今天开始搞创新，明天搞纳米技术。这还不够，每个总统都会产生出一种有害的观点，认为自己如同罗马教皇一样问心无愧，他还认为，随交椅和职位转移的人不仅无所不知，无所不通，而且还无所不智，他的话总是一言九鼎，他还是各种问题的专家，他可以让自己居高临下，宽容地嘲笑所有其他所谓的专家们。世界上任何一个国家都不是这样。

在俄罗斯，在很大程度上还是交椅和职位塑造人。无论是谁占据这把交椅——普京、梅德韦杰夫、伊万诺夫、彼得罗夫、西多洛夫或者是拉比诺维奇，他们得到这把交椅后，在自己的眼里就成为伟大、英明和无所不知、无所不晓的人，他们与西方精英的代表有很大的区别。那些人明白，人们明天就可以剥夺你这把交椅，可以羞辱你，如同美国前总统、比利时国王的儿子因违反交通规则被罚，或者是英国前首相因为不买票乘车被罚一样。

您得同意，俄罗斯的统治者去乘坐公共交通工具，而且还要买票，这是难以想象的事情。另一方面，想象一下，美国总统不系安全带开车，而且晃过了监控摄像，根据规定，这是不可能的，尽管德米特里·梅德韦杰夫这样的行为被我们视为绝对正常的方式。在美国，这就是丑闻。

我们中的一个人就曾经历过这种典型的情况。在华盛顿，与来美国首都的一批俄罗斯高级官员团组散步，这里揶揄地把它称为"政治旅游"。出于必需，顺路走进旁边一家普通药店，俄罗斯人简直大吃一惊，在这里他们看到了乔治·内格罗蓬特在排队，此人当时是小乔治·布什执政时期的国家情报局首脑，协调美国的所有情报机构。他旁边有两个全副武装的保镖在踱步，药店边上停着汽车，但此时白宫的高官与大家一起排队。难以描述俄罗斯官员脸上的表情——从不相信自己的眼睛到大度地鄙视不知道"应该如何生活"的美国人。这种例证简直不胜枚举。

有一点是明白的：俄罗斯的高官显贵的一种想法是，共同的规则不会轮到他们头上，法律不是为他们制定的。这与西方民族的心理是如此不同，西方精英的代表看俄罗斯统治阶级如同看野蛮人。结果俄罗斯的当权者形成一种综合症，他们自然靠本国人民自肥，向自己和所有其他的人证明自己的酷派。同时他们继续坚定地这样看待整个世界，好像所有国家都一样。"美国就是富裕的俄罗斯"，那里如同在俄罗斯一样，可以和必须付钱、商量好和打电话办事。

其中一位笔者在美国与妻子离婚，这是漫长而艰难的过程，离婚要付好多钱，然而在此过程中从来没有产生出与法官"好商量"的想法。相反，律师想方设法使自己的客户坐下来保持沉默，强调由他进行谈判。如果在俄罗斯讲述离婚和分割财产的这个过程，听者就会迷惑不解："为什么你不给法官打电话？他来了，商量好，这不结了？"

人们甚至不理解，什么是法律，什么是明确的规则，对于他们来说，这些故事听起来有点荒诞不经。在美国，如果向他们讲述，在俄罗斯离婚时可以同法官"商量好"，几乎在任何庭审中，某一方"躲起来"——如同总理普京所说的那样，"顺便搞点活动"，美国人会感到很奇怪。"美国是富裕的俄罗斯，俄罗斯是贫穷的美国"这个俗套产生的观念是，美国也一样，也有卖身求荣和蔑视法律的情况。

这种与众不同的态度现在充斥于俄罗斯政治界和新闻界——这表明，俄罗斯在世界并不是孤立的。这里的原则性区别是：如果说，就权利来看，美国总统无论如何不比任何记者高，那么在俄罗斯，记者的命运经常直接取决于总统。这里的话题不涉及本书作者中的一个人，而是许许多多我们已经知道的事件，只因为总统随从中的某人可能纯粹从面相上不喜欢一个人。在类似情况下，这些常常非常有天赋和有能力的人就被辞退——不是因为某种职业尺度，只是因为"交往的场面太辛苦"。

在美国，记者履行着守门恶犬的角色，如果可以这样说的话，扮演着民主制度下让人不愉快和厌恶的比拉恶鱼的角色，经常发起攻击。在俄罗斯，近年来，新闻业界实际上软弱无力。这对谁有利？大概由于遭到来自高层的巨大压力，特别是地方当局近年来对待记者也出现了新趋势。第一，真正不趋炎附势的新闻业界的力量终于明白，尤里·舍科奇辛在肉体上被消灭后，当局选择了新的方法：俄罗斯依然在杀害记者，但是，现在则一开始先实行人身攻击政策。

前不久记者在托姆斯克被杀害的情形表明，人们不再害怕记者——这不会使任何人不安，记者也是人，可以随便对待。而如此对待官员——则不行。辨认"自己人——别人"的系统在运行。局势的危害性在于，官员原则上不与居民接触，没有任何反向联系，包括以记者为代表的联系，这种联系不再有用。

以前类似的情形是难以想象的——记者的确被视为第四权力。现在俄罗斯新闻业发展到了独特阶段。它从来没有这样自由和独立——任何东西绝对与它无关，它绝对被摈弃于所做出的任何决定之外。当社会已被剥夺了知情的可能性，除了流言蜚语，哪里还有公民监督可言呢？

新闻业降低到了招人逗乐的荡妇水平，对社会舆论施加影响的任何企图都被完全隔绝。这还不够，对新闻和声明做出反应被视为风度太差。不知为什么，倾听记者呼声的政治家在自己的同僚那里的威望急剧下降。既然他们对某些卖身求荣的写手们做出反应，那他们就不酷。

以前绝对用于官员们的术语忽然运用于记者身上，而且变得时髦起来。开始指控他们腐败，这真是既好笑又不公正。不是去问记者写的是不是真相，而是问"谁向他付了这个钱，符合谁的利益，值多少钱？"即便希特勒曾说过，二乘二等于四，但这不意味着二乘二等于五。相反的情况是，诗人约瑟夫·波罗茨基曾经针对集体农庄说过"如果叶夫图申科赞成,我就反对",它几乎成了经典性的语言。同时,新闻从业人员的基本原则被遗忘。

对记者的不信任开始于弗拉基米尔·普京在彼得堡市政府工作期间,当时他亲自与记者和编辑交往,他知道许多人卖身求荣,根据各种情况看,他后来据此对所有这些人做出了错误的结论。这种态度逐渐地传播到所有官员阶层。今天,俄罗斯的记者或者变成了为当局服务的宣传者,或者变成为伪后现代主义的献媚之徒,其目的是给当局造成一种感觉,似乎他们是俄罗斯最后一批有识之士。同时,无论是当局,还是其亲近朋友,还是宫廷记者和作家,都不会进入记者批评视野。

这样一来,就形成了令人惊奇的局面,一方面,人民与权力的各种反向联系可能被排除,另一方面,当局读到和听到的只是它想读到和听到的关于自己被人民爱戴和工作有效率的报道,似乎回到了并不遥远的快乐地赞美英明的哈里发时代。这是极其危险的。

在美国,人们十分明白,真相尽管多么让人不愉快,最好还是现在知道它,以免后来局势发展到就像是没有得到及时诊断的癌症一样,达到难以逆转的地步。与美国不同,在俄罗斯,近年来,另一种观点占了上风。高级政治家们说:某些信息爆炸的危险如此之大,不应该让它公开,因为现在不能使小船偏离方向。但是,对待真相如同对待小船偏离方向的企图意味着,第一,力求避免真相,第二,剥夺新闻的一个主要职能——通报的职能,试图只留下"安慰和逗乐"的职能。

这意味着体制的灵活性受到了消极抵制。只有当危险性已经从生长和发展阶段实际上走到了病灶转移的阶段，有关这种局势的危险性才开始让大家知道。俄罗斯权力体制本身不想得到信息，这种操弄信息的后果将自食其果。

例如，当局试图就修建没有其他选择的收费公路做出决定时，如果没有记者的干预，这可能将导致消极后果——例如，如果没有一千多人走上街头堵塞道路——再喊这个决定是政治失误为时已晚。众所周知，革命并不仅仅发端于革命者想做某些事的真诚愿望，而且，由于商店里没有黄油，不满的家庭主妇们拎着锅走上街头，这并非不重要的因素，否则以后局势就难以收拾。为了使不满的家庭主妇们不走上街头，当局就应该知道做什么事。

一般来说，反饥饿游行总会以办葬礼告终。当当局没有任何客观的信息来源，把记者视为异己和敌对势力时，它就失去了妥善做出应对的能力。在这方面当然不能不指出，西方有极其正面的经验。因为在美国，尽管那里存在过火的地方，英国、斯堪德纳维亚国家是真正新闻自由的榜样，它可以对民主和权力的质量施加十分积极而强大的影响。

权力的错误要付出巨大代价

缺乏诚实的信息，伪造的民意调查和支持率导致的结果是，当局开始认为，似乎它所做的努力在国内受到欢迎。统治者自己相信所做的社会舆论调查和选举的公正性，坚决地向执行者索要难以取得的成果。结果，人民与权力完全隔绝，国家领导人声明说，执行、立法和其他体系应该如何运作，这种声明让人觉得越民主，这种隔绝就越可怕。这再次体现出俄罗斯精英对本国人民的不尊重。

这样一来，每每让我们回想起苏联的经典笑话：外国代表团走进一家幼儿园，问一群孩子，"小男孩，请告诉我，世界上哪里的玩具最好？"小男孩回答说："苏联的。""小姑娘，哪里的儿童衣服最漂亮？""苏联的"，小姑娘回答说。他们又问下一个小男孩，"小男孩，哪里的儿童食品最好吃？"回答说："苏联的。"忽然他们发现，在墙角坐着一个小姑娘，她哭得很伤心。人们就问她："你为什么哭呀？"她回答说："我想去苏联！"

让人有一种感觉，电视屏幕上向我们讲述的那个国家非常出色，但是不知为什么，我们每次想办法与它相见，都失之交臂。就如同"亚博卢"民主党领导人谢尔盖·米特罗辛在莫斯科本人的选区与投票结果失之交臂一样。当时他确实好歹为自己或自己的政党投了票，但不知为什么这个选区在打开的选票上没有一张票是投"亚博卢"党的。这当然是怪上加怪的事情。当然，可以假设，饥饿的米特罗辛对现行当局的仇恨定时发作，他吞食了自己和自己家里人的选票，但不知为什么这种说法显得有点缺乏说服力，显然，某些地方所谓的选举技巧产生了作用。

但是，当局却迟钝地并且津津有味地欣赏着电视播出的内容。弗拉基米尔·普京、德米特里·梅德韦杰夫同时真诚地相信自己的支持率居高不下，这不是偶然的。但是，如果说人们对普京的电视演讲兴趣越来越高，其支持率无疑得到确认，因为在电视直播时，他向人们分房子和发工资，那么，梅德韦杰夫的这种信念的基础是什么，是很难说清的。

　　遗憾的是，尽管德米特里·梅德韦杰夫与观众的定期谈话变得越来越好，拍摄得越来越有质量，同时谈话内容确实丰富并有建设性，但观众对他的兴趣水平，说得温和一点，还不是很高。此外，做电视的人对普京总理和梅德韦杰夫总统的态度大相径庭：如果以前在弗拉基米尔·普京参与某个频道采访进行直播时，难以想象电视台会公开在这个频道插播其他节目，那么在与德米特里·梅德韦杰夫参与直播时，这种情况经常发生。即各频道为收视率进行着残酷的斗争，一点也不为当局的信任水平担心。

　　对2009年莫斯科市杜马和所有其他地方权力机构的选举做出阐释，显然是非常有象征意义的事情，它把选举机制本身变成了笑话，并千方百计地动摇对整个民主机制的信任。值得认真思考一下不像样的局势和业已形成的言论自由，俄罗斯在世界排名上已经滑落到了第150位，甚至连白俄罗斯都排我们的前面。要知道，这个分析结果清楚地表明，第一，在俄罗斯，记者这个专业非常危险。第二，记者做出了调查，结果不是惩罚有过错的人，而是惩罚记者。第三个重要的因素——对新闻业信任的降低，确切地说，是企图破坏信任和使新闻业从合法视野中消失。

　　对于真正的记者来说，丧失了写出真相和尖锐表达的动机。一般来说，对胆大妄为的人立刻投入监狱，或者在任何情况下都说，这是别人订的货，即使写的纯粹是真相。出现了任何记者所做的调查都不完整的感觉，因为总是用一个令人悲伤的问题发问——好啊，您说出了真相，改变了吗？变好了吗？

请看一下，记者调查的对象会是什么命运，即使证明这些对象有过错。譬如说，在证明了总统办公厅的工作人员向司法体系施加压力后，他们中的一部分人依然呆在自己的位置上，另一部分人被转到不太重要的岗位上，而受惩罚的只是说出赤裸裸真相的记者。

相反，为了一些钱，可以不写某个资料，不公布调查结果，用这个来讹诈被调查的事主。换句话说，当局体制性地损害和败坏记者的名声，试图操纵他们。要恢复这个重要的社会机制将是非常困难的事。

还想再次强调一个极其重要的东西：当局剥夺了自己对国内发生的事情的客观信息来源。今天，实际上国内的信息频道缺乏多样化和竞争。梅德韦杰夫总统、普京总理和其他高级官员不读报、不听广播。众所周知，德米特里·梅德韦杰夫积极地利用互联网，而且大家知道的情况是，总统通过这种途径得到信息后，成了严厉地进行审查和采取措施的理由。整体上看，这些信息来自数量非常有限的人群，他们每天为他准备文摘形式的信息综览。新闻处在做这个工作。就是说，在这个处的工作人员手中拥有最有力的工具来掌控诸如国家总统的思想和看法。

聪明的总统明白，这个频道的局限性是多么大——在聪明的政治家眼里，世界上所有国家的国有频道实际上完全遭到别人诋毁，这些他们知道，这个大众传媒已经变形，绝对不会客观——将为自己建立一个有侧重的信息源，包括（甚至首先）利用社会信任和不受国家控制的记者名单。实质上，消灭这个频道乃是砍断国家正常生存的一个根基，这种事在俄罗斯发生了。

弗拉基米尔·普京、德米特里·梅德韦杰夫、叶利钦和之前的戈尔巴乔夫，在某个阶段是封闭的，处于自己的玻璃罩里，他们不能从里面挣脱出来，送给他们的信息只来自一个渠道。这样，轻易就会形成对提供信息保障机构的依赖，例如，令人尊敬的格列布·帕夫洛夫斯基之所以在国内获得了巨大的权力，是因为正是他被委托为鲍里斯·叶利钦准备俄罗斯媒体的每日信息纵览。人们马上就明白了，这基本上是让人愉快和来钱的事，因为既可以与编辑们谈话，又可以与记者们交往，相对地说，进入总统的视野要付出高昂代价。什么改变了呢？

通常由于不明白这种依赖性，国家的领导人们——特别是俄罗斯的领导人，一方面成为国有媒体、克格勃、联邦安全局和其他有可能收集信息和提供参考机构操纵的对象，这些参考材料然后就被送上了总统的桌子。结果丧失了对国内发生的事情的真实概念，因为执政者缺乏借助自由的大众媒体交往的主要渠道。我们再重复一次，整个国家都成为这种"信息保障"的牺牲品。

权力的错误要付出巨大的代价。明显的例证是车臣战争，当时叶利钦总统完全相信，两个空降团就足可以解决问题。另一个例证是，弗拉基米尔·普京对围绕着已经沉没的"库尔斯克"潜水艇做出的初步反应并不精确而且不正确。还有德米特里·梅德韦杰夫执掌国家整整一年，他企图打击腐败和整顿司法体制的秩序的例子。

归根结底，将出现快速高压锅效应，当人民的不满情绪积累起来，而例行上台的统治者依然没有任何可能性知道这些情况，只有当一切已经爆发，洞察力才出现了，最后只能让人惊奇。不由地想起了一个老段子：一个犹太老人死了，亲朋好友在他的坟墓周围聚集起来，大儿子极其悲伤地说："爸爸，您为啥不说，您当时的状况是这么糟糕。"看来，有一类爸爸，必须经常及时地去听他们说什么话。

本书其中一名作者当时甚至落入最不愉快的局面，在美国总统布什当政时期，他发表了一篇文章，里面写到，一些恐怖主义机构和组织实质上是没有组织的公民社会的极端表现，这些人没有表达自己观点、说出对现状不满的合法可能性，他们只是听众，不能合法地对政治施加影响。他们不渴求暴力，他们也不是犯罪分子，但是存在于某地方的权力体制没有向他们提供另外的出路。他们迟早会拿起武器，最终将发生巨大的悲剧。

这样看来，不稳定的基础经常是由国家管理体系本身奠定的，表面上说，这个体系认为，通过这种方式将顺利地争取到稳定。当局没有听到，人们无意中就对它构成了危险——我们记得矿工的例证，他们当时坐在路上，阻碍了经济发展；我们记得大货车司机的例证，他们遏止了波兰，从此共产主义阵营开始瓦解；我们记得，退休者的人群拦住了马路，抗议通过取消优惠的法律；我们记得远东地区汽车爱好者的集会。

谢天谢地，退休者们没有操起武器，但是要做这些事的人是可以找到的。要知道，我们不需要走多远——武装力量的改革有时进行得如此艰难，如果整批军分队在一个不太美好的时刻，狂热地希望调转他们手里的武器，去反对那些现在拒绝向他们支付他们应得的外出补助和解决住房问题的人们，这就没有什么惊奇的。

我们已经指出，车臣战争以后，苏联解体以后，俄罗斯有大量没有登记造册的枪支,与中亚国家的边界是开放的,那里离阿富汗不远。如果俄罗斯吸食海洛因位居世界第一,那么,可以大胆地说,把武器运送到这里并不是问题。尤其是,可以在国内找到处于无权地位而绝望的人们。

这样,俄罗斯的外部稳定和平安在任何时刻都可能被正在增长的雪崩般的危机所代替,这种危机无论从外部,还是内部看,多半不仅仅是出现动荡。同时当局与社会的联系方式依然越来越少,类似公众院的伪公民机构已经把那些靠近克里姆林宫的人们联合起来,进入了伪知识分子精英队伍,但是,他们中大部分人决不是在社会上享有绝对威望的人。

也许,现在在国内享有尊敬的人是总理普京和大牧首基里尔,这是群众性的而非政治化的尊敬,而某种程度上受到尊敬的第三个人是国家紧急状态部部长谢尔盖·绍伊古。对总统德米特里·梅德韦杰夫的尊敬是出于对权力的传统尊敬,目前还只是某种信托。然而,他应该记得,当时准备投票支持叶利钦竞选连任的人的比例非常低,他也应该明白,人们的希望不是由经济福祉所体现的,而主要由稳定感来表现,这种希望在任何时候都会变成严重的不满。目前,俄罗斯的消极情绪的增长达到了令人深为忧虑的程度。

因此,尽管可以对选举中的假民主程序的结果进行各种外在控制,可以十分悲哀地断言,消极的启示录性的俄罗斯发展计划——例如,无论按照俄罗斯人叶夫盖尼·冈特马赫尔的脚本——该脚本对不富足的贫困地区做了分析,还是根据美国人兹比格涅夫·布热津斯基的脚本或者根据种族和宗教划分,这些脚本都是十分可能的。今天,要求执政的梅普组合采取更多有计划的努力,来使这些脚本不要实现,使他们不要成为现实。梅普组合能不能做到，还未彻底明朗。

当局用别国不成功的例证为其行为正名

确实不知道问题在哪里——可能是疆域太大和气候太冷，可能是民族的特点，可能是对受苦受难习以为常和人的生命特别不值钱——在俄罗斯，未来学总是带有启示录的性质。如果我们不好，就要糟糕得让整个世界发抖。如果好，那么天堂就在人间。所以，呓语般的预测就大行其道，它令人完全神魂颠倒，如果可以在到达断头台之前的两秒钟内预测成功则最好——否则，无论如何也难以确定著名的作品《怎么办？》的风格。对五百年后的事情预测成功最好。这种情况下，一般来说，文字模棱两可是非常有用的。

遗憾的是，传统上，某种启示性不仅存在于预测中，而且存在于俄罗斯的所有变革中。俄罗斯把这些也强烈地传染给了西方的俄罗斯问题专家，他们也经常陷入惊慌失措中，一个接一个地为这个国家撰写悲观的脚本。这与俄罗斯的演变性发展确实不知为什么总是不成功有关。我们的性格中有某种东西，它没有向我们提供充分享受沿着所选择的道路渐进式前行的可能性。时而因为"不能这样对肉身洗礼"举行宗教审查。时而出现一位沙皇，他消灭了俄罗斯四分之一人口，也许正因如此他才受到社会主义的领袖们如此尊敬。时而在完全没有取得军事胜利的情况下，国家经济忽然猛烈发展，不仅导致工业潜力的景气和增长，而且导致1917年革命。在俄罗斯，一定会用同样修饰语来描述的任何革命，如同我们俄罗斯的暴动一样——没有意义,并且十分残忍。

所有企图按部就班和渐进发展在俄罗斯被视为枯燥、无用并与我们完全格格不入。是忍耐力不够吗?真是难以找到比俄罗斯人更有忍耐力的民族。甚至在摆脱慢慢衰老的社会主义问题上,我们仍然想办法以十分野蛮和根本用不着的规模去实施,我们陷入了血腥的车臣战争,尽管严格地说,当时没有进行战争的特殊前提条件,同时在自己身后还在中亚和高加索留下了战事。这里,波罗的海国家狂热地希望尽可能快地逃到北约,这在很大程度上是因为不想互相打架。他们感觉到,在兄弟人民的大家庭里生活的时间虽不长,但在血液中诞生出不需要的骚动,在心灵里,依然狂热地希望在节日气氛下,向某人脸上揍一拳。大体上说,迄今为止他们还没有机会这样做,但是,现在,所谓的操俄语的居民基本上要吃苦了。

在俄罗斯,带有宗教启示录性质的脚本可以轻松地做得很好。我们试图在兹比格涅夫·布热津斯基非常成功地思考出来的众所周知的思维框架内对此进行讨论。他不无根据地找到了前苏联的断层线,并且实际上没有错误。遗憾的是,布热津斯基预测的第一次解体已经发生。不能不指出,苏联和南斯拉夫由于其解体过程的相似性,俄罗斯及其邻国应该表现得极其谨慎。南斯拉夫的经验表明,甚至在文明的欧洲的条件下,在欧洲的最中心,尽管周围有北约的大量基地,在局部地区发生流血战争仍是十分可能的,这场战争还伴随着轰炸,这些轰炸是由不久前人们还觉得他们是文明国家的军队实施的,而且没有遵循任何交战的君子协定,在不幸的平民中造成大量牺牲,接踵而至的是重新划分中欧的版图。

哪些断层线现在是主要的？第一，当然，我们面前总是出现国家的支离破碎的问题，由于距离太远，道路系统极其缺乏效率，该领域令人厌恶的盗窃行为，不可思议的票价，特别是航空票价。要解释清楚，为什么莫斯科到索契的票价，甚至在索契举办论坛的情况下，比莫斯科到巴黎或莫斯科到伦敦的价格要贵，尽管到索契的距离要近一些。要做出解释，希望从符拉迪沃斯托克飞往俄罗斯首都、英雄城市莫斯科的俄罗斯公民如何应该挣到比其月薪高出好几倍的票钱呢？这也是难以办到的事情。远东的居民越来越经常喜欢随便到某个地方休假，就是不选择在俄罗斯境内，这不值得惊奇。

顺便说说，例如，不知为什么在俄罗斯境内的任何度假都要比在邻国土耳其、克罗地亚或某个地方要贵，当然，这与爱国主义概念搭不上界，根本不是由于俄罗斯人的生活水平不高造成的。经济局势是如此，最明显的特点是在俄罗斯与中国边界的景致急剧发生变化，从俄罗斯方面看，全是轧坏的道路和破败欲塌的建筑，而中国方面则是设备完善的房屋和平坦的道路。谁看到都知道是怎么回事。

为什么去远东旅行形成这种印象，国家把这个出色的地区交由匪帮贿买？为什么俄罗斯认为这个地区已被上帝遗忘，而中国则认为非常有利呢？这是个修辞上的诘问。但是实际情况就是如此，这个问题不能拖得太久。在某个时间段，俄罗斯兜里没钱，养不起远东。只是目前中国没有强烈实际扩张的情绪帮了忙，否则我们将极其艰难。

还有一块飞地——很遥远的飞地加里宁格勒，这与它同俄罗斯领土隔开而与德国相邻有关，同样的因素很大程度上在远东起着作用。为什么加里宁格勒与德国一些城市近在咫尺，但是生活水平差距却这么大，对此谁都难以理解。尽管莫斯科现在下大力气，试图留住这个地区，但是该地方距俄罗斯本土遥远，区位规律还扮演着非常悲惨的角色。由于一些经济因素，西伯利亚具有某些独特性。广袤的地域，丰富的矿藏，人口不足和巨大的经济潜力。但是，这种区划多半不会流血。对俄罗斯的现实威胁来自三个地区的局势的不确定性和复杂性。

第一，高加索地区。难以控制和难以预测的现实：种族和宗教问题大量交织，通常互不友好的许多民族，他们居住在逼仄的地方，瓦哈比分子，传统的伊斯兰教拥护者和基督教徒。传统上不平静的车臣，印古什，达吉斯坦。最复杂的经济形势，实际上的家族治理，准备进入森林的人们，另一方面，加上车臣总统拉马赞·卡德罗夫部族，其强大影响力在任何时刻都会导致局势变化，这个地区如点燃火柴一样爆发出来。

一旦俄罗斯整个经济形势恶化，或出现旨在扶植瓦哈比教义和伊斯兰极端主义的游资，这个地区看起来将会出现大麻烦，特别是考虑到，进入这类地区的技术已经存在并被运用得炉火纯青。近年来的实际做法表明，宗教使者定期进到这里，他们试图对宗教组织施加某些影响，并产生一定成效。尽管进行了各种尝试，但是仍然难以根除自杀者运动，显然，这些运动没有获得来自境外财政的大力支持是不行的。这些钱将落到普遍贫穷的肥沃的土壤里，为数不多的财富没有得到公平分配，当地居民的处境凄惨，没有出路。

尽管高加索是国内紧张局势的唯一发源地，这还不是最可怕的情况。后苏联时期最大的问题是诸如鞑靼斯坦和巴什基尔托斯坦这些外表平静的地区。在某个时刻，那里的宗教极端主义者严重抬头。最近以来，这两个年纪不轻的共和国领导人，他们经历了苏联时期出色的党政经济的教育，拥有与形形色色社会阶层代表打交道的丰富经验，能够从根本上压制民族主义情绪。

但是，遗憾的是，什么都不是永恒的，所以迟早都得考虑到新政治家脱颖而出的事实。经验丰富的明基梅尔·沙米耶夫，多年来一直担任鞑靼斯坦的领导人，正确地嗅到新总统上台国内形成的新局势，自己主动提出辞职，这使他不仅华丽而体面地离开了政坛，而且给共和国留下了自己的接班人。

无论在巴什基尔托斯坦还是鞑靼斯坦，都有非常卓越和能言善辩的政治家，这些人不接受现行体制，信奉伊斯兰流派的极端主义思想。特别需要指出，这个流派恰恰与传统伊斯兰敌对。譬如说，正因如此，车臣战争不仅有充足的理由可以称为国内战争，而且可以称为宗教战争，它是由瓦哈比派反对传统伊斯兰教的战争。第一次车臣战争后，阿赫马特·哈吉·卡德罗夫站到俄罗斯方面，这很大程度上是因为，他感觉到来自瓦哈比教徒的威胁要比来自莫斯科的"白人沙皇"威胁大得多。

同时任何情况下都不能不考虑刺刀的力量。外高加索的战争表明，2008年夏季，直接隶属车臣共和国领导人的武装力量，就最重要的战斗指标看，其战斗力与俄罗斯联邦其他武装力量可以相提并论。此外，车臣战争的结果，美国在伊拉克和阿富汗的经验明显暴露出，在游击战中使用正规军效率不彰。另一个令人不快的突出事实是，部分非穆斯林居民没有意识形态信念。俄罗斯宗教和东正教复兴的尝试迄今为止还没有促成某种具有实质意义的力量产生，这支力量的武装潜力并不限于示威，亲克里姆林宫的运动穿着标志性的背心，在警察保护下，在音乐伴奏下举办活动。所以，穆斯林脚本是相当危险的。

  戏弄宗教一般来说是非常危险的。特别在俄罗斯这样的国家。而且需要考虑到，莫斯科、彼得堡在很大程度上正成为种族间宗教关系的人质。关于这点，出于虚假的"政治上正确"的感情，大家一般都保持沉默，但是居住在这两个首都形形色色的种族集团的实际数量和肇事潜力，甚至专业人员对此也所知寥寥。不可能排除事态的任意发展导致最悲惨结局的可能性。

  从挑衅开始，种族骚动可以把任何城市，包括国家首都都置于人质地位，而且如果考虑到目前警察的效率低下，甚至在莫斯科轴承厂文化宫难以制服四十多个武装匪徒的活动，结果发生了惨剧。但是设想一下，如果有数百个信仰坚定的武装分子在准备充分的条件下在莫斯科街道行动，那会是多么可怕的事情。

  由此人们经常提出一个并不简单的问题：普京总统在第二次车臣战争时期的行为是否正确？有人总是试图从外面对梅普组合制造不和谐音符或者诋毁弗拉基米尔·普京，说莫斯科住宅楼爆炸是由契卡分子实施的，这些说法不是偶然的。从一开始就对现行当局充满仇视的人鼓动这个内容特别卖力。没有具体事实，他们不无满足地继续振动空气，提出相当无聊的问题，这些问题很大程度上像是某些具有"特别洞察力"的公民指责美国企图爆炸世贸双子塔一样。

◎ 第八章 喜忧参半

另一方面，大家都明白，俄罗斯到现在都没有对住宅楼爆炸进行过真正独立的调查。有人怀疑真正的肇事者是否已被惩处，这种怀疑有其存在的理由。顺便说说，俄罗斯领导人迟早都得建立如同美国2001年9月11日以后建立的类似独立委员会，对这段历史中依然没有答案的许多问题寻找答案。德米特里·梅德韦杰夫会不会决定建立这样的委员会？多半不会。正如戈尔巴乔夫改革的经验表明的那样，任何"关于制度的真相"成为公共财产后，要比政治或经济问题对他构成的潜在危险更大。

这样，第二次车臣战争一开始，弗拉基米尔·普京就面临着非常艰难的选择。显然，惊心动魄和艰难的哈萨维尤尔特和约之后，只有高加索的懒人，也不仅仅是那里的懒人不会对俄罗斯揩油。但是，如果对住宅楼爆炸的事实不管不顾，那么，毫无疑问，沙米尔·巴萨耶夫匪帮就将进入达吉斯坦。他们的动因是什么——现在已经无关紧要，侵略事实本身就说明了问题。重要的常常不是谁被咬，而是谁第一个动手的。

当然，巴萨耶夫匪帮出征达吉斯坦和那里发生的流血事件，实事求是地说，事态发展使俄罗斯别无选择，就如同米哈伊尔·萨卡什维利用"冰雹"系统打击茨辛瓦利城①和对俄罗斯维和士兵的直接侵略没有给梅德韦杰夫总统留下重大回旋余地一样。萨卡什维利总统进行挑衅并开始战争，这无论如何不会给作为政治家的他带来荣誉。

俄罗斯必须同时保护自己的公民和南奥塞梯公民。应该指出，尽管国家领导人从来没有对格鲁吉亚的主权和领土完

---

① 南奥塞梯共和国首府。——译者注

整予以置疑，实际上萨卡什维利本人利用自己的行为彻底毁灭了其完整——尽管这个进程不是他开始的。

保护能力是国家最基本的能力。俄罗斯的这个能力恰恰表现得内外不一。由于各种因素，联邦安全局和警察与其说能够顺利解决所提出的战斗任务，成为国家政权相当可靠的柱石，不如说变成了商业机构。我们肯定而且不想对所有执法机关的工作人员做出糟糕的评价，但是事实本身，并且在社会意识中，实际生活上发生了从斯焦帕叔叔①到叶夫休科夫②的转变不是偶然的，是很说明问题的。

粗俗地说，所有国家可以分为两个范畴：当人们看到混乱无序、犯罪和危险时向执法机关求救——即有人在大街上攻击你，你喊警察；另外的国家是，在这些国家里，人们在这种情况下与犯罪分子一起逃跑，因为他们知道，他们求助于警察，情况会更糟，自己会上法庭，他们会证明你有罪，把你送进监狱，因为无风不起浪。遗憾的是，俄罗斯属于第二个范畴，公民们从警察、有权的人和带枪的人那里等到的将是比犯罪分子、小型刑事犯罪分子到黑手党本身更加糟糕的不愉快情况，后者或大或小都在干自己的事，在自己的机构之间进行战斗或挣钱。

今天执法机关不保护人们的局面实际上同样将会对当局造成打击——他们何苦要保护当局呢？他们没有受过这方面

---

① 俄罗斯戏剧家谢尔盖·米哈尔科夫创作的同名儿童剧。该剧基本剧情是，一个个子特别高的警察，名叫斯焦帕，他穿45码的鞋，非常和善和乐于助人，在苏联和俄罗斯成为好警察的象征。——译者注

② 2009年4月，该警察少校酒后开枪，杀死数名无辜平民，是俄罗斯警察无法无天的代表。——译者注

的锻炼，他们只是来保护自己的利益和挣钱。在对亚历山大·布里波夫将军的指控案件中，突然出现了新文件，这些文件似乎曾经从侦查员的案头失踪了，在侦察开始一年后被归宗到案卷里，同时这些文件没有发现任何灭失的迹象。这就是俄罗斯的管理体制，这个野蛮的例子多么能说明问题！

侦查员说，只是偶然发现了这些文件——显然，它们是从空气中变出来的，而且对侦察正当其时。然而，这些文件具有原则性意义，因为没有这些文件就不能继续把将军以嫌疑人身份羁押在监狱里。过了一年，文件出现了，曾经被归入案卷，然而，在立卷时没有留下任何痕迹——既没有立卷的资料，也没有登记，也没有从一个执行者流转到另一个人手里的纪录，没有日期——莫斯科市法院就这样据此立案审理。

甚至不了解案件的许多细节就可以推测，我们在同伪造司法证物打交道，经历这件事情后，已经没有必要再对法院和执法机关和法律面前平等保持尊重。这里谈到的是著名的将军，俄罗斯的平头百姓怎么办呢？哪些文件可以出人意料地归档到其他不太受公众关注的案卷中呢？所以，无论如何，不应该对当局宣传的国内平安和稳定抱有任何幻想。

这样，人民经常产生出表达个人意见和自己利益的需求，而上面却听不到你的疾苦，这种沉重和侮辱性的想法在俄罗斯无限地传播着。普通人的看法一文不值，当局经常就表明这点——什么是反对派，什么是政治阶级的掌权者。如此一来，我们再次回到一种想法，在这种条件下，迟早会出现真正的激进反对派，人们完全能够组建这样的反对派。这个反对派不是为了与当局达成协议而斗争，而是为了扫除这种权力而斗争。于是就开始例行"颜色"革命的最普通的方案，这种革命在俄罗斯不可能是和平和不流血的。

顺便说说，"颜色"革命的一个条件是首都市长对发生革命的积极态度。一般来说，这种革命开始后都是在首都结束的。或许，正因如此，这么久的时间难以解决莫斯科市市长的问题。在现行政治体制中，首都市长这个人物非常重要。

归根结底，国内确立了垂直权力体系，莫斯科处于最上端，所以，首都的任何不稳定实际上都对其他地区的稳定造成很大的威胁，因为所有的部门集中在这里，管理国家的所有杠杆集中在这里。同时，从保证全国的安全、稳定和执行全国政治路线的角度看，莫斯科市长这个职位无疑起着关键的作用。

拿掉现任市长是困难的，实际上不可能，因为他几乎是这个职位的理想角色。因此，尽管对他有一切其他怀疑和猜测——财政的、腐败、怀疑他帮助夫人做生意，因为正是在他当莫斯科市长期间，其夫人变成了欧洲最富的妇女，但最后都能网开一面。虽然2010年围绕连奇尼科村别墅拆迁的事件出人意料，当时严峻的局势表明，政治家谁也不是永恒的，不是全能的，一些看上去不太有意义的因素会突如其来地突破忍耐的极限。

考虑到莫斯科现在是世界物价最贵的城市之一，这毫无任何理由，因为无论基础设施，还是生活质量，无论生态质量，还是教育质量，无论医疗质量，莫斯科无论如何都不符合成为物价最贵城市的条件。而莫斯科最近的选举表明，当局依然极其需要市长。在这个意义上，无论是弗拉基米尔·普京，还是德米特里·梅德韦杰夫，还是鲍里斯·叶利钦，相互之间没有区别。最高权力需要市长，他能够为最高权力把这个城市控制在自己手里，这是对他的主要要求。其他的一切——法制、腐败、缺乏透明都不重要。任何过错都可以得到宽恕。目的证明手段正确。

俄罗斯的特点是，国内政治局势经常像是过分饱和的溶液——独特的"营养汤"。什么样的胚胎落入这个汤里，都会立刻结晶，这种晶体既会走向决定性的现代化方面，或者相反，绝对会导致建立复古、正统的东正教国家，提出"俄罗斯是俄罗斯的，莫斯科是莫斯科人的"口号。

当局非常大胆地把这种周期性增长的紧张泼洒到某些外来敌人身上——"突然到来的"和"分批留下的"异族人身上。房子建得不好——摩尔多瓦人有过错。莫斯科的犯罪率增长——阿塞拜疆人有过错。腐败——切尔基佐夫市场和中国人的过错。总是别人有过错，反正莫斯科当局没有错误，由于它们在语言文化学上的成就和政治领域极其不平凡的行为，莫斯科当局走进了2009年的历史，从卢日科夫市长的新闻秘书谢尔盖·崔要求与"右翼事业"党领导人列奥尼德·科兹曼进行单挑始到莫斯科市政府向阿列克谢依·库德林说出"甚至剃光毛的小刺猬都明白"的话止，这些非常粗野的声明表明，莫斯科市政府"每天都在进行积极的圣战"。

其实，由于某些任务要完成，我们的执政者会说出完全令人惊奇的话，因此有时候由此显得过分紧张。比如，检察委员会主席亚历山大·伊万诺维奇·巴斯特莱金语出惊人，他说："如果我们用这样的速度起诉腐败案件，五年之后，我们就剩不下官员了。"

显然，他想表达的是另一个意思，也许，就是这个意思。

届时最后两个官员相互让对方坐牢。或者我们记起普京模棱两可的话，他说，"必须带着随从上法庭"。或者记起梅德韦杰夫演讲时所说的话，他说："我明白，有一些中介，你们向他们付了钱。如果你们不向他们付钱，中介制度就会消亡"，更不用提努尔加里耶夫①关于对警察施暴时公民可以实施自卫的建议了。我们认为，迄今为止，高峰仍然是普京总理对本书一个作者向他提出的2012年选举问题所做的回答，当时，弗拉基米尔·弗拉基米洛维奇·普京随便地说，我将与梅德韦杰夫坐下来达成协议。关于这点，我们以后将详细介绍。

　　缺乏真正的反对派当然让人感到害怕。目前，俄罗斯的反对派表明自己完全无能为力，他们曾退出杜马，向外界表达了自己对地方选举的不满后，几天后很快就缴械投降。也可以看出人民对此类反对派缺乏信任，同样也缺乏已经形成的释放消极能量的渠道。

　　2009年秋选举后反对派的举动表明，其实它们并没有试图争取人民的支持。反对派争取的是以最好的条件与执政党达成协议。实质上，它们之所以与当局顶牛，是试图进入这个权力，想同它达成协议，而不是竭力赢得尊重、好感和人民的支持。即它们实质上是行政性的反对派，是俄罗斯现存权力的反对派。但是，从国内的社会、政治和类似利益代表者的角度看，他们无论如何都不是这种类型的反对派。

　　令人惊奇的是，在俄罗斯，无论是官员还是国家主义者，无论是爱国者，还是民主派都不尊重俄罗斯人民本身，给它

---

　　① 俄罗斯内务部部长。——译者注

留下了当牛做马的角色,他们每个人都从中获得使各自幸福的感觉。人民总是成为被他们操弄的对象,被施加的"幸福"的接受者。

2009年秋议会危机之后,俄罗斯自民党领袖日里诺夫斯基说了一句非常好玩儿的话,这种话带有自我揭露的性质,他说:"我们已经跟市长谈好了,但是他没有履行自己所承担的义务,怎么能这样办事,我们是自取其辱。"在民主国家的条件下,这是可笑的。市长应该承担哪些义务呢?

人们清楚地看到,反对派是为进入克里姆林宫而斗争,而不是为把人们的要求和利益带到那里而斗争。结果十分明显,俄罗斯现存反对派把人民作为可以随时操弄的力量在利用,近年来一系列事件已经向我们表明,当人民真正走上街头或开始抗议,无论这些活动是合法的还是非法的,反对派都没有去领导这些抗议。俄罗斯的当局和反对派面朝着一面镜子。自然,他们在这个镜子里看不到人民。

前面我们已经谈过,俄罗斯人确实在相当大程度上把整个外部世界视为自己的国家。这种态度不仅是生意人和记者所特有的特征,而且自上而下贯穿整个社会。例如,俄罗斯的一名高级法官在与我们的谈话中,每次都对谈话一方的批评即兴插话回答说:"在法国就是如此",或者说,"你们认为,在美国就好一点?""你们用私刑迫害黑人"。这种论据继续在国家精英的意识中占据主要地位。这些人不谈俄罗斯,而是经常在外面寻找证明自己正确的论据。我们记得,鲍里斯·叶利钦任命其女儿到自己的办公厅工作,人们就说:在法国就有这样的先例。

实质在于,当局总是想办法在其他国家找到严格说来最不成功的解决办法，把它引进到俄罗斯，从而为自己的行为正名，并且还完全没有考虑到，这些不成功的解决方法在其"祖国"不是体制，而多半是临时性例外规则，是由制衡和妥协和法律所制约的。在俄罗斯，这些例外变成了体制。如果分析整个苏联和俄罗斯目前华丽的政治言辞，它充满了粗俗的"你们用私刑迫害黑人"的经典宣传论调，以此来论证自己的正确性。

是否记得，德米特里·梅德韦杰夫从哪里昂然起步？当然，在围绕与英国在俄罗斯文化协会税务冲突的辩论中，他说了一句历史性的话，他说："你们怎么看？我们对他们采取的行动是正确的，他们的文件做得不对。你们去试试，在英国注册社会组织有多么困难，你们就不会找我们的麻烦了。"英国人立马就回答说：确实，在英国注册社会或非政府组织特别难，因为陛下的立法没有规定这些组织要办任何注册手续。

通过别人更糟或至少有同样问题的事实来企图证明自己正确，这对俄罗斯来说是有失尊严的，因为这样一来，俄罗斯不仅仅在经济和政治上依赖别人，而且要拿本国与别国发生的事情进行类比来证明自己正确。而且这些例证经常甚至不仅用来证明正确，而几乎成为样板。的确，明显的事实是，俄罗斯竭力把别人一切最糟糕的东西收集起来，搬到自己这里说："你们看到了吗，别人也有同样的问题。"只要能够在世界上找到能够证明自己正确的任何东西，当局都要找到，拿过来，甚至去展示自己在这个领域的智识贫乏。

俄罗斯精英的政治思维还有一个好玩的逻辑——任何一个代表都未试图从内部对权力体制进行审视。没有人考虑到，如同任何一个体制一样,"那里"的缺点还伴随着优点,相反,试图把他们在这里认为有利的缺点毫无例外地拿过来。例如,在欧洲,州长不是选举的,那里是另一套国家结构体制。为什么欧洲在这个问题上正好成为例证,而在欧洲人权问题、所有的人在法律面前平等、生意或者税收体制的透明性问题上则对俄罗斯不是例证。当谈到民族冲突时,就引用美国的例证,或者,但愿不要引用非洲的例证。

结果,俄罗斯从叶利钦时代起就形成了独一无二的体制,它汇集了从世界上收集到的事无巨细的大多数消极因素。毫无疑问,某些地方任人唯亲,但是,很少有人去证明这种现象正确,不受法律和社会舆论的追究。也许,在某个地方还可以找到在法律面前不平等的例证,这毕竟不是体制,而是这里生成的现象,我们则用有过先例来证明其存在是正确的。严格说来,在世界上,法官卖身求荣不是罕见的事,但它在俄罗斯已经成为规则,如此等等。

结果,我们与一整套依附的政治和依赖的经济打交道,甚至从外面寻找佐证来证明自己的蠢行正确。因为即使从智识的角度看,目前还难以谈到主权的政治精英。在俄罗斯的当权者中,人们积极地引用兹比格涅夫·布热津斯基、亨利·基辛格和弗朗西斯·福山及五六位在西方确实知名的人的话。对西方的了解,对西方政治文化的理解也仅此而已。

这里仍然有对所谓的西方现象的顶礼膜拜。为了树立形象,开始与美国总统富兰克林·罗斯福的"炉边谈话"相提并论,借用翻译过来的西方术语——一个例证就是"主权民主"术语,就出自罗斯福。这种借鉴思想和找到其俄罗斯的某种根源的企图被伊万·伊里因所终结,礼貌地说,此人绝非发展俄罗斯哲学思想最成功的例证。遗憾的是，俄罗斯的当权者绝对缺乏系统性思维。

俄罗斯的民族政策非常像俄罗斯的民族菜系：那里基本上没有任何俄罗斯的东西，只是某些菜肴早在彼得和彼得之前就出了名，然而严格说来，没有一个正常的人去做这些菜，更不要说定期做了。所有其他的菜肴都是世界各国菜系中各种各样的菜肴和烹调方法的古怪杂烩，俄罗斯人的肠胃和智力已经适应了这些菜肴。

要对俄罗斯的当代政治视野做出评价，最恰当的是用"折中主义"这个术语，并且是相当后现代主义的折中主义，它带有卖弄风情和伪智识的假唱与献媚，对所发生的现实完全采用蔑视和不敬的态度。典型的情况是，搞这些问题的人十分清楚地意识到，他们搞的东西没有任何人感兴趣。

西方的政治，具体说美国的政治就与俄罗斯的不同，它在相当大程度上取决于业内人士，这在俄罗斯甚至都难以想象。譬如从事政治的人们昨天还在担任研究所的处长职务。而在前当局担任高位的人，今天就在大学教书，在他以前干过的那个研究所工作。这种轮换就如同传动导管一样经常发生，

在俄罗斯，政治精英乃是来自天上的人们的特殊种姓，或者，至少他们自己是这样看待自己的。可以发生横向移动，但是从来不会发生脱离这个阶级的事，除非你破坏了游戏规则，张开大嘴原原本本地说出了真相。这会导致什么情况呢？导致巨大的思想贫乏，导致缺乏长期预测，导致不明白本国发展的逻辑。现实幻想的历史地平线只限于下次选举，而这多半已经是技术性问题，而不是意识形态问题了，而且政治

是根据社会学民意调查来搞的,这些民意调查是你已订购并为结果付了钱的。实质上这完全是胡闹。

近一两年来,看到再次试图召唤社会的智识力量走进生活,同时让人感兴趣的是,这个智识化的具体企图又来自最高权力。知识分子已经不很理解,想要他们做什么,因为他们时而得到点称心的东西,时而忽然被给一颗糖吃,时而又被掐着脖子粗暴地驱赶。依然缺乏系统性的态度。

此外,俄罗斯的知识分子被丢到一边,没有实施自己思想的任何可能性。有时候,知识分子得以艰难地在执政精英中出现自己的个别代表,但是这个过程不是系统性的,只是在研究所层面。所以,看起来弗拉基米尔·普京呼吁和描绘2020年俄罗斯的生活的企图不是具体的计划,而多半是祈愿。况且,德米特里·梅德韦杰夫《俄罗斯,前进!》的文章的确出彩。

改革要防止南斯拉夫的悲剧在俄罗斯上演

现代发展研究所专家们发表的《21世纪的俄罗斯:理想的明天形象》报告引起了失望情绪,五味杂陈,持久不散。实际上可以在所有媒体上找到报告的某些摘要。应该说,这个文件的发表使作者们的立场变得很不稳定——众所周知,继续进行批评要比提出某种建议容易得多,否则,自己就会处于批评的交叉火力之下。

伊戈尔·尤尔根斯和叶夫盖尼·冈特马赫尔作为未来学家和政治顾问角色是极其不值得信任的。他们对未来的描绘模糊不清，实际上缺乏走向未来的道路，对具体行动的后果多半也没有考虑到位。总体看，报告起草者们没有能够制定出重新改造俄罗斯生活的计划，只是提交了某个清晰的素描、草图或对最终理想图景的速写。即使拿来讨论，文件也略显粗糙，它在很大程度上缺乏创新的态度。

报告引进一系列具有公理意义的概念，这让人有点惊奇。例如，报告的一部分谈的是政治现代化，作者们断言，没有政治现代化就不可能有经济现代化。现代化的基础是"人力资本"，取得成功的主要保证——高素养的工作人员。报告中说，为此需要建立一种体制，使人的尊严可以成为战略资源，在这种体制下，没有独裁、暴力和屈辱。

此外，强调了经济上去官僚化的必要性，这只有通过"官僚去经济化"才可以达到，即制止凭借履行国家职能而获得收入的行为。根据现代发展研究所研究人员的看法，创新经济与"新封建主义和复古体制的元素"不能兼容。在各种经营主体的利益发生冲突时，国家扮演的是仲裁者角色，这就意味着司法机构独立，意味着各种力量的权力竞争和更换与政治多元主义。

听起来挺好，然而上述公理与现实的联系相当薄弱。顺利实现现代化的韩国、新加坡和中国（特别是后者）的经验正好证明了相反的东西。作为经济增长的后果是中产阶级的形成，这是在极其严厉的威权主义条件下发生的。

现代发展研究所的人们没有考虑到20世纪揭示出的几个悲惨的规律。民主机制绝对不是经济增长和现代化的保证。例如，把法西斯意大利、第三帝国或苏联视为民主样板是复杂的事情，然而正是这些国家为过去一个世纪三分之一时间的科技进步定了调。在居民人均收入低于某个水平下,发达的民主选举机制乃是侵略性的民族主义势力①夺权上台的跳板。

形成政党体制的建议被归结为"纯粹的祈愿"。在《国家的政治未来:退回到宪法》这一节中,政治体制部分与鲍里斯·叶利钦当总统时代的相似。总统的全权任期缩减到五年,国家杜马任期缩减到四年,重新按照混合多数比例原则选举。

所描述的体制的核心是中右和中左政党——类似的政党在叶利钦时代就建立了。前者代表中产阶级的利益,现代发展研究所的研究人员希望不少于50%的居民属于这个阶级,传统领域的商业界支持第二类政党。

各种各样的"帮派"通过竞争的政党来捍卫自己的利益。右翼民粹主义者(俄罗斯自民党的接班人)和新左翼党(俄共的接班人)在选举中获得不到2%-4%的选票。国家总共有20个政党,在杜马中有50个左右议席属于独立的单席位议员,他们联合为"地区政策"议员小组——类似的小组在前几届杜马中就有过。报告还建议把进入杜马门槛降低到5%,重新允许建立竞选联盟,门槛是7%。就如同美国一样,总统和议会多数可以代表不同的政党。如同2004年前一样,地方行政长官由直接选举产生。这样,上院议员也要选举——从地方行政长官和立法会议推荐的候选人中产生。

问题马上就产生了:20个政党的领袖、赞助者和制定意识形态的人从哪里来?难道国内有如此数量的运动和意识形态吗?此外,让人难以明白的是,报告中提出如此数量的中

---

① 我们记得希特勒、墨索里尼、中东国家或拉美国家的制度。

产阶级的代表——要占居民的一半。或者应该承认，只有在实现现代化后，这样的结构才有可能出现，那时经济增长将得到保证，随之出现中产阶级。

个别非常重要的问题——关于行政长官的选举。"回到叶利钦时代"的呼吁听起来像是俄罗斯首任总统抛出"想拿多少主权就拿多少"这句话所产生的后果。这句话的代价已经由车臣战争和同鞑靼斯坦及乌拉尔持久和步步为营的政治斗争所支付。

必须明白，行政长官的选举制——这既不好也不坏，这是另外一回事。这是另外的国家结构——不是联邦制，而是邦联制，如同美国的一样，它成为许多建议中提出的模式。在今天俄罗斯的具体条件下，行政长官的选举制就意味着诸如尤里·卢日科夫或明基梅尔·沙米耶夫永远在位，意味着偏远省份黑手党帮派执政。遗憾的是，现在也可以看到所有这些现象，然而，在现行结构下，有可能撤换这些行政长官，而一旦实施现代发展研究所的建议，就失去这种可能性。国家将分裂为公国。不应该忘记叶利钦时代的俄罗斯这个例证。看起来，提出这个想法的事实本身就相当奇怪，现代发展研究所的监事会领导人德米特里·梅德韦杰夫也对此做了极其消极的表态。

尽管如此，还是不明白，要以何种方式修改法律，把弗拉基米尔·普京和统一俄罗斯党建立的垂直权力体制和回到国家可控性——多年努力一笔勾销，而不管这些活动已经取得的成果，这些我们已经谈过。如何迫使议会多数派改变自己的观点。一切推倒重新投票——难道用非民主的方式，对抗自己的构想？

更耐人寻味的是关于军队和国际政策的内容的讨论。根据报告起草人的想法，武装力量绝对应在自愿基础上形成。其人数从今天的110万减少到50—60万。我们提醒一下，国防部计划到2012年把兵力裁减到100万人。提议俄罗斯参与所有的主流全球性组织，其中包括世贸组织和经济合作组织，将来加入欧盟和北约，"这将促进国家进一步积极转型"。

建立共同市场和交通体系一体化要走在加入欧盟之前，这将保证商品和服务的自由流动。俄罗斯将成为美国的战略伙伴，独联体在新的互利条件下得以保留，格鲁吉亚重新返回独联体，而同时在报告中对阿布哈兹和南奥塞梯的命运不置一辞。

这样一来，北约的军队将守卫我们的南部边界——因为所宣布的军人数量不能解决这个任务，更不要说解决其他任务了。显然，这是走向丧失主权的道路。恰恰是哲学家伊万·伊里因警告防止事态如此发展的。

当然，在报告中有许多合理、明显经过多次讨论的内容，但是不能对其中暗藏的危险炸弹置之不理，我们已经指出了这个问题。在新事物的掩饰下，试图对弗拉基米尔·普京所做的一切一笔勾销，回到叶利钦总统时代，这将会变成可怕的脚本——那时，布热津斯基的计划就会成为现实，南斯拉夫的惨象就会在俄罗斯重演。令人惊奇的是，对历史的记忆竟如此短暂。

最近几个月来，本书的一位作者曾被积极地吸收参与多次讨论，内容是如何启动创新模式。几乎在每个场合，每当当局向善于思考的俄罗斯团体提出"从哪里开始"的问题时，这个团体就回答说："一开始请给自由。"当局象征性地摆摆手说：

"这可以理解，还有什么？"即自由甚至不用讨论，因为在最高层，谁都不会认真地审议这个选项。"还有什么呢？"

当局想使俄罗斯实现现代化，把它变成某种创新中心，却无论如何不去回答国家的公民自由的质量和范围的问题。多半是从过去的苏联出发，寻求建立一种当代工程"沙拉什卡"① 类似的东西，同时，不仅苏联的经验，而且世界的经验证明，国内的政治自由水平与技术发展没有直接和明显的联系。尽管目前俄罗斯当局甚至完全拒绝尝试动员方式的国家现代化。梅德韦杰夫总统批评斯大林时期形成的体制，他不止一次地确认，今天，不能用类似的方式来完成克服俄罗斯落后的任务。

要最精确地描述现阶段当代权力近年来越来越强烈地表现出来的逻辑，可以用一个术语"异端"来描述，这个术语来自希腊语"阿伊列兹斯"，意识是"选择"。因为，不是去拿来整个构想，不是试图弄明白这些构想是如何运作的，其规律是什么，我们只是试图把喜欢的东西粘合起来，东拼西凑出一个东西。

这样一来，例如，谁也不会逐点去把"梅赛德斯"工厂具体化，而是拿来"梅赛德斯"的发动机，"丰田"的车轮，"福特"的底盘，而管理人员还是以前的人，来自瓦斯汽车

---

① 苏联内务部第四特别局管辖的科研所和设计局的暗语称谓。苏联建立后，多次发动打击反革命破坏的运动，苏联大量高级知识分子和科学家被投入监狱。为了发挥这些人的作用，当局发布命令，在监狱设立科研所和设计局，让这些人从事新型军用飞机、飞机马达和海军舰艇发动机、武器枪械、进攻和防御化学武器以及电子通讯器材的研发和生产。当时全苏联有数十家这类研究生产机构。1953年斯大林逝世后，这类机构逐步被撤销。——译者注

厂——因为瓦斯汽车厂不能动，它是神圣的，有国家援助的保证。但是，问题是，200亿卢布花到哪里去了，谁都不能明确地回答这个问题。令人惊奇的是，完全没有进行批评性的分析。谁也没有试图去统计，为直接支持单一产业城市花了多少钱——也许，单纯给钱更有利一些？谁也不需要对这个问题给出回答，因为届时都依然不清楚，一大批已经习惯从一切活动中拿到回扣的人在哪里。

这种对待知识分子和科学的歪风邪气在很大程度上与俄罗斯当局确信真正的知识分子和最聪明的人就是他们本人有关。他们认为，专家委员会的作用就是赞同他们的行为，而且绝对限于夸奖，而那个比别人更善于夸奖的人就以奖励的形式得到最好的那部分。在大多数情况下，不是去实施科研活动，而是在事先已经有了现成结果的情况下撰写报告。所以，在俄罗斯，任何发展思路、建立学术学派和推进各种流派原则上都不能提。只可以谈的是，溢美机制在发展，但是自由思想和现实的突破性观点的机制绝对没有得到发展。

俄罗斯不仅在舞台艺术、芭蕾舞和电影领域开始掉队，而且特别可怕的是，在最重要、也许最精确的领域——自由思想，敢作敢为和发展的思想领域掉队。这种宣判最有说服力和最直观的例子是莫斯科大学毕业生、教师和语文系系主任给莫斯科市杜马议员尼古拉·古宾科的一封公开信，他们要求对作家维克多·叶罗菲耶夫的问题进行调查并采取措施。就本质来看，这封信的风格绝对是卡夫卡[①]式的，在实

[①] 弗朗兹·卡夫卡（1883—1924）奥地利作家，作品风格以荒诞著称。——译者注

际上已经实施了二十多年民主的俄罗斯条件下，出现这样一封信真是难以想象。

当借助公开信和要求国家监督、试图对俄罗斯哲学的最后一个避难所——文学——披上索套，这意味着，纵然没有检查制度介入这个领域，而这种恐惧，它比任何检查制度进入都可怕。如果俄罗斯的作家停止思想，只去写讽刺剧，那还能期待从社会其他成员那里得到什么呢？这个社会将陷入萧条，知识分子不再享有苏联社会时期所享有的信任，尽管这种信任曾遭到嘲讽，但最终走向了改革。

知识分子实际上变成了一个阶层和为当局服务的元素，发生了衰退和堕落。作为后果，它不再是情绪的缓冲器，它不再形成可以信赖的专家意见，它不再形成可以在未来生活中实现的构想，不再是它以前一以贯之的那个样子——不是世界主义集团，而是与世界接触的集团，通过这个集团进行交流思想和文化渗透的发散性过程。这样，尽管目前边界还对外开放，但俄罗斯社会的精神和学术隔绝导致国内人们的头脑被洗涤，思想被冲刷，导致建立了完整的说俄语的相互隔绝的飞地，这些飞地不仅专注于物理、计算机编程、化学、数学和商业领域，而且专注于自由思想。

愚蠢地试图建立可以进行辩论和做出具体决定的专家委员会，最后却变成以克里姆林宫为轴心的饕餮夹肉面包的非正式聚会，重要的不是在这里表达了某种思想，而是谁来这里。而且，在政治风向发生变化后，人们马上就退出了辩论，消失在茫茫人海。所以，在意识形态领域，辩论被克里姆林宫偷梁换柱，变成了宣传和鼓动，而理性创造的源头和尽管生硬但还处于一定规则框架内的批评让位于肆无忌惮的诽谤。

对记者波德拉比涅克采取的类似过火行为清楚地表明，在俄罗斯，国家思想被取代，就其本质看，正在出现后苏联的超级爱国主义运动。对一个俄罗斯知识分子来说，典型态度是，热爱国家，但不能不对其历史上最可怕篇章表现出忿恨，这种热爱被政治和历史受虐狂所取代，采取类似"是的，我们就是这样，我们为此自豪"的态度，而不顾我们过去曾是多么骇人和可怕。批判性激情和俄罗斯知识分子固有的关于社会命运的议论不见了，取而代之的是对自身缺点的后现代享乐主义般的满足和吹捧。

知识分子流失严重

近两年来，看到大量企业家和相对有保障的人们大量离开国内——这个让人害怕的事实是由执法机关状况的急剧恶化引起的。警察大量的为非作歹给生活制造了如此难以忍受的条件，人们离开自己的国家，宁愿到国外过不富裕但自由的生活。近年来，这种让人极其痛苦的趋势将会导致最消极的后果。非常让人揪心的是，俄罗斯高校的大多数毕业生在拿到文凭后想到国外工作。

俄罗斯的智识精英还没有成为全球的一部分，而且它在相当大程度上重复着苏联时期精英的命运，苏联的精英是很土里土气的，由于交流渠道、交往自由、发表著作、接近信息和思想自由被隔断，他们落后于世界。不少学者今天仍然呆在俄罗斯的监狱里，他们被指控与外国人进行学术接触，在此过程中向国外出卖国家机密。尽管我们在本书中不呼吁进行任何革命，但我们还是呼吁一点：俄罗斯非常需要智识革命。

目前，俄罗斯政治阶级状况和特点是，不止出现萧条，而且深度退化，可以说是智识阳痿。这对呆在克里姆林宫的掌权者有利，因为在此背景下，他们看上去是有知识和英明的人，他们可以引经据典和援引拉丁语。这样一来，国家的知识水平普遍降到最低，而要恢复则变得极其艰难。而且，国家发展的基础本身遭到动摇——纳税人为教育缴税，而他们在这里接受教育后出国，也带走了自己的智慧。

美国、中国、欧洲获得来自俄罗斯学有所成的出色专家，再不用花十多年时间去培养他们。同时应该指出，最近试图对经济领域做出某种改变的俄罗斯知识分子一般都有过在国外居住或者学习的经历，不排除这被视为他们的缺点。显然，弗拉基米尔·普京曾在国外工作和梅德韦杰夫总统家族的近亲在美国的事实会对他们有利。

苏联曾经经历了这种悲惨的历史。但是，在俄罗斯接受了教育的人们走了，到他们目力所及的地方，这使俄罗斯失血过多。在智识、创新和技术领域与俄罗斯竞争的国家，不用花一分钱就获得了俄罗斯的专家。同时最可怕的是，在俄罗斯，不懂教育工作机制、不对传统进行分析的人开始决定教育领域的政策，他们深信，机械地移植西方的经验——不考虑西方的经验各不相同——会以某种方式帮助俄罗斯发展。病态地醉心于国家统一考试，醉心于随便一个人而不是实际从事职业教育的人们的巨大支持，这个事实本身恰恰表明现代当局正好醉心于这个知识评价体系，如果可以这样表述的话，这就如同保罗一世喜爱普鲁士练兵操典一样。

然而，俄罗斯的教育和启蒙传统将丢失，但是没有人向最高权力进言，说他们的想法是有害的。所以，花费大量精力试图激活在俄罗斯条件下不会有用也不可能有用的体制。不是去借鉴近邻们的经验，这些近邻——芬兰很大程度上运用了俄罗斯教育的伟大传统，俄罗斯试图把一些曾长久以来看着苏联的国家当做样板，他们对在中学和高校获得的最高水平的科技教育予以赞赏。不是去改组其中应该改革的高等院校，当局粗暴地触动了好歹还在系统地工作、培养青年人面向实际生活的最后一块领地。

苏联当时赢得了冷战年代非常重要和具有原则意义的战役——争夺宇宙的战役。全世界都羡慕苏联，美国依据苏联在这方面的经验，闪电般地改组了其研究体系和高等教育体系，成功地运用了这种经验，赶上并已经超过俄罗斯。俄罗斯正在明显发生智识反革命。也许对我们来说，对新总统最大的一个失望是，他试图用自己的文章、自己的开放性和号召力倡导智识对话，同时他支持国家统一考试，实际上，统一考试正好来自对新鲜思想缺乏需求的源头和年代。

本书一名作者曾一度对苏联和美国的教育体系的差别产生兴趣。其差别在于，尽管苏联的教育体系有各种优点，也有缺点，但它旨在培养知识分子。知道世界各国首都、河流、诗人和作家的人，是能够独立思考的人。与这样的人可以谈论任何内容——任何一个医生基本上可以谈论物理，任何一个搞物理的人可以谈文学。曾经有过这种培养有知识的人的体系。

在美国，体系总是磨砺和培养知识面狭窄的专家。美国人在相当大程度上省略了对普通知识分子的培养，所以，在美国，"知识分子"这个词听起来有点古怪，但是它有大量的"智识分子"，知识面狭窄的专家，他们对自己所从事的内容如数家珍。同时这个阶层在相当大程度上是输入型的：带来了导弹发动机的德国工程师，英国的文化和电影活动家，法国的作家，意大利的记者，最后，俄罗斯和印度的信息技术专家。

在美国有大量的专业面狭窄的顶级专业人员阶层，对之予以补偿的是世界各地受过教育的人经常流入美国。没有这种人流入俄罗斯。因此，可以绝对准确地说，如果说以前不仅亚洲和非洲的东方民主国家有在俄罗斯的大学学习的需求，而且西方国家也有需求——不仅俄罗斯学家、而且还有物理学家和化学家来到这里，而现在，国外依然渴望流入的唯一学术和教学机构就是莫斯科大学和矿业大学。这在很大程度上是它们的校长维克多·萨多夫尼奇和弗拉基米尔·利维年科的杰出功劳，在艰难的斗争中，他们不允许消除俄罗斯基础科研的传统，哪怕把自然和应用学科保留下来都行。当然，没有支持是不可能的，而第二种情形是，没有与国家领导人的个人友谊也不行。

如果在任何这种辩论中，总统和总理所说的任何一句话一开始就被视为最高的智慧，还有什么智识辩论和预见的可能性可言呢？同时一切都以绝对命令的形式表达出来："当然，可以随便争论，但是……""但是"一出现，科学就不见。科学有时候会得出让人极其不愉快的结论。但是科学结论就是科学结论。不能让它强行适应政治。

俄罗斯智识界需要适应时代

对西方政治施加影响最强大和最有效的杠杆之一是日报上"看法"大标题下的栏目。在西方所有出版物中,从编辑工作观点看,这是报纸阅读人数最多、最有趣、最多样化和最受尊敬的一部分。在俄罗斯,实际上完全没有这种体系。唯一一家有"看法"栏目的报纸是《导报》(它是《金融时报》帝国的一部分)。报纸有评论专页,米哈伊尔·霍多尔科夫斯基可以在上面发表自己的文章,本书的作者们给他们专栏写稿,这个专栏有专栏作家,他们翻译西方的某些资料。严格说来,各种各样的人都可以往那里写东西,俄罗斯的精英甚至都没有这种自我表达的源头。俄罗斯当局对此置若罔闻,通过一年一度向俄罗斯科学和文化的杰出活动家颁发国家奖章,与智识分子会面,建立可以见面的交往,当然这是可笑的。

经常有人问我们,西方,尤其是美国如何看待俄罗斯。但是,实际上这些人没有新鲜的想法。他们不知道"日古丽"牌的小车,石油和天然气没有民族性,所以,又把"伏特加"、"集体农庄"、"车臣"、"卡拉什尼科夫"、"清洗"、"人造卫星"翻腾出来。即把引起别人对国家尊敬的形象性知识元素翻腾出来,应该说,最近30—40年来,我们没有创造一个世界品牌,而且经济总量在80年代位居全世界第二。要知道,苏联解体之后,经济的精华部分,最优秀的苏联干部,最优秀的工程师和研究所,石油和天然气,高等院校都给俄罗斯留下了。所以，认为1991年一切都坍塌了，俄罗斯从零开始，这是极其不正确的。

俄罗斯是从非常高的水平开始的，用1991年发生的事情来证明自己正确是不公正的。从那时起，多少时间被浪费，多少东西被损坏，事情被做坏到连败类都做不到的程度，而俄罗斯自己没有建设任何新东西。严格说来，没有任何一个总统，无论是鲍里斯·叶利钦、普京还是梅德韦杰夫都没有什么东西可以自夸——从国家形象角度看，俄罗斯没有向世界市场提供任何东西。"这是我们的智力产品"更无从提起。不由想起了涉及日本人崇拜的一个段子，有个日本人喜欢俄罗斯的孩子，他的不朽的一句话是："但是，你们用双手所做的一切，简直的可怕。"

俄罗斯的精英对此心知肚明，这种局面培育了他们现有的情结。弗拉基米尔·普京和德米特里·梅德韦杰夫执政时期表现出的咄咄逼人正代替正常国家引以为豪的东西——高水平的教育、儿童低死亡率、善待残疾人和退休者，这是俄罗斯所缺乏的。没有任何这方面的东西，但是总得有东西去自豪。根据过去的记忆，我们就为核弹头的数量自豪。

美国总统巴拉克·奥巴马给了俄罗斯一份大礼，他说，俄罗斯和美国将就削减战略性核武器达成协议，因为俄罗斯从1991年以来首次感觉自己与美国平起平坐——奥巴马总统和梅德韦杰夫总统两个人决定世界的命运，就如同苏联时代一样。实际上，世界早已向前迈进了，实际上梅德韦杰夫和奥巴马试图分担落在他们肩上的责任，因为世界上积累了大量核武器，谁也不知道，用它干什么，怎么处理它。这正好是个建造得越多、感到对它依赖越大的东西。这种依赖性在美国可以感觉到，在这里也感觉得到。然而，对于俄罗斯的精英们来说，这是令人愉快的看得见摸得着的东西，德米特里·梅德韦杰夫可以说，他已与美国总统奥巴马签署了具有历史意义的条约。

不能不对建立另一支储备货币的企图报以苦笑。建议卢布作为这种货币，甚至让那些从思想上应该成为俄罗斯的伙伴的国家真正感到好笑。尤其未必能向中国解释清楚，为什么卢布忽然要成为这种货币，要考虑到，尽管十分尊敬俄罗斯的经济，但它在世界上的实际地位并不明显。所以，忽然谈到了储备货币，卢布在这里确实没有位置。

试图向谈话中植入智识成分之所以被消极看待，是因为实际上它不是这样。要知道，所发生的一切——我们现在试图实现中国的领袖毛泽东曾几何时所倡导的大跃进构想。即没有做出现实的分析，没有举行经常性的智力对话，没有感觉到世界科技的动态，我们忽然试图说："这不就是这种天才的想法嘛"。但是，第一，谁也没认为这种想法是天才的；第二，它不是主流的；第三，它也不会被认真看待，国家本身也不会被认真对待。

前不久颁发了诺贝尔物理和医学奖，当时甚至忘了提及上述思想的俄罗斯奠基者之父，这不是偶然的。只有周围的世界各国对该国的学术研究一无所知的情况下才会被忘记。这不是因像被中国的万里长城那样围起来的结果，而是对国家的潜力缺乏兴趣和不尊重之结果，而这更加可怕。尊重——不是通过抛弃原子弹一天之内就可以形成的范畴。这个范畴是通过经常接触和证实自己的智识潜力形成的。围绕俄罗斯的长城经常是从内部修建起来的。

除了官员外，要问德米特里·阿纳托里耶维奇·梅德韦杰夫是谁的总统，这个问题依然是开放的。梅德韦杰夫要想成为一名成功的总统，只能建立自己的选民基础。上互联网，呼吁青年人起来的企图显然没有奏效。必须寻找另外的办法。

总统要把经济成就记在自己名下的选项不可能实现。因为梅德韦杰夫一开始就宣布，普京总理从事国家摆脱危机的工作，他本人将决定危机结束之后国家的发展方向。同时，德米特里·阿纳托里耶维奇·梅德韦杰夫没有考虑一个严峻而敏感的事实，只有在下次总统选举之后才能彻底摆脱危机，因为这里是危机，那里或许不是危机，但是很明显，世界经营体系中的某些变化已经真正到来，要持续很久。

有趣的是，正是在梅德韦杰夫担任总统期间，俄罗斯成了这种"经济萨满教化"的国家，这个国家所有的经济学家忽然开始搞一些让人难以明白的祈愿，这甚至不是游说，而是某种让人难以理解、但十分好听甚至十分讲究的政治空谈占了上风。经常从一个极端抛到另一个极端，不能一以贯之地建立自己的智识精英人士和"找到自我"，这种企图看起来多半是同西方调情，而不是力争在智识大地上站住脚跟，而且所有的努力明显是面朝俄罗斯之外。众所周知，如果你想在俄罗斯职业界得到爱戴，为他们的老生常谈付钱就行了。

造成一种相当令人忧心忡忡的局面。如果弗拉基米尔·普京得以成为军工综合体和人文科学工作者的独特偶像，那么，梅德韦杰夫总统明显地倾向法学家和政治学家。毫无疑问，可以看到德米特里·梅德韦杰夫同自然科学界存在某种互不理解，就如同梅德韦杰夫与国防工业之间的互不理解一样。即总统想向国防工业要什么东西，他们难以理解。

为了获得梅德韦杰夫所需要的结果,国家应该确立优先方向,对其给予支持并给以时间来实施,舍此没有别的办法。例如,令德米特里·梅德韦杰夫愤怒的是,莫斯科至今还没有使用3G通讯系统,这会促使声名不好的3G出现,但是世界早已走过了这个阶段,走向了4G阶段。但是,不知为什么还要用已经过时的东西来弥补呢?

不明白技术发展的规律会给总统帮倒忙。首先,这表明,他周围没有能够提供技术建议的内行人。当仅有人文科学者和政治学家围着总统转,忽视在科学界拥有无可置疑的权威人的时候,同时还要如此严厉地批评他们——这是非常可悲的。

西方已经注意到,在梅德韦杰夫执政时期,俄罗斯开始在"八国集团"和"20国集团"发声,提出相当古怪的想法,但实际上谁也不打算讨论这些想法。建立俄罗斯与欧洲安全体系的建议就是如此,而普京总理首先就批评性地看待这个建议。并且,当有人问德米特里·梅德韦杰夫总统这个建议的实质是什么,他不能给予明确的回答,结果,声明只被视为登上西方报纸的头版头条的图谋。即在这种情况下,与其说是严肃的工作,不如说是公关活动明显占了上风。

此外,在梅德韦杰夫当总统期间,一个在其前任就开始出现的问题变得明显起来——丧失了继承性。例如,国内在国家工业管理方面没有继承性——在尤里·马斯柳科夫[①]之后,谁也没能够建立这条战线。在与美国的条约关系上没有

[①] 曾任苏联第一副总理和国家计委主任,后任俄罗斯时期普里马科夫政府的第一副总理。——译者注

继承性，所以，缺乏能够就削减战略性武器条约进行职业谈判的专家，美国人也不明白，去跟谁谈和谈什么。忽然开始明白了，国防部缺乏清晰的战略线条。也许，只有外交部还好歹保留着点什么。

产生出在许多方面遭受巨大失败的感觉。退役将军和80年代的院士们目前还能够提出专业性建议，但是他们的学派实际上已经完全消失，由于十分自然和悲惨的原因，损失的规模逐年增长。在鲍里斯·叶利钦时代开始形成的断层今天达到了惊人的程度。

可以深信，如果当局信心十足地认为，从事纳米技术的国家公司的领导阿纳托里·丘拜斯可以消除技术落后，那就意味着，当局根本没有注意到，由谁和应该如何管理这个过程。要知道，如果看一下丘拜斯在改组国家联合电力公司中的作用，就很清楚了，把这种态度推及到科学上，在阿纳托里·丘拜斯的积极干预结束后，俄罗斯的科学将荡然无存。

现在就可以悲伤地确定，国家已经丧失了专业培养干部的体系，丧失了关于科学的构想，主要的是，国家完全退出了这个领域，认定科学是所有制的问题。国家确定了自己的两个优先方向——加里宁格勒大学和圣彼得堡大学，支持它们的校长，试图判明财产应该属于谁，但是不回答主要问题：这些院校应该造就什么人？更不要说科学院了，原则上谁也对它没有兴趣。

当代俄罗斯国家以单兵出击的形式来思考问题，与其说它遵循权臣的概念，毋宁说是按建筑商和开发商的概念办事，甚至难以理解学术思想管理和运作的主要原则。缺乏对医学、实际上还有整个其他社会重要领域的管理。在私营部门工作出色的专业人员不仅不为现政权所需要，而且还面临着一种威胁，因为他们的专业水平毋庸置疑超过了那些表面上负责这些方向的人们的职业水平。

学习芬兰好榜样

弗拉基米尔·伊里奇·列宁曾在芬兰的城市坦佩拉生活和准备社会主义革命，顺便提一下，苏联国家缔造者在欧洲唯一的博物馆至今还在那里开放。在坦佩拉旁边是不大的城市，叫诺基亚，生活着3万多人。即按照俄罗斯的概念，这是个地区中心，这样的中心在全国已是大城市了。而且，按照今天的称谓，诺基亚乃是单一工业城市，那里只有一家赖以形成城市的企业。但是，这个小城今天已经名扬世界，因为，几乎在一个半世纪以前，工业家和工程师弗列德里克·伊德斯塔姆开设了树木加工厂，开始生产高质量的纸张。过了几年后，城市开设橡胶厂，然后还有一家工厂，开始生产电话、电缆和电话机。1967年，三家公司合而为一，就是诺基亚公司，在80年代初，世界上第一家开始生产自动和移动电话的公司。

没有必要浓墨重彩地描述芬兰在几十年里成功地成为技术国家的画面。曾有过不成功的经济和技术决定，有过生态和产品质量、形象和高失业问题。然而，事实依然是事实：俄罗斯帝国曾经落后、寒冷、饥饿、喝酒成风的穷乡僻壤，一个拥有某些具有重要意义的自然财富的国家，一个具有快速老化的居民、人口比莫斯科少一倍、位于欧洲边缘的国家，成了世界的创新领袖之一，人均收入比俄罗斯受过教育的公民的最高收入多两倍，2009年，被选为年度最成功的国家。

芬兰总统永远都不会在互联网上写《芬兰，前进!》的文章，更不会谈纳米技术。芬兰人只是心平气和地建设竞争性的环境。但是，他们首先在20世纪中期心平气和地进行了中学教育改革，从俄罗斯帝国和苏联教育体系中吸取最好的东西。此外，诺基亚公司成了第二次世界大战后以芬兰名义对苏联赔偿的公司。正因如此，它与苏联建立了最强有力的联系，芬兰人学习俄罗斯的经验，并把它运用到本国，开始实行教育和科研改革，与西方的竞争环境结合，实现了技术突破。

此外，芬兰的特点是，法院总是水晶般透明，法官绝对诚实，完全没有排他性区域和领域的概念。所以，任何穷乡僻壤所受教育的质量与首都没有区别。还有一个细微差别——芬兰中学里没有国家统一考试这个概念。在比尔姆举行的一次论坛上，芬兰教育部一名副部长与本书一位作者交谈中指出，她当然没有权利做出批评，但是没有看到对俄罗斯实行国家统一考试有任何一个合理的解释，她不理解，干嘛要放弃几十年来被视为培养专家的最好的体系。

还有一个例证，在这个不大、寒冷和传统上喝酒成风的国家里，建立了一家名为宜家的公司，它也无声无息地成为了世界最大的一个品牌。有韩国的经验，这个国家静悄悄和不知不觉地进行了技术革命。还有日本的例证，它在完全缺乏物质原料基地的条件下，没有大声宣布纳米技术的情况下，发展到几乎难以企及的水平。奥秘在于，总统和总理的任务不是写文章，而是提出法律，观察其落实情况。要观察得特别细致，因为俄罗斯只有一部法律，所有公民毫无例外地要执行：这就是《被保卫对象出行法》。否则交通就要停止，警报灯就要闪烁。你去试试不执行的后果吧。所有其他的法律不一定得到执行。

健康的竞争、独立的法院、法律面前的平等，大家都执行同一个规则、做出决定的透明性、官员的诚实性，没有腐败——不得不为生存而斗争的生意，不仅会带着纳米技术出走，而且会带着更高水平的技术出走。

总统越频繁地向人民发出呼吁，越频繁地接受国际采访，他的话就越来越没有意义。难怪斯大林话说得很少，他的每句话都被人们十分重视，按另外方式解读。在俄罗斯传统中，统治者应该说得少，分量重。也许，这些传统不好，但它是俄罗斯特有的。

与普京担任总统时期相比，梅德韦杰夫总统执政的总体趋势是非常耐人寻味的。尽管他取得了一系列策略性成功，例如，可以百分之百地证明，公民社会的局面在恶化。此外，非常重要的是，大写的个人在政治舞台上完全消失，取而代之的是某些灰老鼠，来自政治界灵敏的齐奇科夫[①]们和来自法律界的小维辛斯基[②]们。完全偷换了新闻及其在社会中的作用的概念。在弗拉基米尔·普京任总统时，新闻毕竟有时候还起着很显著的作用。在德米特里·梅德韦杰夫执政时，当局自己想充当从印刷媒体到电子媒体等各方面的刊物。

---

① 果戈里小说《死灵魂》中的人物，他为官贪赃枉法，鱼肉人民，后因贪婪过度断送了仕途，齐奇科夫成为唯利是图、狡诈无耻的代名词。——译者注

② 苏联时期的法学家和外交家，在任苏联总检察长时，提出应注重犯人证词、强迫承认等，结果造成刑讯逼供等大量违法乱纪行为。——译者注

大写的个人将远离政治,实际上这个结论对所有政治光谱都是公正的——例如,联合公民阵线是对当局最不妥协的反对派,它发声说,他们主张摧毁现政权,它开除了玛丽娜·利维诺维奇,因为她发表文章,没有批评梅德韦杰夫的《俄罗斯,前进!》这篇文章。

本书的一位作者惊奇地发现,除了玛丽娜·利维诺维奇,他不知道任何一位联合公民阵线的成员的名字,当然,其首脑,大名鼎鼎的象棋大师哈里·卡斯帕罗夫除外。而且问街上任何一个人,谁是利维诺维奇,未必有人能够回答出来。尽管为了公正起见,应该指出,她在专业新闻界和政治技术界还是大名鼎鼎的。但是以联合公民阵线为名的组织向当局发出挑战,要求摧毁它,其队伍中至少应该有许多公众政治家,否则它怎么去发动人民?

最近几年来,无论在共产党还是俄罗斯自民党中都没有出现出色的新人。人们依然只知道根纳季·安德烈耶维奇·久加诺夫和弗拉基米尔·沃尔夫维奇·日里诺夫斯基。在工会运动中,在安德烈·伊萨耶夫和米哈伊尔·什马科夫之后,没有一个能言善辩的活动家。所以,毫无疑问,个性消失的趋势不仅在克里姆林宫有所表现,而且在全俄罗斯的政治结构中表现出来。把新人带入名流行列的努力只会引人感动——他们完全没有被民间所熟识,因为不可能把他们彼此区分开来。

恢复公众院的企图看起来是公然的降级游戏。尽管新人们是些可爱的人,但是要知道,譬如,吉娜·康德拉吉的影响与叶夫盖尼·帕弗洛维奇·维里霍夫院士的政治和社会影响就难以相提并论,尽管前者也是出色的主持人,无疑,在她的领域里,也是重量级的人物。把"造星工厂"节目的全班人马带进公众院也可取得同样的成绩。

正因如此,如果现在就进行民意调查,绝大多数俄罗斯人都不能叫出自己的代表的名字。形成奇怪的局面:政治不再作为公众政治,完全脱离了社会和电视讨论的视野,被宣传所取代。而且当局不再控制思想运动,其听到人民真正的声音的企图注定要破产,因为存在一系列研究机构,它们似乎为当局从事生成社会舆论的活动。

这样,俄罗斯政治中大写的个人时代正在逝去。因此,可以如下方式提出问题:德米特里·梅德韦杰夫是不是可与前总统弗拉基米尔·普京等量齐观的人物?可能,整个体系的尺度普遍都在降低?同时不应该忘记,在俄罗斯的条件下,在关键位置,类似的个性弱化将导致不可预测的后果。个性可能会出现增长,但也许结果是这样,国家只是炮蹶子,把软弱的骑手从背上甩下来,而昨天还在两眼放光、卑躬屈膝的官员们,只要没把握的事一出现,就准备对不幸者落井下石。有趣的是,在双头政治出现的第一年,许多人就开始考虑——在实际工作中该支持谁?商界正好面临这个问题。通常的情况是,普京的班子和梅德韦杰夫的班子的人同时被邀请,他们难以做出正确的选择。

即刻就回到对俄罗斯当局信任的主要指标——参加选举的低投票率。只要投票率一下跌,就意味着,人们意识到,任何事情都不取决于他们。这不是俄罗斯"思想深刻"的政治学家认为的那样,是生活富裕和平静的表现,这恰恰是人们对当局完全失去信任的特征,他们完全无助和希望回到奴隶状态的感觉,因为奴隶与自由人的主要区别是,奴隶没有投票的权利。

这种奴隶心态已经深深植根于俄罗斯，这与俄罗斯人总是对统治者寄予期待有关。如果总统想看见由体面和自由的人组成的国家，从一开始就像对待体面和自由的人们那样对待他们，他们也会有同样的行为。如果总统希望看到迟钝而且什么也不明白的大众，那么，利用公关手段可以轻易拆散他们。他获得的不是迟钝的大众，而是聪明有知识的人，他们对被推到最高层并耐心地期待的这个人极其失望，那么，这全部恐惧就将终结。记起伊丽莎白时代的一名贵族——当安娜·约安诺夫娜即位后，他告病了，十年未迈出屋子一步。只有当伊丽莎白登上王位，他出现在宫廷，说"准备效劳"。

人们说，有什么样的人民就有什么样的政府。但是，有什么样的统治者，就应该有什么样的人民。

第九章 未雨绸缪

一个问题掀开俄罗斯政治史的新篇章

2009年9月,"瓦尔代"国际辩论俱乐部照例举行了会见,该俱乐部由俄罗斯新闻通讯社和外交与国防政策委员会于2004年成立,因会议举办地而得名。众所周知,这个论坛的实质是,把世界各国的顶级俄罗斯问题专家,即把有关各国那些形成有关对俄罗斯社会、政治和商业的看法的人们联合起来,如果可以这样说的话,这些人是对国际政治时髦议题方面订立规矩的人,俄罗斯也对这些国家感兴趣。

通常,9月份,来自美国、欧洲、中国等国的三四十个人到达莫斯科,有可能与俄罗斯的知识分子、政治和经济界的精英会面。毫无疑问,俱乐部不仅在俄罗斯,而且在全世界都是独一无二的现象，因为其创立之初，是为了交换有关俄罗斯的看法，把这些看法引导到更积极的层面，后来则逐渐变成前所未有的平台，在这个平台上，俄罗斯的政治家与西方的顶级专家交流，其他专家在这里则可以进行智力交流。本书的一个作者是"瓦尔代"俱乐部的成员，作为专家每年都会参加会见，2009年也不例外。

2009年的会见分别在莫斯科、雅库特和亚罗斯拉夫尔举行。在莫斯科进行的部分活动，一般都是所谓广泛而off the record（非正式）的会见，与俄罗斯的顶级政治家，其中包括梅德韦杰夫总统和普京总理举行的会见。与普京的会见在新奥加廖沃总理官邸举行，这场活动安排在与总统会见前的几天里。

通常，会见的模式是，瓦尔代俱乐部的成员提出他们感兴趣的各种问题，事先没有任何人去协商这些问题，谁也不会试图提前把问题说出来。瓦尔代俱乐部是个进行直接辩论的地方。辩论的形式是自由的，有时问题提的让人感兴趣，有时不太感兴趣，有时轻松，有时不轻松。与弗拉基米尔·普京的会见一般都围绕圆桌而坐，根据会见的时间，一起吃午饭或晚饭。

普京会详细地回答问题，其答案值得仔细玩味，他经常还讲出许多细节。俄罗斯总理与西方专家如何交流，这是另外的内容，我们在另一本书《对抗》中详细地叙述过，这本书成了畅销书。我们将讲述新的经历——当然，我重复一下，是我们自己转述别人的话，因为会见不准录音，这里就没有直接引语，全凭回忆。

当有机会提问题时，其中一名作者尼古拉·兹洛宾说，他有一个请求。普京马上做出反应，回答说："尼古拉，我没钱给你"。

"明白您的暗示了，弗拉基米尔·弗拉基米洛维奇（普京）"——兹洛宾回应道："我有钱。"

"这根本是另一回事。那么我们可以达成协议。"

"会见后我们一起找个地方坐一坐，聊一聊。"

"好，一言为定。"

普京看起来意味深长：之前，他回答了一系列问题，根据各种可能性看，他对这些问题都有兴趣，他说话声音很小，而且有点独白，看着桌子，现在则活跃起来了。看得出他喜欢类似的这种言语交锋。

"您经常说"——兹洛宾继续说，"西方许多专家过分用一种陈规来看待俄罗斯。这种陈规是如此源远流长，您曾与这些进行过斗争，您有揭发他们的经验，现在我想对您运用这种经验。我有两个问题和两个陈规。我以其固有的形式来表达第一个，听起来可能它在政治上不太得体，那么我请您原谅。相当流行的看法是，梅德韦杰夫总统只是个小卒，摆设，统治国家的实际上是弗拉基米尔·普京，您怎么打破这个陈规？"

"我们没有义务去证明这个正确"，普京言语尖锐地抢白道，"我们根本没有欠任何人东西。然而，如果谁有这种陈规，那么让这个人醒来，恢复知觉，喝杯咖啡，洗个淋浴，如同噩梦一样，把这一切忘掉。在俄罗斯，只有一个总统，他是最高统帅，他有相当大的权力。至于我本人，我是总理。在俄罗斯，政府非常有影响力，我作为总理，事实上掌握着各个领域的巨大权力，我感到自己十分舒适。我没有问题。

我十分满意。"

坦率地说，这个回答给人留下不同的印象。普京似乎没有明确地揭露所谈到的陈规。所提的第二个问题涉及2012年，普京会不会与德米特里·梅德韦杰夫在下一届选举中同台竞争。

"这是个有意思的问题"总理回答说，"尼古拉，您记得，2008年我们怎么竞争了？"

"没有，因为您没有竞争。"

"这不，2012年我们也不会竞争。"

随后，他说了一句著名的话"我们将达成协议"，人们对此的诠释各不相同。然后他确认说：

"我们将根据国内局势，到时候看国内局势怎么样，根据我们的个人计划和统一俄罗斯党的情况达成协议，不要忘记，我是这个党的领袖。"

应该说，"我们将达成协议"这句话立刻引起暴风雪般的批评。这种情况下，这不能被视为一般的解释：因为总统是政党推选出来的，那么，毫无疑问，党的领袖是非常重要的。事情经常是这样，归根结底，任何猜测都要依据对现实生活的理解。然而，在这种情况下，挑选的措辞还不是最糟糕的。显然，明白了自己所说的话有漏洞，普京继续辩白，但是，在我们看来还是不太奏效。

"我们看一下英国。那里首相汤尼·布莱尔曾当政，然后与自己的接班人布朗达成协议，没有举行任何选举，一个人就取代了另一个人。我与梅德韦杰夫坐下来可以达成协议。我们是观点相近的人，我们是流着同样血液的人。"

出席会见者中，有人注意到，未必能够把布莱尔和布朗称作流着同样血液的人。

"我指的不是这个"，普京确认道："我想说的是，在英国，没有经过选民认可，他们就达到了目的。所以，我们不会竞争，我们要达成协议。"

后来，坐在普京对面的人们说，他看起来不满意自己的回答，这个回答没有考虑任何选民，没有考虑任何政治斗争，没有考虑任何政治进程。普京对后两个问题回答得很机械，紧握拳头，看着兹洛宾，显然在继续分析前面所说的话。他十分明白，会议结束后，所有信息马上就会被记者们"攒在一起抖出去"，事情真的这样发生了。

其实，拿布莱尔和布朗来做例子是不恰当的，因为，这种改变发生在一个党的框架内。布莱尔确实没有成为布朗执政时的"灰衣主教"，他退得很彻底。而且，在大部分英国人眼里，布朗看起来不太合法，因为没有经过选举他就上台了，正因如此，面临着提前选举问题，以便使布朗重新当选，获得更大的合法性。至于梅德韦杰夫，正如普京所说，由于彼此熟悉而当了俄罗斯的总统——正如我们已经谈过的那样，在我们已经提到的体制框架内，在一个圈子里进行任命，其合法性毫无疑问是不够的。

普京所做的这个很典型的回答成了世界一周内热炒的对象。一些人把此视为俄罗斯总理有野心和他2012年还要参加总统大选的明证。其他人把此看做暗示说，普京还是国家的实际领袖，梅德韦杰夫还不得不与他达成协议。而且，在这种情况下提到统一俄罗斯党，听起来带着威胁的口吻，因为梅德韦杰夫不是这个党的党员。关于政府拥有大量权力之说，也不是信口开河。甚至从法律观点看，梅德韦杰夫总统——

这已经不是普京时期的总统,因为在重新划分职权范围时,许多东西事实上已经从总统的权限中流失了。

我们已经提到,梅德韦杰夫的合法性不够,这里还要补充的是,他没有被接纳为国家领袖,他现在试图拼命地摆脱这种窘境。弗拉基米尔·普京2000年上台之时,尽管有这样那样的不足,但他毕竟还是走遍全国,与退休的人们交谈,履行了纲领中的某些承诺,与久加诺夫进行了斗争,做了姿态,参加了集会,在电视上发表演说,即还是摆出了进行某种竞选活动的样子。所有其余的人,包括梅德韦杰夫,都被扮演着类似火车头角色的普京吸纳到权力之中。

德米特里·梅德韦杰夫本人的总统竞选活动甚至不及普京当年竞选的零头——大家都记得,2008年,德米特里·梅德韦杰夫请了一天假去从事竞选活动,他拒绝举行辩论和在公众面前竞争,在克拉斯诺亚尔斯克发表了唯一一次演讲,这也不妨碍他在第一轮就令人信服地获胜。现在,普京总理的一席回答不仅没有增添俄罗斯总统的合法性,而且还事先透露了一点2012年选举的信息,透露了他自己和梅德韦杰夫在其中的角色。

无论如何,按普京的风格来说,回答是出人意料的,轻一点说,是言不由衷的,对其所做的评价基本上是负面的。同时,十分可能,普京的回答并不包涵着特殊的解读——里面有不少健康的犬儒主义特有的元素。看来,弗拉基米尔·普京已经很大程度上自信满满,很少注意到用词的色彩。

因为大家都还对我从普京那里拿到便条的事记忆犹新,便条上说,他将不参加第三任期选举,公众也期待对德米特里·梅德韦杰夫提出类似的问题。而且有人直接暗示说,梅德韦杰夫正想听到这个问题。按照尼古拉·兹洛宾的话，他不想重复自己说过的话——第一，当有人向你指示该问什么的时候，这让人不愉快。第二，如果人家事先已经准备好了，干嘛还要问。所以，向梅德韦杰夫提问题用的措辞就有所不同。

"德米特里·阿纳托里耶维奇（梅德韦杰夫），"当轮到兹洛宾时，他说，"您写了一篇出色的文章。我向您表示祝贺，我只会对您予以支持，文章里有许多好的想法。也许，这些想法还不很具体，但是，就我理解，这多半是政治声明，政治宣言。"

梅德韦杰夫点头作为回答。显然，对他来说，重要的是听到瓦尔代论坛的成员对文章表示赞同。顺便说说，这表明，梅德韦杰夫还没有"长大成年"，——他的确认为，别人对他的看法很重要，而普京则不同，他对别人的看法早已不太在意，因为他十分清楚所有溢美之词的代价。

"这样"，兹洛宾继续说，"我对您文章中特别感兴趣的东西是，您呼吁人们围绕着您联合起来，不仅联合赞同您看法的人，而且联合不赞同您的看法但想改变俄罗斯的人。至少，最近一百年来，没有一个俄罗斯政治领袖人物建议持赞同和不赞同意见的人联合起来，我指的是十月革命以后的局势。当时实行的规则是'谁不和我们在一起，谁就是反对我们'的人，只有表示赞同的人联合起来。但是产生的问题是：您呼吁人们联合在您周围，加入您作为领袖的队伍，跟着您走的这批人信任您，追随您，做他们的领袖，您实际上做好准备了吗？过两年，您是否会抛弃他们，出卖他们？您有没有准备好当领袖，带领人们勇往直前？我认为，这样的人不少。"

从梅德韦杰夫的脸上看出,他试图分析问题的实质,弄明白什么时候最终会提到2012年。他做了这样的回答,似乎是有备而来。

"我明白,不提到这个问题,我们的会见是不完整的。迦太基城①应该被毁灭,关于梅德韦杰夫或者普京谁更重要的问题,应该得到答案。你们感兴趣的问题是,2012年我会不会参加选举"。

问题没有这样明确提出来,但梅德韦杰夫本人这样确定了。然后,他还是回到了对话开始的问题。

"第一,我是个始终不渝的人,如果着手干某件事,那么就一定要进行到底。"

随后,总统还说了几句话,意思是他确实想成为领袖,带领着人们前进,他继续说:

"至于我个人的命运,这里我不会做出猜想。还在不久之前,我没有当总统的计划,这不,出人意料地当了总统。"

然后他说了一句让所有参加会见的人都能够记起来的话:

"在某个阶段是,弗拉基米尔·弗拉基米洛维奇(普京)支持了我。"然后他说:"我自己将规划自己的命运,我不能对自己的命运无动于衷。"

这个回答也在全世界引起了许多争论。它基本上被视为企图与普京的那句"坐下来达成协议"的话保持距离,暗示

---

① 公元前825年由腓尼基人建立。公元前3世纪初,成为地中海的强大国家,首都位于迦太基。公元前146年被罗马人所灭。遗址位于今天的突尼斯,1979年被列入世界遗产名录。——译者注

了保持政治上的独立性。当时还谈到了普京那句著名的"流着同样血的人"的话，梅德韦杰夫甚至还回忆起崔姓歌手的"袖口上的血型"歌曲里的歌词，说他不知道普京总理是什么血型。"普京总理"这个词语组合也听起来有点新的意味，因为德米特里·梅德韦杰夫还没有这样说过。

"我责成去打听一下，他是什么血型，与我自己的血型做个比较，然后向你们通报。"梅德韦杰夫说完后又确认说，"当然，我们政治上相近，但是我还是不明白，'流着同样的血'意味着什么。"

此前不久，在自己生日前，总统在亚罗斯拉夫尔与记者们交流时，表达了几个让人感兴趣的想法。在继续回答尼古拉·兹洛宾的问题时，他说，确实可以说有"梅德韦杰夫计划"，他发表的文章和在亚罗斯拉夫尔的演讲，2009年11月向联邦会议发表的期待已久的国情咨文，完全可以成为这个计划的元素。德米特里·梅德韦杰夫还指出，在向联邦会议发表的咨文中，计划对这篇文章的主要思想加以发挥，把它阐述得更加具体。

如果对俄罗斯总统所有的这些话、他的语调和用词做个分析，那么，说他不知道"流着同样的血"是什么意思，是说他要独立自主地决定自己的命运，只要愿意，去看看其独立自主的基础——没有人会相信他能够打磨好建设这种基础的政治技巧。在回答另一个问题时，梅德韦杰夫又说了让人感兴趣的一句话："我与普京之间当然有差别，因为政府和总理的任务是，走出危机。而我作为总统，应该考虑俄罗斯的未来。"

但是，引起人们关注的是：在瓦尔代论坛上与外国专家会见后，过了两个小时，德米特里·梅德韦杰夫接受了CNN的采访，其中也提到了2012年的问题。在回答这个问题时，总统说："是的，我与普京是流着同样的血液的人。"即在这两个小时里，有人向他解释，普京这句话指的是什么。可能，这个措辞的改变没有任何政治意义，然而对于那些以分析俄罗斯现实生活为职业的人来说，这些说法代表的意思是不一样的。

有意思的是——在会议上，产生的明显感觉是，普京和梅德韦杰夫想让大家向他们提问2012年问题。不提这样的问题，显然让他们感觉不自在，看得出，他们也在思考这个问题，他们需要谈这方面内容。这是原则性的问题，以前人们害怕或者没有准备好提这个问题，但这个问题掀开了俄罗斯政治史的新篇章，因为人民开始认真地谈论即将到来的选举，在2009年9月之前，在俄罗斯的政治精英中就开始讨论这方面内容了。

出现了以《普京会回来吗？》为标题的文章，大家都在猜测，他会不会成为第二个勃列日涅夫。梅德韦杰夫会不会寻求连任，他是不是独立自主的政治家。在自己执政不到一年的时候，梅德韦杰夫无论如何都不能证明，他是独立自主的政治家，也许，2009年瓦尔代论坛后，他会出现这种可能性。他至少用自己的回答来提醒人们，应把他视为独立于普京总理的政治家。

2012年局势发展的几种可能

论坛之后，本书作者与弗拉基米尔·普京和德米特里·梅德韦杰夫身边的人、俄罗斯的高官、总统办公厅的工作人员们进行过多次谈话。他们对两人回答的解读各不相同，建议不应该忘记，梅德韦杰夫并不像人们想象得那样简单，他是非常执着、聪明的人，既有自己的思想，也有自己对局势的看法，他的野心已经苏醒。毫无疑问，这是积极的现象，纵然梅德韦杰夫和普京的内部竞争难以成为公开分析的对象，但这对俄罗斯的政治体制仍然是有利的，因为任何垄断都是走向错误的捷径。

垄断者无论多么聪明，但如果不受反对派的批评，他肯定要犯错误。所以，梅德韦杰夫用自己的回答使部分政治精英做出考量，以便把赌注押在他身上。他年轻，到2015年他才满50岁，即他还可以长久地在俄罗斯政坛上发挥积极作用，何况他还有很好的思想。

在德米特里·梅德韦杰夫身上感觉到类似于英语中的momentum这个词，意思是冲劲，这种冲劲是在正确的时间和正确的方向上产生的。正如人们所说的那样，他掀起了波浪。大洋会平静下来，那时普京将恢复对权力的垄断，当然这也不取决于他本人。然而，这个波浪即使不会变成海啸，那么至少可以改变俄罗斯政治体制的轮廓。所以，2012年问题是极其重要的。重要的是，梅德韦杰夫总统是否准备好了实施他在文章中所写的东西，是否准备好了作为领袖实施他本人所形成的思想，把前任国家总统推到后排，当然，没有这个人他也当不了总统。

这样，我们认为，2012年局势发展存在几个脚本。第一个脚本：德米特里·梅德韦杰夫参加总统选举。第二个脚本：弗拉基米尔·普京参加总统选举。第三个脚本：两人联袂参加选举。第四个脚本：两人都参加选举，但不是共同参加，即他们之间在选票上有竞争。第五个脚本：两人都去参加选举，但是某个第三者获胜。

这样一来，根据俄罗斯目前的选举体制看，只有政党代表或政党才能推荐候选人。这个人不一定是该党党员，但是政党应该在选举中支持其所推出的候选人。由于弗拉基米尔·普京无论从事实上还是法律上都是统一俄罗斯党的领袖，在这种情况下，梅德韦杰夫如果要去参选，就如同普京所说，他们应该坐下来"达成协议"。这要有党内初选，在政党内部举行，事情多半不会走到这一步。因为试图以某种形式解决普京和梅德韦杰夫的竞争问题，把竞争带到选举中去，这无论对谁都没有好处。

如果在撰写本书的时刻对局势做出分析，那么可以说，弗拉基米尔·普京是非常受欢迎的政治家。是的，他不能不受欢迎，因为在总统职位上，他整整干了八年，那时石油价格飞涨，国家第一次履行了自己的社会责任，尽管履行的是部分责任。此外，普京还出现在各种媒体上，他拥有无与伦比的幽默感，而且不止一次展示这种才能。所以，今天可以准确地说，普京大大地丰富了俄罗斯的政治词汇，他用了许多形象的说法，这是梅德韦杰夫所没有的。

最后，弗拉基米尔·弗拉基米洛维奇·普京毫无疑问是非常天才的政治家，他拥有领袖的实际天资。尽管大家都对他的活动采取批评态度，但是有一点不能不承认，要在政治上战胜他是非常困难的，更不用说他手里集中了行政资源。

此外，由于弗拉基米尔·普京一开始就选择了更加大众化的信息工具，他赢得了公众的精神和心灵。他只信任电视。梅德韦杰夫试图通过互联网出版物面对民众，结果是，只有为数不多的人阅读了他的文章，实际上谁也不看总统的视频博客——要知道，在博客上，他对斯大林所进行的镇压曾做出极其重要的评价。这样，甚至在普京和梅德韦杰夫向民众发出呼吁后，对民众给予的支持率做个比较，可以看出，就这个指标而言，迄今为止，弗拉基米尔·普京依然占优势。德米特里·梅德韦杰夫在传统平台上难以与自己的前任竞争，所以，完全可以理解他运用新媒体的尝试，而在新媒体上则看不到普京。这是正确的战略步骤。

在这个阶段，梅德韦杰夫可能出现的一个的策略错误，就是他在互联网上搞视频博客。在此之前，大多数俄罗斯用户即使从网上下载图片都成问题，更不用说看视频了，由于网速太慢和互联网接入价格太贵，总统的呼吁书就会与公众失之交臂。在这个意义上，一般的文字博客要更加有效一些。

这再次证明我们已经说过的：如果说普京凭内心感知理解自己的选民，那么德米特里·梅德韦杰夫则把自己想象成为首都的某种雅皮士——年轻，爱冲动，拿着高工资，爬在互联网不下来，练瑜伽，高学历——当然，最理想的是拿着圣彼得堡大学法律系的文凭。然而，目前这种理想的着眼点正好是那个从来不去参加选举的社会阶层，由于一系列人口方面的原因，这个阶层只会减少。

显然，弗拉基米尔·普京甚至不需要为可能出现的竞争担心，因为在现行选举制度下，他获胜的机会更大。然而，不应该忘记，在俄罗斯，受欢迎度是个变幻莫测的东西。1991年，鲍里斯·尼古拉耶维奇·叶利钦非常受欢迎，但这并没有妨碍他几年以后艰难地拿到2%的支持率。目前，还看不到对总理的支持率急剧下降的前提，然而，政治局势的严重恶化多半也会对他造成影响。目前，经济没有萎缩表明，普京总理的支持率不应该急剧地下跌。但这同样意味着，对梅德韦杰夫总统的支持率提升的可能性不那么大。

对弗拉基米尔·普京的支持率理论上的下跌绝不意味着对梅德韦杰夫的支持率会自动提升。多半的情况是，这是个相互关联的过程，德米特里·梅德韦杰夫的支持率可以随弗拉基米尔·普京的支持率一起下跌。那样，将会出现某种新的脚本。

梅德韦杰夫对弗拉基米尔·普京给予直接批评的可能性不大。如果给予批评，那么这种事实可能会导致梅德韦杰夫本人的支持率出人意料地下跌，因为对于部分俄罗斯人来说，梅德韦杰夫正是普京拔擢起来的，他本人暂且还没有取得任何成就。没有普京总统就不会有梅德韦杰夫总统，无论如何情况不是相反。所以，这样的批评看起来是不遵守条件，违背俄罗斯的传统，是学生对老师不尊敬的体现，是接班人对把他带到权力顶峰的人的不敬。在美国，这被称为"酸葡萄"效应。而俄罗斯民族心理特质完全不允许以这种行为来为自己挣分。

然而，弗拉基米尔·普京在2012年依然想领导俄罗斯还不是事实。况且，他已经当过八年总统，这个阶段已经过去。

他确实曾一度对继续担任总理，或是总统职务都不感兴趣。十分可能的是，由于在国内外的知名度，他完全可以选择另一个有前景的工作，例如，领导某个国际组织。当然，这个脚本现在看起来相当奇特。然而，生活有时比最强大的想象力更出人意料。譬如说，俄罗斯的公民谁都没有担任过联合国的领导人，因为联合国宪章形式上对此做了限制，但是不应该忘记创立和领导某一个同等大小组织的可能性。况且，目前越来越多地谈论联合国的无所作为。另一种可能性是，这个平行的组织绝对不是西方创立的，而是由东方，作为与东南亚和太平洋地区国家友好的成果而产生的。

问题在于，在目前的国际法现状下，严格说来，国际组织领导人的权力不大。然而，在这种情况下，关键的问题是走上国际舞台——将为以后的活动开辟广阔的天地。还可能创立某个超国家机构，例如，在目前行将解体的独联体基础上创立某个机构，要知道，一个组织的消亡意味着另一个的诞生。不能排除，到2012年，经过多次讨论的俄罗斯、哈萨克斯坦和白俄罗斯联盟看起来将更加现实。

显然，我们处于世界结构进行重大变革之际。可以深信不疑的是，很快将建立起新的国际机构，这些机构正好需要全然不同的政治家。毫无疑问，弗拉基米尔·普京比其他许许多多政治家更适合这样的角色。还有一个有趣的方案：创立一个国际油气联合体，其他天然气出口国加入联盟，由普京领导该组织。这里的关键词是"国际"，重要的是弄明白，这种情况下，该组织的活动范围不是搞生意，而是搞政治，毫无疑问，弗拉基米尔·普京本人对此更感兴趣。

弗拉基米尔·普京决定不参加2012年总统大选的第二个

原因可能是，许多人把类似步骤视为玩弄德米特里·梅德韦杰夫，耍弄总统职位。另一方面，在这个问题上，社会舆论未必能够对普京起到什么显著的作用。然而，休息四年后，再次被推举竞选总统，这看起来绝对是自然的，这里甚至保持了对宪法的尊重。

此外，梅德韦杰夫总统也为自己的离去留下了后门，他说，"我们会看一下，届时谁的支持率更高，"——而且这意味着十分具有人情味的解释：怎么办呢，弗拉基米尔·普京现在更受欢迎，我得给他让路。然而，真还不能马上就想起俄罗斯的政治家离开了某个职位后然后又回来的先例。至少，在俄罗斯的历史记忆中，从来没有过这种事情。

同时对弗拉基米尔·普京的班子的命运做个分析是有意义的事。2005年，本书的一位作者曾从普京那里拿到一张便条，上面说，他将不去竞选第三个总统任期。部分问题在于，在西方的政治学家看来，普京总统不会离开自己的班子，这个班子还会以这样那样的方式促使他竞选第三任。对此，普京的回答大致是这样："如果谁想选举，那就让他去选吧。俄罗斯有民主。我能够为自己找到留在俄罗斯政坛的方式。我希望这是国家实现稳定的一个因素。如果谁有政治野心，那就让他独立自主地去展现吧。"

另一方面，把2005年的局势推演到2012年未必合乎逻辑。要知道，如果在普京担任总理期间局势不稳，在这种情况下，他还要再干一个总统任期，以便把他的朋友们整合起来，这种看法是幼稚可笑的。然而，四年的时间用来整合已经绰绰有余。现在未必可以说，普京的一小部分朋友会认真地与梅德韦杰夫的不大的班子进行争夺。尽管精英们力图捞取更多好处，目前，这种危险已经过去了。而且，现在还有许多人在活动，想以这种或那种方式进入两个班子。在某种程度上可以说，俄罗斯整体存在一个大的政治班子：普京—梅德韦杰夫班子。

归根结底，现在既定的局势不会导致两头政治或三头政治。例如，我们上面已经写过，在许多地区，显然需要更换领导人。在某些地方，这与地方领导人的年龄有关，某些地方则与糟糕的经济和社会指标有关。但是问题并不在于，把谁拿掉，而是在于任命谁。这是俄罗斯各个部门和地区面临的永恒问题，由于实行垂直权力体制，这些问题更加尖锐。第一，把一个人从权力位置拿掉后，他的接班人能够很快地进入角色，这没有任何保证；第二，被拿掉的那个人不一定比取代他的那个人更糟。例如民间如此仇视卫生部长米哈伊尔·祖拉博夫，然而，取代他的塔季扬娜·戈里科娃——也许，她是个出色的专业人士，但要让社会领域出现某种重大改善，而且使社会舆论变得友善，她也未必能够取得这种成就。

把政治家拿掉——会好一些吗？不会，过去不会，将来也不会。因为，还是从体制性观点看，俄罗斯政府信奉的观念与现实生活没有任何关系。不能准确知道应该射中的靶子的人，注定每次射击都会偏离目标。

我们再次提到，四个多月都难以决定莫斯科警察局领导人的命运，这不是偶然的。人们经常谈论莫斯科市长和莫斯科州州长要辞职，实际上预测得并不正确，这也不是偶然的。该谈论的不是什么时候和为什么要撤换尤里·卢日科夫或鲍里斯·格洛莫夫，而是做决定的那些人在谁应该占据所腾出位子的问题上彼此达成协议。要对接班的人能够控制局势并保证提出的所有要求得到深信不疑的落实,这是复杂的事。

归根结底,所有这些都酝酿着人民与权力脱节和权力与人民脱节的重大问题,因此,如果不对抗议情绪的不断增长予以及时监控,那么,这将导致人民的愤怒情绪难以估量地增长,一旦爆发出来将变得难以控制。当然,为了达到这个目的,应该出现某个引领型的代言人,然而,正如人类历史证明的那样,神圣的地方不会出现空位,只要有这种情绪,其代言人就会被找到,或者由群众自己推出来。相信电视拥有战无不胜的力量的当代领导人注定会垮台。因为,无论多么悖谬,真正的领导人经常是逆着电视而不是依赖电视节目出名和得到欢迎的。当然,借助于被阉割的俄罗斯电视节目,可以对许多事保持沉默,但是,如果局势激化到孔多伯格市事件①那样的程度,自然就难以沉默。

考虑到俄罗斯社会存在着许多断层线,总统受欢迎程度客观上不够高,在传统的斯拉夫俄罗斯社会传统中,大牧首在其中的作用毫无疑问会增长。可以说,随着时间的推移,权力威望的中心可能会从世俗领域转移到精神领域,引发俄罗斯社会部分东正教教会的极端化和传统派情绪的增长,与之遥相呼应的是,穆斯林团体将出现咄咄逼人的情绪,这将导致十分难以预料的后果。

回眸一下,甚至现在没有失宠、而多半被媒体雪藏起来但仍非常卓越的那些领导人,诸如,俄罗斯伊斯兰委员会主

---

① 俄罗斯卡累利阿芬兰自治共和国的一个城市,2006年在那里爆发了族际骚乱。——译者注

席盖达尔·杰马里或民族主义者的领导人们，可以深信不疑地说，他们正等待时机东山再起。而那些以挑衅性的观点和言论名声大噪的公民，他们同依附于反对非法移民运动及其他非法组织的各种各样的活动家一样，都不可小觑。而且，作家和反对派爱德华·里蒙诺夫尽管因为狂热的戏剧性表现，其雄辩和情绪总是难以吸引众多拥护者，然而，在广场组织一场简单和随意的活动，完全可以吸引相当多的人去犯一次非常不幸的错误——出现小规模的局部屠杀，由此也会转变成大规模的全国性大屠杀，一旦出现，要制止住是极其艰难的事情。

目前，克里姆林宫精英的某些代表们有个奇怪的信念，认为依据官方民意调查的结果，国内两个最受欢迎的人之间可以无休止地操弄权力。但该信念是极其错误的，因为任何权力都应该依靠几个元素，最好能够同时全部依靠：自身的合法性；社会上的广泛支持；精英和国家商业团体的支持；拥有经济实力直到其拥护者直接提供财政资助的可能性；警察的刺刀，这意味着既要为这类执法机关建立财政基础，也要建立意识形态基础；如同得到警察的支持一样，也要得到军队的支持，现在还没有获得它们的支持，还有一系列其他因素。应该明确地知道，任何一个青年运动都难以担当起合法性保障的职能，譬如说，承担现实的警察队伍角色，因为在这种情况下，青年运动应该依靠人民群众最广泛的支持，而群众准备为拯救自己的领袖做出牺牲。

目前，尽管其中的上述任何一个元素都未遭到完全毁坏，但它们看起来并不如此稳定，难以对其充满信心。这意味着，事态发展的一个可能脚本是，出现一些全新的杰出领袖，嵌入梅普组合已经形成的裂痕，即出现某个第三人，他更加激进，胃口更大，他对部分民众具有更大的吸引力，他有自己的官僚队伍，自己的企业家。而且一开始，正如我们已经讲过的，由于身边的精英们争夺利益，自觉或不自觉地犯了过错，梅普组合的分歧可能发展。下一步就是运用政治技巧的问题了——如何挑起冲突，使局势变得难以逆转。

这可能对俄罗斯产生最严重的后果。老精英和新精英的代表们之间燃起战火。当然，总是希望选举中不再运用传统技巧，但是，如果支持率保持在一定水平，这种技巧将失灵。更可怕的是——国内权力交接问题超出法律框架，有时将越出俄罗斯国界。自然，俄罗斯的命运不能由国外决定。

企图对现行梅普组合的某一成员进行诋毁实际上就意味着对这个组合的伙伴的诋毁，因为不可能想象普京是民主派，梅德韦杰夫是顽固守旧分子，或者普京是守旧分子，梅德韦杰夫是民主派。任何贴标签的企图都没有意义——这些人在一起工作了许多年，他们是作为统一的班子经过了许多职业生涯台阶上来的。

显然，梅德韦杰夫总统从普京那里吸收了不少营养。现在把他们撕裂成不可调和的集团的企图不仅注定要失败，而且从纯粹的游说技巧方面看也不会成功，梅德韦杰夫曾作为普京总统的下属，普京的任何一次公开行动，都有他的参与，对此不应该忘记。德米特里·阿纳托里耶维奇·梅德韦杰夫任何一次都没有说过他不同意自己当时上司的工作态度和方式——无论在那个时代最典型的尤科斯案件上，还是在没有引起太大社会共鸣的其他案件上，这对卷入其中的人们是极其重要的。

◎ 第九章 未雨绸缪

　　一个经常讨论的选项是——弗拉基米尔·普京会不会作为统一俄罗斯党的领袖领导国家杜马。我们认为这种可能性不大，要考虑到，对于很有个性的普京来说，他对此不感兴趣。根据各种可能性看，在普京本人做出担任总理的决定之前，已经讨论过这个步骤。一方面，杜马是通过预算和分配资金的机构，另一方面，弗拉基米尔·普京形式上去领导杜马，这对他没有任何意义，因为他是多数党的领袖。

　　这样，在这种局势下，当普京决定不去竞选总统，他还有哪些可能性呢？他可以继续留在总理职位上，譬如说，他还可以扮演中国卓越的政治家邓小平那样的角色，即领导一个超机构的组织，甚至也可以不这样做，因为他是俄罗斯最权威的政治大佬，在国内广受欢迎。弗拉基米尔·普京还可以一如既往地领导最大的政党，从这个位置去观察所发生的事情。换句话说，他可以从事社会活动，或者从事重大的外交工作。

　　可以推测，没有某种形式上的头衔，对弗拉基米尔·普京来说是难以接受的。熟悉他的性格就可以做出推测，设立类似于新加坡首任总理和新加坡经济奇迹之父李光耀的职位——内阁资政，这个职位与他的心理上最接近。不能排除，为此目的可以建立一个特别的超议会组织，把联邦委员会和国家杜马联合起来，由弗拉基米尔·普京出任领导。对各种脚本逐一进行排查需要很多时间。普京的主要特点是，在俄罗斯，他的行为方式就是这块土地的主人，无论他走到这块土地的任何地方，如果那里没有适合自己的条件，那就创造出这样的条件。而在世界上，前总统当了总理，这种情况多吗？

反对派有可能联合起来

　　回到国际组织方面的内容，我们看到，弗拉基米尔·普京在全球舞台上的名声，说轻点，评价是各不相同的。西方许多人把普京视为已经被边缘化的政治家。同时，欧洲不少精英，尤其是法国、意大利和德国的精英，对他是尊敬的。根据普京在慕尼黑讲话后所做的民意调查，他比德国或美国的领袖更受欢迎。因此，他能够与其他国家的领导人建立良好的私人关系，而且俄罗斯与意大利、中国和德国建立了体制性的国家间关系。

　　政治家的受欢迎程度，其影响力并不总是与合法性或某种局势下作为领袖的愿望吻合，这完全是另外一回事。譬如说，菲德尔·卡斯特罗不止一次赢得了国际声誉，但是未必会有人真心相信他是有影响的国际级人物。根据所有民意调查，约瑟夫·斯大林一度是最有影响的政治家，然而，譬如说，他在西方政治精英眼里，并不具有合法性。

　　弗拉基米尔·普京在调解局势冲突——很大程度上多亏俄罗斯的立场，伊拉克战争没有马上开始——这有他的某些功劳。顺便提一下，就如同目前美国政治家一样，谁也没有体面结束国际冲突的经验；所以，阿富汗战争没有结束，伊拉克的爆炸声依旧，只要美国手里拿着枪说话，阿拉伯世界就不会刻意与美国进行对话。

　　形成了不太有人想与美国对话的局面，美国被视为不能履行自己任何一个倡议的警察。的确，外国政治家排队在白

◎ 第九章 未雨绸缪

宫外面请求美国援助，但是这不意味着，只要巴拉克·奥巴马愿意，他就可以领导国际组织。例如，汤尼·布莱尔也没有实现这个愿望。美国的政治家一般不着急去领导国际机构，除非他们认为，这个组织的作用绝对是捍卫美国的国家利益，这又是另外一回事。

可以回忆起近年来的几个例子：伊朗领导人来到莫斯科，出席上海合作组织在叶卡捷琳堡举行的峰会，而且还呼吁帮助调解冲突，北朝鲜领导人经常与俄罗斯领导人会谈，以色列领导人和巴勒斯坦领袖定期来俄罗斯进行单独谈判。当然，远不是所有努力都能获得成功。然而，正是在普京任内，俄罗斯赢得了全新的国际地位。提请注意一下：没有俄罗斯的参与，许多重要决议都不能够长久保持。可以想一想北朝鲜或伊朗的情况。

客观地说，一个全球性的问题是，当今世界，除了出生在大国的政治活动家，享有世界级尊敬的政治家还不是很多。发展中国家没有向我们提供一名大家都倾听其意见的领袖。权威的国际组织是限制美国的自然和良好的因素——我们已经说过，就个性和素质来看，普京是这类组织领导人的合适候选人。美国任何政治家都确信，与鲍里斯·叶利钦不同，普京是非常强硬和有力的谈判对手，无论他与谁会谈，都不会轻易做出让步。我们再说一下，普京本人对走上国际舞台似乎兴趣不大，这意味着他完全放弃了捍卫本人的利益、俄罗斯民族利益或完全放弃参与俄罗斯国内政治的可能性，这又是另外一回事。

现在我们回到第二个选项。我们做个推测，弗拉基米尔·普京参加选举。那么，显然，德米特里·梅德韦杰夫没有任何可能性——他或者占据普京给他腾出的位置，或者完全离开政治舞台。为什么？因为，我们之前已经说过，普京总理的社会基础是如此广泛，他如此受到人们的欢迎，他如此与群众的意志融合在一起，梅德韦杰夫不可能直接同他对抗。

此外，还有纯粹的技术优势。梅德韦杰夫为了与普京同时被推举为候选人，必须找到一个支持他的政党，但不可能由统一俄罗斯党同时推举。同时，无论如何，有资格推举候选人的政党不应是边缘化的政党，而是群众性政党。甚至都难以假设性地提到民主反对派，因为遗憾的是，国内完全没有这样的政党。此外，从德米特里·梅德韦杰夫与商界代表交往时的派头可以看出，他们也没有准备大规模地支持他。

当然，公正俄罗斯党表面上乐于并准备支持梅德韦杰夫总统，但是，让公正俄罗斯党与统一俄罗斯党直接对立是不可能的。此外，如果公正俄罗斯党支持梅德韦杰夫，那么事实上就得直接担当起他执政期间所有的不足和缺点，而留给统一俄罗斯党的则是与弗拉基米尔·普京个人有关的一切优点。梅德韦杰夫想逃避批评，将难以成功——在正面冲突和责任划分中，将变得很清楚，他未必会有比普京更多的成就和自豪的理由。统一俄罗斯党人的论战能力超过公正俄罗斯党的辩论能力，更不用说它的组织能力和形象了。

此外，在目前阶段，类似的划分不一定对俄罗斯有利。我们已经谈过，人民——我们现在不说它好和坏——把政治精英看成一丘之貉。获得成功的官员可以分属各种政党，将来只会对国内的多党制和社会的民主产生积极影响，然而，在最近的将来，最好摈弃这种试验。

斗转星移，当公正俄罗斯党被允许彻底批评统一俄罗斯党，而统一俄罗斯党人被禁止予以大规模回击之时，那么，这种局势会对地区官员精英们造成巨大的混乱。统一俄罗斯党表面上是地方行政长官的政党，但大批市长同时也加入了公正俄罗斯党的队伍。因为他们对此难以习惯，这将引起地区局势动荡，居民中虚无主义情绪的增长，完全不理解当官的想干什么。至少在目前阶段，中央权力机关不会允许再次犯这种错误。

当然，在现有体制内反对派中，主要的玩家将是共产党人和弗拉基米尔·日里诺夫斯基，而且在2012年，后者毫无疑问能够进行积极的竞选活动。如果最近变得明朗的趋势继续保持，纵然现在主要人物公开否认这种趋势，在不接受统一俄罗斯党的活动问题上，共产党、自由民主党和公正俄罗斯党的立场正在接近，这会引起很不愉快的局面：俄共的潜力，其出色的组织性，一批强有力的年轻人和居民的传统社会取向，再加上日里诺夫斯基狂热的政治激情与能言善辩，可能导致强大的联合体出现。尽管日里诺夫斯基把自己称为国内主要的反共人士，他一旦与共产党最强大的官僚机器联合起来，在他们既有辩才又有机构的情况下，将会产生出今天不可小觑的威龙。

普京总理会不会努力把权力和威望逐渐转移到政府，到2012年，总统的地位会不会被削弱到如此地步，已经没有从前的吸引力了呢？至少同目前的状况相比，这是极其令人怀疑的，因为法律上的所有"搬移"已经结束。而且，值得再次强调，在梅德韦杰夫执政的第一年，通过的任何一个涉及责任划分的法律，都相当大地削弱了总统的地位，形式上改变了力量配置。问题在另一个方面：俄罗斯联邦总统职位总是有吸引力的，因为总统坐在克里姆林宫。实行议会制可能会削弱总统的作用，降低吸引力，这里大家都十分明白，不可能采取这个步骤。众所周知，多年之前，企业家米哈伊尔·霍多尔科夫斯基就为俄罗斯尘封了这个方案——他正是该方案的狂热而有效的布道者。

这里还有让人好奇的另一个选项。我们推测一下，弗拉基米尔·普京不参加选举，德米特里·梅德韦杰夫由统一俄罗斯党推举参加。这种情况下，公正俄罗斯党就难以回到亲克里姆林宫政党的怀抱，发生三个反对党推举统一候选人的情况，这种可能性目前看起来不大。这会极大地改变国内力量配置，导致政党的斗争。如果弗拉基米尔·普京个人的受欢迎程度、权力、金钱和口才足以应对现在在政治舞台上活动的知名或不知名的潜在反对派，那么，把赌注押在总统候选人梅德韦杰夫—日里诺夫斯基的直接辩论的胜者身上，那就应该极其谨慎了。

必须指出，弗拉基米尔·普京当总统时，不止一次强调，2012年的选举将是政党候选人的选举。所以，德米特里·梅德韦杰夫多半不能够作为无党派候选人竞选。因此，问题是，哪个党将支持哪个候选人，这是个很值得认真玩味的问题。

统一俄罗斯党在总统的压力下通过了一个规则，按照该规则，参加辩论成为必需——而德米特里·梅德韦杰夫当选时什么活动都没有——从而实质性地削弱了自己的地位。批评总是容易的，这已经不是秘密。这是客观情况，尤其要考虑到目前的危机。对德米特里·梅德韦杰夫来说，产生出崭新而有趣的情节转换——四年前被忘记的演说能力忽然间变得炙手可热，因为毕竟不可能连续两次使用纯粹的技术手段。

总统职位的直接竞选者首推的就是演说能力。

应该意识到：尽管梅德韦杰夫总统能够娴熟而出色地使用俄语，并受过良好教育，但他的一个问题是，他绝对缺乏公开对垒的经验。目前为止，他多半是廷臣，而不是政治斗士。他执政头两年的行为表明，他经常感觉不到听众的情绪，不能燃起他们的激情。也许，就做出反应的速度，对人民期待的理解方面，他还远不是有经验和天才的政治演说家，诸如弗拉基米尔·日里诺夫斯基，根纳季·久加诺夫或者是谢尔盖·米罗诺夫的对手。

还有一个2012年的选项，在这个选项里，俄罗斯的两个主要政治家——德米特里·梅德韦杰夫和弗拉基米尔·普京联袂参加选举。为此，例如，只要回到鲍里斯·叶利钦时代一度存在的权力结构就够了，即重新设置副总统职位。我们记得，在副总统亚历山大·鲁茨科伊实质上领导了试图推翻鲍里斯·叶利钦总统的政变后，这个职位就被撤销了。

撤销副总统职位没有重大的政治意义，相反，这个步骤只是加快了宪法赋予总统一长制权力的步伐。当然，为了恢复这个权力单元，还必须修改一次宪法——况且，在目前的杜马里，这不是问题。普京和梅德韦杰夫的这种新联袂组合将有两个构架，这取决于谁为主谁为次。理论上，这为该双头政治组合提供了相当多的可能性，使这两个政治家长期领导国家，并及时地更换位置。如果严肃地说，2012年，这个选项的概率是十分大的，而且，对俄罗斯部分当权者来说，这甚至是理想的方案。

我们已经在本书中提到过多次，1999①年秋莫斯科市杜马选举表明，局势已经发展到了难以指望中央选举委员会和弗拉基米尔·丘罗夫②本人的地步。因为2012年总统选举的特点将是，至少从计票的角度看，不得不进行比较诚实的选举，否则，就会出现颜色革命。毫无疑问，在2012年总统选举前夕，首都市长的作用将大为增加。应该指出，已经不可能再拖延这个职位的任命，应该做出决定了。尤里·卢日科夫77岁了还在继续领导莫斯科，看起来，要撤换他是比较复杂的事，但总统毕竟还这么年轻，迟早必须做出决定。

莫斯科的选举证明了一件事情：共产党、公正俄罗斯党和自民党实际上可以轻松地联合起来对抗统一俄罗斯党，因为它们都遭受到政权党合法造成的委屈。任何因素都可能带来委屈，但这将被这些政党视为政治上缺乏公正。

十分遗憾的是，民主派不能在2012年推举统一候选人，显然，过去20年间，它们也没能够这样做。公正俄罗斯党、自民党、俄共实际上能够支持一名统一候选人去同德米特里·梅德韦杰夫辩论，尽管它们为此不得不彼此做出巨大让步。我们已经确信，各个政党的代表们已经证明了可以有效地共同工作的可能性，当时，在叶夫盖尼·普里马科夫领导下，俄罗斯的联合政府开始工作。当时持有各种各样观点的人进入了政府，然而，不能不指出，那时内阁运作是非常顺畅的。而且，在世界许多国家，从根本上来看，这是正常情况。

我们要解释一下，我们为什么要在这里讨论改变中央选

---

① 应该为2009。——译者注
② 俄罗斯中央选举委员会主席。——译者注

举委员会的作用和改变首都市长的问题。第一，因为对参加选举必要性的认识在国内开始增长，2012年，这种认识可能达到某个高峰。显然，投票率越高，所谓的选举技巧就越难以有用武之地。特别需要更加隐晦地使用行政资源。同样，莫斯科市长的作用也在增长，谁占据莫斯科市长要职，谁就会在不小程度上决定怎样来进行选举，决定选举的合法性和得到承认。如果莫斯科市长从法律上和事实上支持其中一位候选人，他就不会允许任何颜色革命①的图谋。如果不是这样，那么局势发生任何变化都有可能。

可以感觉到，已经举行的市政选举巩固了莫斯科市长尤里·卢日科夫的地位，然而一切并非如此简单。我们清楚地看到，不合规矩和不体面的选举会导致反对派的联合和人们不满情绪的巨大增长，这是当局根本不需要的结果。因为可以预期，当局最终还是不满意——要知道，人民群众认为合法的结果才是好的。只要社会上发生抗议活动，那就产生问题——当初为什么要这样做？

俄罗斯社会对选举缺乏透明已经厌倦。所有政治领袖都在操弄这个内容，其中包括目前还没有浮出水面的政党领导人。这里应该十分清楚，"纳什"、"青年近卫军"及其组织，过几年不仅会成气候，而且开始强迫人们接受自己对政治的理解。由于他们缺乏个性鲜明的领导人，不排除他们试图像对待资源一样为自己讨价还价。

原则上，这些政党今天难以代表很大一部分确实想从政

---

① 我们重复一下，我们已经写过：所有革命，包括"橙色革命"，实际上毫无例外是在首都发生的。——作者注

和辨析政治、去选举和参加政治生活的青年。确切地说，这是一部分青年，他们认为，他们以这种方式就有了利用某个社会升降梯的机会。然而，这并不意味着，青年人的政党在意识形态上支持当局——这意味着，他们准备吃当局的一小块蜜饼。还不清楚，一旦遇到与他们同样年轻但更强硬并由意识形态和能力联合起来的人们同他们对抗和发生冲突，这些青年该如何行事。

迄今为止，我们分析了悄然的、温和的、可控和平静的脚本，没有考虑民族和社会冲突使局势急剧尖锐化的可能性。然而，事态发展到人民群众卷入直接冲突的可能性是完全存在的。如果到2012年选举时，国家走到政治瓦解的边缘，这首先不是对普京地位的打击，而是对梅德韦杰夫威望的打击。如果俄罗斯陷入民族主义情绪或人民与内务部尖锐冲突而形成的刑事犯罪浪潮之中，这又将是对总统的打击。在这种情况下，应该清楚，对弗拉基米尔·普京的信任也将不可避免地丧失，因为对梅普组合任何一个人的打击必然导致另一个人地位被严重削弱。当然，这些力量的作用将是不对称的，对梅德韦杰夫总统的打击比对弗拉基米尔·普京声望的影响要大，而不是相反。然而，无论如何，不能把这种局势本身视为合乎愿望的状态。

此外，加上可能出现的地区冲突和人人皆知的恐怖主义。恐怖行动在俄罗斯领土上曾得手两三起，而梅德韦杰夫对此却难以应对，这会严重破坏他的威望，将被总统的批评者在辩论中利用，作为反对他的论据，指责他不能把执法机关或国内的安全体系控制起来。而且，反对德米特里·梅德韦杰夫的人部分还可以利用目前与西方关系的改善，指控他出卖俄罗斯利益。在这种情况下，应该指出，俄罗斯人对国际生活的兴趣将急剧减弱，这只有在内部出现深刻矛盾的背景下才可能发生。对同西方关系的内容进行怒吼的兴趣减弱了，这个阶段已经过去了。

重大的潜在问题多与对经济困难的不满有关，这可能会越来越加剧能源综合体、军工综合体和职业军人的"掌舵者"们的不满情绪。显然，经济上的任何问题，特别是国防工业的问题，将对人们的情绪带来重大打击。还是不应该忘记，2012年的选举将在目前实行大规模军事改革的背景下举行，改革将对国家采购和研发机构做出改变。

军界目前局势的特点是，在这里发生的事情还没有引起媒体关注之前，局势会以原子反应般的速度成熟，数量庞大、组织精良、有职业素养并且准备去完成相应任务的人们将行动起来。所以，甚至对任何搞阴谋活动的蛛丝马迹都不应该完全掉以轻心。脚本的发展趋势可能是，温和脚本：反对梅德韦杰夫，支持普京，假定提出的口号是"弗拉基米尔·弗拉基米洛维奇（普京），请您回来，整顿秩序"；强硬脚本是：彼得堡上层被全盘否定。尽管军工综合体表面上由亲近弗拉基米尔·普京的人领导，温和地说，正是他们常常难以让人苟同的管理才能会导致企业发生危机。

此外，不应该忘记，梅德韦杰夫就纳米技术开展的运动很快会对生产传统武器的相当大部分军工综合体造成打击。在这部分军工综合体内，实际上没有高技术：许多人在生产坦克、导弹、大炮、步枪，这是巨大的工业，它与国外的联系要比与俄罗斯联系多得多，所以，任何改造它的企图都会引起该工业从业人员和将军们的严重不满，并对对外经济预算带来打击。当局势看起来相反——俄罗斯典型的逗乐选项是讲空话,而不是做事情。纳米技术多半停留在游说层面而没有取得实际成就,这对有效益的中型机械厂没有任何现实威胁,在最近的将来也看不到这种威胁。

还有一个因素:近年来,由于国家经历着又一次人口危机浪潮,大量高等院校招生不足。大学生的数量在减少,近期还在减少,研究机构面临越来越多的问题——它们需要减少教师的编制,说服政府和其他赞助者必须增加预算。在劳动力市场上,有劳动能力的青年越来越少,退休者在持续增长,国家预算中的社会负担不断增加。

众所周知,退休的人们是政治上非常活跃的人群,他们可以参加选举,可以上街,可以举行各种各样让当局厌恶的活动。到2012年,有劳动能力的青年的数量将会变得短缺起来,国家不能养活这么多数量的退休者,维持这么多的社会纲要——住宅纲要,建设道路,医疗和教育纲要等。结果,俄罗斯的社会图景开始急剧改变,上年纪的人们越来越成为社会舆论的主导。

为什么现在国家的电视节目与居民的情绪不协调,原因很简单:它主要面向年轻人。所有这些会在选举中体现出来,特别是如果进行诚实和合法选举的话。毫无疑问,俄共的作用在增强,部分非共产党知识分子转向了公正俄罗斯党,出于可以理解的原因,他们未必把自己等同于统一俄罗斯党人,这成为选举的下一个问题。

◎ 第九章　未雨绸缪

社会情绪依然复杂

　　正如我们上面已经指出的那样，2012年前，还应该考察国家的种族结构，这种结构变化得相当快，特别是在莫斯科和圣彼得堡，这并非是不重要的现象。如果考察一下全俄罗斯人民的社会种族结构变化的速度，就不能排除，在某些地区，不仅仅有"高加索民族"的公民参加选举，而且，譬如说，还有中国人。当局迟早不得不在选举中使用独出心裁的工具，来满足新莫斯科人或新彼得堡人——在种族意义上新俄罗斯人的政治利益，这些人来自前苏联各共和国。

　　种族问题公正地被视为最复杂和最具爆炸性的问题。我们记得俄罗斯目前驻北约代表德米特里·罗戈津的情况，他活跃的政治生涯就终结于在这个问题上所犯的一次错误——在罗戈津领导的祖国党的竞选活动中，推出了"清除莫斯科的垃圾"的视频小片，在小片中，领头的劳工被描画得不成体统。结果，祖国党被从选举中除名，而富有才华的政治家罗戈津在布鲁塞尔现身。

　　不管怎么样，一系列大城市的非土著居民的数量将达到极值。不应该忽视他们，因为他们不仅仅保障城市的基本需求——他们中许多人在执法机关、警察局、公共服务机构工作，如果在选举中不考虑他们的利益，他们将受到极大侮辱。现阶段的问题是爆炸性的，国家迟早要朝这个方向发展，也许，2012年，玩政治技巧的人不得不充分考虑民族因素。

　　根据各种可能性判断，可能出现的局势是，各政党将不得不专门仔细研究地区和种族问题。例如，自民党以亚历山大·沃罗申过去的想法为基础，断言必须撤销民族共和国，按照行政区来划分俄罗斯，以便消除这些问题。甚至统一俄罗斯党的某些代表也认为该想法是公正的——把国家划分为几个大区，在这些区域里，不考虑居住在这里的人们的民族构成、宗教和种族界限。

顺便说说，当时尤里·安得罗波夫也表达了这种想法，后来他的助手阿尔卡季·沃尔斯基证实，他的确计划消除苏联按民族特征划分的结构，甚至给其助手布置任务，制定国家行政结构的新方案。安德罗波夫建议，根据居民数量，经济和生产合理性，把苏联划分成州或郡，"以取消组成该共和国的民族特征"。

沃尔斯基回忆，与安德罗波夫本人进行了长期工作和讨论，他们与叶夫盖尼·维里霍夫建议请苏共中央总书记批准该计划。在该计划里，苏联被划分为41个州或郡。遗憾的是，尤里·弗拉基米洛维奇·安德罗波夫很快就生病了，没来得及批准该计划，后来，由于苏联解体，所有这类规划都荡然无存。阿尔卡季·沃尔斯基曾确信，如果尤里·安德罗波夫的在取消民族区划基础上改变苏联内部结构的计划能够落实，国家作为一个整体将会保留下来。今天，当然难以对苏联发展的选项做出判断，然而可以推断，在支持俄罗斯不按民族进行区划的人们的逻辑中，遵循的正是这些论据。

在竞选期间，保持文化象征起着重要的作用。例如，2012年前，"赞成"和"反对"在圣彼得堡建设奥赫塔楼中心的斗争已经变成了政治斗争，因为，对外国人，也许是对中国人踏足俄罗斯传统土地的恐惧越来越明显和加剧的背景下，力争保留整个俄罗斯和自己的东西将成为主导因素。为争取自我性和自决进行斗争是非常有意义的。

毫无疑问，极其重要的是石油和天然气的价格是多少。如果碳氢化合物的价格下跌（当然可能性不大），下跌到每桶16—20美元，并在这个水平上维持半年，那么，国内局势很快将发生变化，石油美元的数额将开始下降。选举将付出更多的钱，诚实的选举代价更大。从哪里拿到钱去进行诚实的选举？经济局势越糟糕，举行不诚实选举的愿望就越强烈，直接运用行政手段——或者通过贿买选民，或者操纵选举委员会等。

应该确认——在举行诚实选举的情况下，竞选运动本身的花费的确不菲。然而，这个论断显然远非对所有政党公正。例如，统一俄罗斯党也会花费同样数额的资金。随便提一下，2009年秋莫斯科的选举证明了一个令人惊异的规律：反对派政党对选举比所有其他政党准备得都差，它们在很多地区甚至不能推出选民认识的候选人，比如，人们认为，"亚博卢"党的悲剧就特别在于，它不能够找到资金去搞某些体面的宣传活动。

无论如何悖谬，经济局势的恶化总是导致选举进行得更加吸引人的眼球，更加复杂。要知道，问题并不仅仅在资金。我们记得，1991年鲍里斯·叶利钦是如何掌权的。当时觉得，整个国家机制都在反对他——尽管他个人能言善辩，但人民的不满情绪是如此之大，只要把火柴扔进去就够了。

今天谁还记得鲍里斯·叶利钦的对手伊万·波罗兹科夫？波罗兹科夫是共产党的领导人。可能，他是个好人，但是，当时没有把他看成是立场一贯坚定的党的工作人员，毫无情趣和平庸无奇。克格勃前主席瓦吉姆·巴卡京也参加了竞选，获得了多少选票？现在，他也许被视为公正俄罗斯党的代表。然而，他毕竟还曾占据过国家安全委员会主席职位。

这还不够，巴卡京成了在俄罗斯下一步命运中扮演着悲剧性角色的人之一，由于克格勃解体，在某个时间段，犯罪浪潮席卷国家，无人能够控制。作为镇压机制，当时克格勃是非常有效率的，问题只是在于，为什么要用这个机构。然而，巴卡京摧毁了当时可以运行的机器，他没有学会内行地去管理它，而是把国家安全机构加以改造，用于解决俄罗斯民主发展的任务。

如果梅德韦杰夫总统承诺的到2012年前国家实行信息数字传播的任务完成，快速运行的互联网、数字电视和广播确实覆盖俄罗斯整个领土的话，还会出现另一个问题。可能的结果是，信息传播的速度以及互联网用户人数和积极性急剧增加，这会导致一系列问题。第一，正如米哈伊尔·戈尔巴乔夫的公开性经验所证明的，《关于体制的真相》是最可怕的武器，实际上没有什么东西可以去抵御它。第二，开始出现可供选择的社会意见领袖。第三，在必要情况下，在个别地方完全出现出人意料的组织良好的团体。

这样，尽管很难，也不得不考虑到许多完全出人意料的脚本。这样一来，无论如何，世纪之初，俄罗斯还真难以躲过传统的阴谋，所以，不能不估计到这种假设的可能性。这个选项与其说是阴谋，不如把它看成事实，一旦揭开其盖子，可能产生的结果是，人们必须团结起来，给当局的候选人增加得分。我们甚至从俄国家现代史中就知道有过这种先例。

但是，目前最有可能的脚本是——全体反对派政党联合

◎ 第九章 未雨绸缪

成为统一战线，例如，可以用民主反对派传统上使用的"争取自由选举"和"争取平等使用媒体"口号发声。德米特里·梅德韦杰夫和统一俄罗斯党将相应地与他们对抗。在类似局势下，弗拉基米尔·普京的立场可能是双重的。作为在某个时间节点的选项，他可以当作联合力量来抵制事态朝血腥方向发展。另一方面，他正是暂时能够使俄罗斯形形色色政治势力的代表们满意的人。

表面上，普京是统一俄罗斯党领袖，然而，同时他被很多反对派领导人视为具有全国影响的超党派人物。一旦国家出现极端局势，正是这种情况决定了他可以充当的新角色。此外，真正的僧侣界的领袖和有威望的社会人物的影响将急剧增加。同时由于穆斯林社会的结构及它与东正教社会机构的区别，大牧首所起的作用比任何情况下都大。

尽管俄罗斯的政党从前把宗教内容纳入其竞选辩论中，但是他们从来没有取得某种有意义的成果。在2012年，局势可能发生根本变化。候选人将出人意料地加入争取大牧首好感的斗争——德米特里·梅德韦杰夫将轻松博得他的好感并加以垄断，这不会成为事实。另一方面，正是这个步骤促使一部分选民背他而去。典型的例证是：梅德韦杰夫总统脖子上佩戴一个装饰圈的照片发表后，某个著名政治活动家十分严肃地问本书的一名作者："梅德韦杰夫干嘛要戴这个东西？是想证明他不戴十字架吗？真有意思。"这种耐人寻味的局势十分清楚地显示出俄罗斯政治精英的情绪的方向。顺便提一下，在弗拉基米尔·普京的许多照片上，一定要展示戴在脖子上的小十字架，以表明他是有信仰的人。

回忆起前不久的一个情况，当时在莫斯科大街上出现了许多瑜伽学校的广告招贴画。大约在当时就有人向基里尔大牧首直截了当提出了明显带有政治性的问题——信东正教的人能否练瑜伽。大牧首的回答同样是否定性的，当然，不会马上就想起俄罗斯联邦总统德米特里·梅德韦杰夫在练瑜伽。有趣的是，这与开始对大牧首进行诋毁的时间吻合，而且同时还开始讨论梅德韦杰夫的手表值多少钱。尽管他们很快把练瑜伽这一页翻过去了，但是认识到，这又一次刺痛了一些一心一意跟梅德韦杰夫总统走的民众。在此之前，练瑜伽作为德米特里·梅德韦杰夫从事体育和崇尚健康生活方式的细节，展现了其形象特点。现在，请注意，总统越来越经常一起与弗拉基米尔·普京出现在高山滑雪场上，即出现在克里姆林宫形象设计师们的传统平台上。

2009年的特点是，有人对弗拉基米尔·普京大肆进行诋毁，但是其来源各有不同。然而，该事实既没有对他的支持率，也没有对他同精英的关系造成任何明显影响。除少量例外，实际上不可能出现迫使人民改变对普京的态度的某种信息。整体的感觉是，在某个时刻，诋毁信息几乎要把国家撑破，现在人们对此已经不感兴趣。如果可以这样说的话，诋毁信息把自己给诋毁了。

提请注意一下，这里我们讨论的只是合法地移交权力的某些方式——这些方式也是最有可能的。令人惊奇的是，一些极端反对派声明说，俄罗斯的命运只取决于他们，如果不给权力，他们就自己去夺取，然而他们却不明白，自己在民间的受欢迎度实际上已经绝对接近于零。

对于他们来说，这当然无异于死亡。尽管他们依然坐在价格不菲的餐馆里，喝着香槟，讨论着如何分配部长的位置，可以说，如果局势出现革命性的变化（谢天谢地，千万不要这样），那么，极有可能性的是，生活会呼唤全然不同的新人，这个人的个性多半是介于亚历山大·波特金①、德米特里·罗戈津和阿尔伯特·马卡绍夫②三人之间。这些人群的领导人目前还没有出现在社会奥林匹斯山，他们的名声可能还不大。正如我们已经知道的那样，革命会快速地造出英雄，随后革命又把他们吞噬，这些阶段性人物中的许多人将成为牺牲品。这里要寄予重大的期望是，国际社会毕竟还是十分严肃地对待俄罗斯，不允许这个国家走极端，不允许体制发生改变，转变为民族主义法西斯专政。

2011年12月，大约在总统大选前的三个月，应该举行议会例行选举，这次选举也是总统大选形势的部分风向标。任何企图违反法律的行为都将对总统选举造成可怕的打击。顺便说一下，不能排除，在议会选举前将严厉地清理政治空间：如果局势变得明朗，不能用合法的方式战胜对手中的某个人，那就可能会采取激进措施，直至采取最尖锐的措施。

这里应该清楚地记得，关于清洗的所有这些倡议不一定出自克里姆林宫或根据其直接的命令来实施。现在，权力运行更加复杂。每个小官员都极其珍视自己的位置。甚至都不需要呼吁任何人去造假——计划下到地方，执行起来相当简单，不用进行大规模的宣传活动，做些微小的行政工作就

---

① 曾任俄罗斯反对非法移民运动主席，因煽动民族仇视罪多次被俄罗斯当局提起诉讼。——译者注

② 曾任普里伏尔日斯克—乌拉尔军区司令。1991年9月因被指控积极参与国家紧急状态委员会被撤职。1993年任民族救国委员会主席，当年10月参与副总统鲁茨科伊同叶利钦的对抗失败被捕，次年被杜马赦免。——译者注

够了。

地区领导人的立场经常同党内高层的立场吻合，对于他们来说，为了保住自己的位子，他们可能会自动地保证所要求的结果。所以，不排除采取一种激进措施，对权力结构做出重大改变，禁止党的职能工作人员占据某些行政职位，就如同2009年梅德韦杰夫总统禁止官员领导体育联盟一样。在俄罗斯的条件下，这还是有某种意义的。

对政党采取类似措施所产生的主要效果是，政党作为某种政治组织而不是国家机关的附属物开始运作。顺便说，统一俄罗斯党已经明白这种发展的可能性，所以，地位不高的官员担任党的地方党部的领导人。简单地说，州长可以成为党员，但是他不能担任地方党部的领导。否则，党就处于非常困难的境地：事实上人们不可能批评州长，因为他是地方党部的领导，同时州长就可以随心所欲，他知道，他的党反正一定会支持他，同时，认为州长在这种情况下可以做出客观上最强有力的决定，也不是事实。

我们一再地重复，许多东西取决于经济状况。主要的政治问题是——克里姆林宫能否扭转反对派联合的趋势并把公正俄罗斯党引诱到自己一边，正确地引导德米特里·梅德韦杰夫和弗拉基米尔·普京组合，不让他们相互制造障碍。因此，2009年议会反对派代表不止一次说过，当局"向他们做了承诺，但是没有履行"，这很有意思。当局纵然向议会反对派做了承诺，但不履行自己的承诺，所以之后反对派就变得激进起来，对待当局不是像对待对话伙伴那样，如同对骗子一样，而当局认为自己有权去骗他们，没有什么比这更可怕了。这极其缺乏建设性，非常危险。

我们还指出，2010年冬，俄罗斯曾广泛地讨论再建立一个适合于德米特里·梅德韦杰夫的政党的可能性，这个政党将把赞同总统现代化立场的人联合起来。我们认为这种可能性很小，尽管这类话题在国家的政治当权者中得到积极讨论，证明俄罗斯对组建新组织的需求远没有完结。

还不能不考虑社会政治运动的作用急剧增长的可能性。情况多半是，2012年前，严肃的新政党再不会出现——主要是因为立法上强化了对此的要求。尤其是一定要在各联邦主体有一定数量的地区党部，即建立相当复杂的官僚机构，这需要时间和金钱。所以，为了表达某个人群的情绪，迟早但必然会建立其他现实的组织。整个世界的经验证明了这一点。

严格说来，传统的政党是人们的组织形式，它出现已经达一个世纪，已经老化，它是前一个政治阶段的典型特征。互联网、超级空间、信息和各种观点的大规模交换及后工业公民社会的存在，多半意味着形成具有某种其他的网状公民组合体。这里最有可能的情况是，将出现广泛的群众性的社会政治组织。人们的政党属性可能会在诸如爱护动物和保护地方名胜古迹的基础上联合起来。全世界都在建立扁平状的社会政治组织。毫无疑问，到处都有某个职业争夺权力的狭隘斗士阶层，瞥一眼某些人，我们就会在选举时断定，某个政党将代表谁。

目前，俄罗斯社会政治组织与运动之间有重大差别——社会政治运动难以推出自己的候选人参加选举。然而，正如人们所说，天无绝人之路。一开始，社会政治运动可以建立在远离政治的基础之上，如同退休者运动反对福利货币化或汽车爱好者运动反对禁止右舵汽车一样，类似的口号可以轻易使用，在似乎没有政治的基础上，把某个地区或某个社会阶层提高，把某些范畴的选民吸收到自己的政党中，这已经不是秘密。

美国的政党实质上也是这种社会运动，它在举行具体的选举、具体候选人或具体思想下动员起来在议会投票。在俄罗斯，这产生出独特的问题，这与20世纪大部分时间内国内没有现实的政党有关。因此，现在俄罗斯政治体制跟跟跄跄地试图用20年的时间走过西方民主国家数百年走过的历史。

这样，2012年出现概率最大的情况及其特点是，加大对民族问题关注力度，同时对社会政治运动作用的急剧增长给予关注，这些运动将在联邦制基础上根据宗教特征组成。现政权未必会考虑到这种可能性，在2012年前学会考虑这些，也不是事实。然而，正是具有网状扁平结构的社会政治运动，而不是传统的政党，正如最近几十年来世界经验证明的那样，它是最有意义的政治力量，对选举结果将造成重大影响。在任何情况下，当局把纯粹的政治与人们隔离开来，把国内生活变成虚幻的东西，把它看不到和控制不了的问题刺激出来。对双头政治来说，这些问题将是不愉快和出乎意料的。

第十章　变革之际

人们的期待与现实脱节

到2012年，德米特里·梅德韦杰夫的第一个总统任期就会结束。本书出版之时，他的总统任期已经过半。俄罗斯是否变得更民主了呢？没有。媒体是否更自由了呢？没有，正好相反。人们期待着他执政期间能够变得宽松，迄今为止，发生的事情是，悄然和相当坚定地拧紧了螺丝钉——弗拉基米尔·普京当时也不曾允许这样做。对许多人来说，令人不愉快的是，仓促地修改了俄罗斯宪法中有关总统和议员的任期，这在逻辑上缺乏根据：之前，还在普京任总统之时，他说过，宪法——是我们的一切，不能用双手去触碰它，随后，德米特里·梅德韦杰夫迅速对宪法做了令人意外的修改。

修改宪法不单单在民间引起了消极反应，民众对当局的态度发生了重大变化，我们上面已经谈过这一点。当然，人们可以不在乎修改总统任期，但是，作为交换，例如，他们想获得召回议员的可能性。要知道，在俄罗斯，几乎不可能召回任何一名议员——"不知为什么"他们无论如何难以通过相应的法律。那些引起普通百姓不安的问题从讨论视野内根本上消失了，这些问题再也不会提出来。

一个典型的例子是：就在前不久，大家都在谈论对交通工具征税的掠夺性做法。显然，根据汽车的价格和发动机排量来征税更合乎逻辑，更公正一些，而不应根据汽车本身来征税，应该取决于谁用得汽油多一些，对汽油的价格制定相应的百分比就够了。那么，那些车开得多并且拥有不太经济型汽车的人，应自动地多付一些钱。然而，不仅没有这样做，而且甚至对此都不进行讨论。如同对待技术规则问题一样，对大量汽车爱好者来说是十分重要的问题，他们的意见遭到彻底封杀。

我们已经谈过公路收费——在这个问题上依然无人对人们的看法表现出兴趣。我们也谈过法院——要知道，为了使法院变得透明，为了它至少不被关系电话操控，为了法官获得独立，为了有遵循判例的权利，应该去做点事情。要知道，人们的生活受制于法官的专横及其所犯的错误。请看一下，在许多法院，判决频繁发生变化，每个上一级司法机构都会改变前一个司法机构所做的判决。这也证明了俄罗斯的法制体系不健康。而且，与拥有普通审批权法院的无罪判决相比，俄罗斯在有罪指控的数量方面位居世界第一。

形成了奇怪的情形：随着德米特里·梅德韦杰夫上台执

政，许多人期待着实现自由化和解冻，当局却强化了自己的能力和职能，人民除了听到团结在总统本人周围的呼吁外，没有得到任何东西。结果，国内至今还有许多人被称为普京分子（或者在名称上使用了其他各种后缀），实际上没有梅德韦杰夫分子。这是德米特里·梅德韦杰夫的重大问题。为了出现梅德韦杰夫分子，应该具备三个条件：第一，德米特里·梅德韦杰夫必须最终确立具体的政治纲领；第二，从最高层开始实施这个纲领；第三，他应该明确地表明，他不是期待弗拉基米尔·普京重新回来的过渡性人物，2012年，他不会抛弃团结在他身边的那些人。

俄罗斯越来越感觉到变革的必要性。体制在运行，当局也能看到自己缺乏效率。另外，国内特别是当局，开始感觉到资金不足，这也促使社会的主动性增强，尤其是地区层面。深深植根于"普京的稳定化"年代的政策出人意料地开始回潮。公开出现了轻微政治对抗的现象。内务机关的工作人员上网提出了戈尔巴乔夫式的"不能这样活下去"的呼吁，而他们的部长则提出，如果警察对人们动粗，公民可以进行自卫，这在别国是难以想象的。总统呼吁快速现代化，声称这是生死存亡的问题。

看来，德米特里·梅德韦杰夫这样凄楚地提出问题，似乎多多少少会把当局自己、反对派和俄罗斯的平民百姓带入死胡同。过去几年来，许多人已经习惯和熟悉了自己的角色。一些人在克里姆林宫工作；另一些人是难以计数的官员，他们呆在办公室，办公桌上方挂着总统和代总统的肖像；其他人则利用三色徽章和免费交通，努力显示立法权力的存在；第四部分人好歹学会了与国家的代表达成协议，条件是保留自己的财产——宪法里用一个可笑的词"私有的"来称呼它；还有一部分人则习惯于充当程度各异的体制内不妥协的反对派等。而人民群众则一心一意有滋有味地过着自己的小日子。

总统忽然说，国内实际上一切都很糟，经济必须切实进行现代化。很快形成了"德米特里·梅德韦杰夫现象"。根据大家的普遍看法，无权的总统成了全面的刺激因素，成了规则和概念、平静和自信的破坏者，并在各个政治阶层引起排异性反应。

一些人不满梅德韦杰夫极其尖锐地谈论变革的必要性；其他人不满他这些话说得太温和；另一部分人不满的是，他说得多，而实际做得极少。一些人看到他试图不加思索地再造普京的体制，另一些人则担忧，他会不会摧毁保证他们不受监督地拥有的国家管理体制。部长们示威性地教导总统要正视"生活现实"，极端分子马上反驳说，克里姆林宫的"接班人"与白宫的"送话器"之间没有原则性区别。大家一致努力向梅德韦杰夫表明，他不正确，表明他自己反正不会做任何事情。他充其量只是个虚拟总统，博客评论员。

换句话说，大家都不满意梅德韦杰夫——俄罗斯的总统，（由于各种原因）他们在关于总统缺乏民众支持、没有独立的班子和全部权力的判断中找到自虐性的快乐，几乎所有的人都满怀信心地期待着实际上会出现戈尔巴乔夫式的必然失败。但是，现实的情况是，只要有意志和愿望，梅德韦杰夫不仅可以在俄罗斯的政治金字塔塔尖存在到2018年，而且还要更长，纵然不当总统。在这种情况下，俄罗斯各种各样的政治势力有几种选项。

第一，可以对明显的现实视而不见，认真地指望"梅德韦杰夫现象"不会对权力的主要特点产生实质性作用。但是显然，只有在大量吞咽下石油天然气致幻剂之后，才可以紧紧地抓住虚幻的形象不放。这是大家都熟知的政治妄想狂。

第二，国内官僚假装支持所提出的任务，甚至还为落实这些任务紧张工作，他们能够记得从中获得"无价"的经验，结果过分主动的总统将第一个放手，自己交出了一切。主要的是，他们要及时地在班子里"挂上号"，目前现代化主义者中还有空位子，即大家所熟知的政治上见风使舵，假设性地等待弗拉基米尔·普京的回来。

第三，可以对梅德韦杰夫采取不妥协的立场，继续阶级斗争的光荣传统，在头脑里再次复建非黑即白的世界，在这个世界里，"谁不与我们站在一起，谁就反对我们"。毕竟，俄罗斯对政治樵夫总是有需求。

最后，可以在政治上采取神经外科手术，找到利用"梅德韦杰夫现象"的隐秘途径和细致方式，以利于自己获得政治利益和达到目标，同时，实际上把总统推到需要的方向。无论这听起来多么缺乏创意，但需要为争取总统而斗争。这当然有些不习惯，有些忙碌、复杂，也许不会取得成果。然而，正因如此，一般来说，政治可以理解为可能性的艺术。所有其他的东西——或者是智力上落后，或者是各种原始的政客形式。尝试了，输掉了，这不好，但是，不尝试就输掉了，就是可耻的事。

现代化对统一俄罗斯党构成威胁

《俄罗斯,前进!》文章的问世,自觉或不自觉地在社会上造成一种感觉,弗拉基米尔·普京在他的接班人德米特里·梅德韦杰夫身上有现实的选项。对普京来说,文章中阐述的思想没有典型意义,此外,实际上还对前几年的政策直接提出指控,当时国内存在的许多问题不仅没有得到解决,而且还变得更加尖锐。

甚至有人开始说,这篇文章将敲掉反对派的支柱,整体看这是公正的,但是不十分得体。文章首先将敲掉那些叫喊"普京说什么并不重要,重要的是我们反对普京"的反对派的支柱。但是,德米特里·梅德韦杰夫所说的话引起的整体情绪与社会上这部分人靠什么生活没有任何关系。至于体制内反对派,当然这里有原则性分歧。梅德韦杰夫所说的一句话是,我们既没有地方找到新法官,也找不到新检察官,谁也不能对此漠然置之。

梅德韦杰夫的《俄罗斯,前进!》是否是反普京的文章?也许不是。寻找某种对抗和对峙的表征未必有意思。文章发表后的这段时间里,梅德韦杰夫与普京这对组合之间没有任何明显分歧或关系恶化,而且,他们自己经常强调其团结。他们的班子周期性地试图分裂这对联袂组合,然而,总统和总理看起来依然是志同道合者。

实际上,德米特里·梅德韦杰夫文章的批评性调门不是针对普京总理的,不应该对这篇文章做这种理解。总统同样可以进行自我批评,因为在普京任总统的整个八年期间,他就在旁边,而且占据着并不低的位置,大家对此都十分明白。

严格说来,问题不在于2012年谁去竞选总统——梅德韦杰夫和普京,或者他们两人,上面我们已经对这些做了判断。问题在于,德米特里·梅德韦杰夫能否对那些他呼吁起来的人们承担起责任,严格说来,使他们信任他,而不是信任弗拉基米尔·普京。许多人明白,国家进入了死胡同,要求进行更新,许多人准备把赌注押在梅德韦杰夫身上,但是他们需要某种来自上面的严肃信号,这个信号将表明,梅德韦杰夫首先准备对此承担责任,调整状态,走到最后。

2009年11月12日,梅德韦杰夫依例向联邦会议宣读了总统国情咨文。实质上,这是《俄罗斯,前进!》文章发表后的第一份严肃的文件,咨文得到了各种不同的评价。如果抛去现代化动机和论述教育的章节,国情咨文实际上充满了意犹未尽的话,不精确的措辞,模糊不定的思想和难以成功的呼吁。咨文的中心思想是,"够了,不要重新配置重点,要从事实际问题",显然,梅德韦杰夫本人没有完全吃透这个想法——这样,在自己的演讲中,梅德韦杰夫总统甚至没有提到臭名昭著的交通税,表明这个国家地位最高的博客写手不知道,他的公民此时此刻最关心什么。

国情咨文中谈到多党制的部分给人留下奇怪的印象。看来,多党制不仅在俄罗斯形成了,而且成功地成为"保证俄罗斯人民基本权利和自由,包括保证其对权力的排他性权利的最重要工具"。经过最近的选举,类似的话只可以被视为难以理解的政治幽默,但是不应该认真地大声说出来——况且,无党派的总统,看着并非执政党党员的该党领袖,顺便提一下，大牧首也出现在大厅，这样说明显然不合适。

尤其奇怪的一句话是，"加强民主并不意味着削弱法制。任何以民主口号为借口来动摇局势，使国家失去稳定，分裂社会的企图都将被制止"。这句话看起来是典型的操纵概念。一方面，训练有素的法学家应该明白，加强民主无论如何都不意味着削弱法制。相反，正是民主被削弱导致国家的法制遭到基础性和体制性破坏，首先，没有法制就不能建立起民主。民主口号只会使专制和集权国家失去稳定。

另一方面，譬如说，把民主的口号而不是民族主义和法西斯主义口号视为对俄罗斯的威胁，只有原则上否定自己国家的民主的人才会这样做。德米特里·梅德韦杰夫是不是这样的人呢？他选择的用词，由于这个用词把民主与被削弱的法制、分裂和去稳定结合在一起，可能成为弗洛伊德的潜台词，它揭示出上层暗中最害怕的东西。

对梅德韦杰夫2009年国情咨文的失望，如同人们对他在统一俄罗斯党代表大会上演讲的失望一样，这容易解释，因为大家都期盼着实施《俄罗斯，前进！》文章的具体年度计划，但是他们没有看到。顺便说说，《2020年计划》，温和地说，也不是按天规定的，尽管它具有战略性。德米特里·梅德韦杰夫按照他自己的看法，对目前的俄罗斯做了重新鉴定，提出了自己远非完整、且自相矛盾，对国家可见的将来有些幼稚的看法。

无论如何，揶揄总统国情咨文的弱点——是最简单的事。但问题是，前总统的支持者们如何行事，他们曾劝说他留下来竞选第三任期，至今仍等待他2012年凯旋。对于那些把自己的政治、仕途、财富有时是刑事生涯与弗拉基米尔·普京建立的制度联系起来的人来说，尽管德米特里·梅德韦杰夫有各种弱点，毫无疑问，他仍然对他们具有一定危险性——因为他拥有宪法规定的可以解除或把某任何人送交法庭的权力，他自己一句批评的话就不自觉地使前任神话般的形象光环黯然失色，而梅德韦杰夫本人在此人的领导下，几乎工作了20年。

当猛烈抨击呼吁进行某种变革的总统的那些人，为了争取更大变革而转向民主反对派的时候，这是另外一回事。当然，梅德韦杰夫不是普京的反对派。我们再说一次，他是普京最优秀的学生。否则，第一，他不会成为接班人。第二，单凭他自己呆在克里姆林宫这个事实就使俄罗斯各个反对派失去意义，第三，在高层担任领导工作的那些年，他曾就某些问题表达过自己一星半点的特殊看法，这些问题现在成了对他进行批评的对象。

德米特里·梅德韦杰夫是俄罗斯现行政治体制的内生组成部分，但是他有三个目前国内任何人都没有的特点，无论是上层还是反对派都没有。第一，他是总统，他拥有巨大的权力。第二，他是俄罗斯唯一一个不点名、不留情地批评现状和顽强地谈论国家现代化，而且要改变国内现行体制的高层领导人，他还认为，管理体制是造成俄罗斯落后的原因。第三，他拥有到2018年前担任国家元首的现实机会。

在每个合适的场合都匆忙拿总统说事，试图向自己、所有其他人包括向西方证明，他是个无足轻重的政治家，他不能解决国内的问题，一些假民主派实际上有意无意地加重了社会上的说法，认为他们如此不喜欢的弗拉基米尔·普京事实上无人可以替代，他必然要回到权力中心。对德米特里·

梅德韦杰夫不明智的批评强化了社会舆论、商界和强力部门及国家机关中存在的总理在总统背后管理国家的合法性的感觉，还巩固了腐败的官僚的强大阵地，这些官僚是在弗拉基米尔·普京总统第二任期时形成的，当时德米特里·梅德韦杰夫在其中也扮演了一个中心政治角色。

如果根据梅德韦杰夫总统的批评者们的看法，他确实有点弱——既然他们认为自己是俄罗斯的真正爱国者——就必须提出提前举行总统选举的口号，因为软弱的总统是对国家的直接威胁。然而，他们大家都明白，这种步骤会产生什么结果。今天，在社会各个阶层都毫无疑问存在着变革的需求，其中包括国家机关、军队和商界也有变革的需求，同时这还是个长久没有答案的问题。

在对理想的未来的评价和看法上，梅德韦杰夫有时比大多数当权派更接近于健康的民主反对派的思想。他不提"主权民主"，甚至接过了反对派的一部分战略思想。现行的政治家中没有一个人像他这样批评俄罗斯的现状。我们记得：前任总统曾宣布了现代化思想，但是过了个把年就放弃了，他限于俄罗斯能源开采者的角色，满足于突然醉心于收集世界钟表艺术品的腐败官员大军。正如我们知道的，其中一个创纪录的人是莫斯科市长卢日科夫的副手、副市长弗拉基米尔·列辛。让《导报》记者感到吃惊的是，在他的钟表收藏品中，其中两件的价值就接近100万欧元。

当然，德米特里·梅德韦杰夫提出的变革规模和进度与令人尊敬的民主反对派呼吁的有区别——他谈论的是转型，而不是拆毁现行权力。然而，在国家最高讲坛上，他有表达这些理念的可能性。

德米特里·梅德韦杰夫在一次演讲中，浓墨重彩地就斯大林体制和非法镇压表达了看法，认为当时许多无辜的人遭到镇压。总统表示，无论这个体制取得多大的经济成就，国家机制运行得多么有效，它都是犯罪的。他指出，不可能给那些与犯罪有干系的人平反，他还说，"权力应该是诚实的，权力的诚实性在于，要对某些历史事件做出深刻分析，用绝对通俗易懂的法律语言把它表达出来。"换句话说，一个领域的成就不能来抵补另一个领域的犯罪，国家的目标不是经济或管理，而是人，人及其生活质量要受到保护。

不能不同意总统所说的话。还可发挥一下他卓越的思想并断定，权力永远应该是诚实的，包括对今天所发生的事件，包括对本国的人民，对现行的法律和国家宪法。总统，包括其他人的任务就是保证权力的诚实性，完全按照法律实施权力，使每个在其工作岗位上代表权力的官员诚实守法。

总统有意无意要为每个俄罗斯的高官负责，因为他是国家执行权力的首脑。诚实的官员会加强总统权力的合法性和国家元首的个人威望。不诚实的官员马上在广大的社会舆论中为总统本人蒙上阴影，对他的合法性或在做出某个决定时的个人动机产生怀疑，自然，也对他能否清除自己机关里的腐败人员的能力产生怀疑。换句话说，这样的官员是总统的直接敌人，对总统带来巨大的政治危害，梅德韦杰夫是国家的主要官员，他比任何人都致力于使其下属在法律框架内活动，尤其不应该涉嫌腐败。

世界许多国家都面临着腐败这个非常尖锐的问题，这个问题在俄罗斯至始至终特别严重。要打击财政腐败，就要强化刑事责任、财政透明度和监督官员的收入等。在德米特里·

梅德韦杰夫担任总统期间，已经在这方面做了不少事情：从通过反腐败新法律到强制官员公布自己的收入和财产。但是还有一种形式的腐败：行政腐败，即对其他官员或法官施加压力，以促使后者就某个案件作出判决时，在公文形成过程中"忘记"事实或"丢失"文件。如果在试图受贿时，有可能向法律的代表提出要求，或者只是让其明白，判决是不能收买的，那么，在施加行政压力时，官员或法官实际上没有选择。

这在最大程度上触及司法体制。政治技巧中心前不久所发布的报告证明，国家司法机关的主要问题不是日常腐败，而是法官对官员的高度依赖。产生出这样的印象，法律成了某人政治生涯、野心甚至报复的工具。树立一些"典型性"案件，国家的主要刑侦人员自信满满地展示其职业能力，并向总统宣读鼓舞人心的报告。各个部门为扩大其权力范围不懈地进行斗争，而且这些事就发生在经常抱怨负担过重，人手、金钱和法制能力不够的背景之下。

如何解决这个问题，目前还没有一致的看法。一些人认为，需要急剧增加法院和法官的数量。另一些人认为，需要寻找可供选择的方案：从改革仲裁庭审员机制和恢复司法命令机制到对某些案件实行必需的司法考量。将对在司法系统实行"电子司法"、法院对公民社会机制公开和透明的可能性进行讨论。

俄罗斯最高法院展示了一个很好的例子，多亏该法院院长维亚切斯拉夫·列别杰夫和他的同事们，在极其艰难的条件下，保留了自己崇高的职业声望，清除了一些令人讨厌的人物。例如，在这个背景下，莫斯科市法院继续让国家和世界感到惊奇。毫无疑问，如同对中央和首都法院一样，对它给予的关注要多一些。然而，从另一方面看，它就在总统旁边工作，总统能够比较清楚地看到，那里的司法程序如何运作。

一个最典型的案件就是众所周知的"三头鲸案件"，从2000年立案一直拖到现在都未结案。当时，弗拉基米尔·普京总统对这个案件表示出兴趣，第二年，这个案件依然在法院庭审，毫无结果。在这个法院堆积着近年来的大案要案，包括财政部副部长谢尔盖·斯托尔恰克案件，国家麻醉品监督总局亚历山大·布里波夫将军案件等。

最近两年的案件特别有意思，因为这些案件中，所有案件都需要来自最高权力的认真审查。例如，俄罗斯最高法院对布里波夫非法被捕拘押的两个判决。其中一个依据的是俄罗斯宪法法院的观点。有最高检察院关于对布里波夫指控的抗辩书。总检察院还声明，对他的逮捕没有任何依据，因为目前谁也没有提出将军有罪的任何证据。而且正如我们上面所写的，甚至提出案件起诉的判决也是在过了一年后才做出，而且是根据国家最高法院的要求——侦察员似乎忘记把文件订到案卷里，只要大体熟悉国家机关中文书形成的原则的人，就知道这个事实本身就有点匪夷所思。

总检察院没有批准对谢尔盖·斯托尔恰克案件的指控结论，他还处于自由中，顺便说说，这在很大程度上多亏阿列克谢伊·库德林的支持，他战胜了司法的不公正。然而，根据莫斯科法院的判决，布里波夫将军在监狱里已经呆了两年多，尽管也不能证明他有罪，他能获得自由，只是因为预先拘押的最高期限已过。但是，无辜的人怎么总要呆在监狱里？

在这方面是谁的过错？

难怪民间智慧说，最好宽恕十个有罪的，也不要惩罚一个无辜的。社会的文明程度尤其要靠法院的职业性和公正性来评估。这在今天的俄罗斯变得特别迫切，对公正和诚实的渴求不仅是民族心理特质的组成部分，而且也是国家现代化的必要条件。

没有能够确认法律至高无上并且只凭法律办事的高效法院，所宣布的现代化是不可能实现的，因为在俄罗斯既没有人生安全的保证，也没有企业家或投资者财产权利的保证。如果德米特里·梅德韦杰夫解决了俄罗斯建设这类法院的任务，显然，他想达到这个目的，那么他将为国家的有效发展奠定基础，而不管世界能源价格如何变化。

不难看出，现代化急速地成为俄罗斯的新宗教。统一俄罗斯党已经在本党的旗帜上写上了这个口号。政权党在其不长的时间里，把自己称为"国家政治体制的中心组成部分"，从"全民族成就的意识形态"出发，经过"可控民主"到"国家在主权民主的原则下实现崭新复兴"，然后发展到非常外向型的《2020年计划》。现在，它宣布自己的意识形态为俄罗斯保守主义，虽然在其纲领和竞选口号中甚至只字未提"保守主义"和"现代化"。

我们已经说过，统一俄罗斯党是相反的执政党：它不是以自己的纲领赢得选举，而是把国家例行上台的领导人提出的新思想变为自己的纲领。如果对俄罗斯来说，梅德韦杰夫公正地说过，现代化是个生死存亡的问题，那么，对统一俄罗斯党人来说，生死存亡问题是对政治时髦的适应性。建党是为了夺取政权，统一俄罗斯党则是适应政权。然而，它因此使自己面临不小的威胁。

统一俄罗斯党表态支持现代化之后，无论从国家客观必要性角度看，还是从缺乏反对势力或提出其他纲领的势力的角度看，这个思想都成为不二选择。现代化本身的必要性是显而易见的，但是实现现代化的方式依然不明确，主要是目标和代价不明确。就好的方面看，不经过全民的广泛讨论是不行的。全民支持现代化思想不能取代现代化。在俄罗斯，没有讨论，相反，正在进行统一，这首先就会导致垄断和停滞。

现代化就其本身而言——这是相互联系、前后连贯和具有系统措施的复杂综合体，这些措施涵盖了社会活动的所有领域，目的是使社会焕然一新。这不只是对某个落后领域的弥补，而是引领全国最大限度地符合现代性的条件和要求，符合全球的竞争力尺度。

这是创立有吸引力的国家发展模式，能够成为模仿的榜样，即拥有巨大的"软实力"。这是国家迅速开放，使国家进入许多全球性的创新和技术链的竞争平台，使科学、教育体制和信息完全国际化，让人们的创新性变得对他们最有利可图，变得为社会珍爱并得到法律最有效捍卫。

现代化——这是反对自己本身的民族革命，这是当代俄罗斯为了未来的俄罗斯，必然和有意识地做出的实际牺牲。当然，谈的不是暴力，而是在作出决定时，创新和竞争因素要取代过分政治化的因素。所以，首先需要讨论的不是现代化本身，因为这只是方式，而是要讨论由于实行现代化，俄罗斯想变成和能够变成什么样的俄罗斯，要讨论它准备为之付出的最大代价。

这里不会有统一的观点，各种各样的势力应该有可能对这些问题给出自己的答案。看来，主要的危险是假装现代化，用各种各样的改革、改善和完善现有机制及取得成功的报告来偷梁换柱，是企图改变某种东西，同时政治上不会丧失任何东西，即把权力本身引导到现代化革命的界限之外。

梅德韦杰夫是普京最优秀的学生

正因如此，统一俄罗斯党的主要品质——忠诚于权力——使它成为实际现代化努力的主要潜在障碍。这个党必然是各级权力机构操纵的主要对象，更不用说统一俄罗斯党人在现代化取得成功的情况下必然遭受个人的、财政和政治上的损失。甚至对它的需求也将消失，一方面它被正常的国家机制所排挤，另一方面，被政治上有竞争力的公民社会所排挤。

推出修饰语实质上前后矛盾的保守现代化口号，统一俄罗斯党进入了存在着强大的保守主义政治势力的化身的领域。它们是俄罗斯共产党，一些宗教和教权主义组织，各种可能的民族主义、爱国主义之类的运动，它们的保守主义经常要么接近于报复主义，要么近乎沙文主义。

当前，顺利走过现代化阶段的所有国家，可以划分成两个范畴。第一，这些国家经受了军事失败，在不同程度上被占领或者依靠强大的经济和政治盟友，这些盟友能够从外面保证现代化努力的稳定性和连续性。即这些国家没有完全的国家主权，在某个阶段上也不竭力追求主权。

第二个集团是那些可持续、相对独立于世界局势的国家，它们面前没有政治现代化和政党建设、巩固所有制机制、确立法律至上或保持领土完整的任务。在这些国家中，存在着稳定的政治象征，即或是君主制国家，宪法或议会，精英是民族认同感的载体。在全球化经济和世界秩序条件下，还没有一个保守主义的现代化。

最后，所有真正成功的现代化国家，不仅立足于当代世界的现实，而且在国内还创造了持续不断的现代化的机制——这是个更加精细的任务。俄罗斯拥有第一类现代化的某些经验，但是建立新的复制机制总是以坚定的倒退而告结束，这是因为，执政的精英们不能自愿地退出。

2009 年底和 2010 年初的特点是，出现了一种极其让人感兴趣的趋势，这种趋势清楚而明确地表明：无论我们喜欢与否，当其中一个领袖是重要和伟大的，第二个总是处于阴影之中时，不可能永远维持温室般的局势。克里姆林宫总是自觉不自觉地把人推向神的世界，我们大家都有机会在 2009 年 12 月 24 日确信这点。当时梅德韦杰夫对三大电视频道的负责人做了底气十足的直播采访，这动摇了所有关于总统可以做什么和不可以做什么的观念，他轻松地发出呼吁和进行揶揄，展现出全新的德米特里·阿纳托利耶维奇·梅德韦杰夫。无论是俄罗斯还是世界都没有见过梅德韦杰夫如此行事。

观众看到了充满自信、带着讽刺口吻、反应迅速和接受过良好教育的政治家，具有无可置疑的民主观点的政治家，不羞于表达自己观点的政治家，其中包括非常强硬的观点。应该指出，梅德韦杰夫凭自己的演讲在国外赢得的好感甚至比在俄罗斯都要多，因为在国内，许多人已经清楚，新总统是个严肃的人，必须认真地对待他。

采访是现场直播，十分明显，没有经过导演和角色安排，这是给人留下的最深刻印象。当然，可以推测，采访参与者准备了关于内容的大致框架，然而，甚至问题的措辞十分明确地显示，这些问题不是由躲在克里姆林宫办公厅深处的人草拟的，没有经过事先准备。至于梅德韦杰夫，他显然是即兴作答，而且回答得很成功。

顺便提一下，给许多人留下美好印象的是，梅德韦杰夫如何发表新年献词。在献词中，忽然出现了人们喜欢的某些东西——形式，演讲的风格轻松而且不会让人产生多少负担。这是真正的新年贺词，不是总统从克里姆林宫的王位高处发出的总统赠言。在新体系下，总统及他同媒体共事愿望的观念就以这种方式发生了实质性变化。

显然，梅德韦杰夫没有试图显示自己是总统，他就是总统。对他来说，没有面临"2012年问题"。至于普京，对梅德韦杰夫来说，这个问题已经不再是扎在意识深处的一根刺，如果可以这样表达的话，它已经退居次要方面，一般来说，这种情形只是亲人间交往中才常有。

在某个时刻，许多人觉得，梅普组合之间发生了分裂。然而，同时必须要考虑到，梅德韦杰夫是个在普京身后成长起来的人。这是非常重要的因素。相对地说，梅德韦杰夫要比那些自命为民主派和反对派的人能够更好地理解普京的思路。就所受教育、心理特质、对解决问题的态度和观察后果的原则看，普京与梅德韦杰夫相当接近。

也许，梅普组合一词已经不能准确地反映出总统与总理关系的实质。最可能的是，普京和梅德韦杰夫是统一的命令中心的代表。在民间有一种感觉，无论格列布·帕夫洛夫斯基和其他政治学家如何想象他们的区别特点，实际上梅德韦杰夫与普京之间没有原则性和内心深处的区别。而且，他们互补的方式很有趣。我们已经说过，如果普京做出了决定，多半是根据上帝给予的某种政治直觉，而且他自己经常难以清楚解释自己所做的结论，只是凭皮肤感觉到这些决定是正确的。而梅德韦杰夫则在思维上做了大量分析，做出类似的决定，同时他可以论述做决定的理由。这些决定达到的结果是相似的。

好奇的是，看一下他们如何在众目睽睽之下做出决定。普京一般是眼睛望着天花板，开一个玩笑，然后以揶揄的口吻继续说出准备好的答案。梅德韦杰夫则大声地讨论，反复斟酌各种选项，在这时候，他确实看着普京所看的方向，最后关头甚至没有刻意去开玩笑——可能是因为认为这是没有必要的。无论感到多么奇怪，多亏这样，他的幽默立马使气氛变得轻松起来——尴尬已经过去了。梅德韦杰夫对自己的行为举止不再照搬普京，开始变得绝对自然起来。

一系列悲惨的事件使俄罗斯2009年底蒙上阴影，其主要症状是，就实质看，其中大多数是对愚蠢的行为和杂乱无章的礼赞。12月在皮尔姆"跛脚马"夜总会发生的事件成为石蕊试纸，它证明，在权力掩饰下，俄罗斯所树起的波将金村①的整体贫弱。从纯粹思辨上看，国家机构可以在那里违反的一切规定它全都违反了——从设施登记到收税，从劳动

---

① 波将金是俄罗斯女沙皇叶卡捷琳娜二世的宠臣，俄军元帅。波将金为了使女皇对他的领地的富足留下好印象，在她巡幸必经之路上建立了一批豪华的假村庄。于是，波将金村就成为做表面文章和弄虚作假的代名词。——译者注

立法到建筑规程，从消防控制到卫生监督。如果说在"涅瓦快车"事件中的死者是没有查明的犯罪分子的牺牲品的话，那么，皮尔姆被烧死的人则是本国官员对他们所犯罪行的牺牲品。

最可怕的是，没有任何保证其他的组织不会成为密如蛛网般的国家机构的牺牲品，这个国家蛛网由贿赂、庇护、缺乏责任、蔑视法律、任人唯亲和溜须拍马组成，评价官员的主要尺度不是他的职业精神或者诚实，而是分享、"嵌入"垂直权力和保持忠诚的能力。皮尔姆发生的事件不是各种糟糕局势因缘际会的结果，而是体制性的事件。毫无疑问，当时必须惩罚具体官员，但是更重要的是，要反思应对事件的体制性因素。

显然，德米特里·梅德韦杰夫必须开始拆解现行的垂直权力。无论如何评价垂直权力的作用，显然，现在它已经与国家面临的任务产生矛盾。俄罗斯呼吁全世界拒绝单极世界，因为它已经成为阻碍国际体系效率的主要因素，这是对的。现在必须正确地反观一下自己。

全球性世界是个扁平状的世界。具有恐龙般的权力体制——硕大而缺乏灵活的躯干、长长的脖子上长着小脑袋，此等模样的俄罗斯没有任何机会，如果它不能迅速重建管理和发展体制，等待它的将是恐龙的悲惨命运。

为了能够进入现代世界，必须开始建立扁平状的俄罗斯。在扁平状的世界里，能量不会消耗于自上而下地发布信号，由于建立网状权力结构，它把所有聪明、善于经营和有竞争力的公民的努力整合在一起。垂直权力在相当大程度上使俄罗斯对目前无极世界秩序的竞争关系难以相称地做出反应。

甚至权力金字塔——基础宽大，最大限度地与人们接近，是比垂直权力更加持久的结构体。"跛脚马"夜总会发生的悲剧再次表明社会对权力监督的客观必要性，因为权力显然不会自我监督。

典型的是，梅普组合以全新姿态走出了既成局面。一下子豁然开朗了，这个组合不打算成为官员阶级的组合：俄罗斯这个阶级存在的时期里，人们第一次开始被大规模解职。2009年11月乌里扬诺夫斯克军火库爆炸，国防部占据高位的一些人被解职。法学家谢尔盖·马格尼茨基在监狱被杀死，监狱的一批负责人被解职。"跛脚马"夜总会火灾后，一些头头脑脑再次消失，此外，决定对所有消防安全设施进行检查，尽管这个过程中也有做得过火的地方，但这是俄罗斯的常态。

还有更有意思的——这些经过多次检验但很快做出的人事决定已经超出了来自反对派的辞职要求。但是，当反对派开始认为，现在他们一切都可以做，12月31日，在凯旋广场，他们要所有的人都尝尝其厉害的时候，当局依然表现出必要的坚定性，驱散了这次集会。

这样，在干部政策领域的态度确实发生了根本性变化。如果说以前，总统层面做出干部变更的决定由办公厅准备，这里就会发生重大倾轧，建立起复杂的组合，导致某个官员被更换。而最近几个月发生的事情则证明，这些倾轧是没有必要的：总统能够独立自主地做出决定，不用考虑办公厅和官员们准备的多种方案。

我们已经谈到，非常重要的是，谁向总统通报情况，谁为他准备决议和就某个问题形成意见。实质上，这是官员权力的基础。忽然，我们的眼里形成的局面是，他们还没有来得及为总统形成意见，他这里已经有了自己的看法，而且显然，这些出人意料的决定已经与普京协商过。

当然，社会依然没有参与这个决策，没有经过任何公民讨论。然而，显然，两个对立的班子任何企图以某种方式把自己的候选人推出来，看起来都有点搞笑。显然，在梅德韦杰夫与普京之间直线联系依然非常顺畅，他们可以快速而准确地在实际时间内协商一致。

任命赫洛波宁为北高加索联邦区首脑

也许，2010年初最重要的一种趋势是——梅德韦杰夫总统着手解决俄罗斯面临的两个最敏感和最艰难的问题。

第一个问题是——当然，就是永远都在作战的高加索，这里的失业率居高不下，腐败严重，匪帮横行，帮派同强有力的总统们之间的斗争——拉马赞·卡德罗夫一个人就够他们应对。看起来，无论怎么努力都不可能砍断这个结——砍断的可能性目前还不存在。然而，重要的是另外的东西。

我们已经谈过，俄罗斯总是用两种方式来解决高加索问题。第一种方式是叶尔莫洛夫方式，即将军担任行政长官。第二种是大英帝国方式，即把赌注押在地方领袖中最强的一个人身上，可以同他达成协议。克里姆林宫出人意料地放弃了这种途径，而且放弃得很断然，——在任命达吉斯坦的新总统之前。当候选人之间对这个职位的争斗达到顶峰之时，梅德韦杰夫迈出了最强有力的政治步伐。

首先，出人意料的是，尽管从已经形成的局势看，把北高加索作为单独的地区划分出来，这个决定本身在逻辑上是相当合理的。值得指出的是，在划分出北高加索联邦区之时，其版图中加入了斯塔夫罗波尔边疆区，即没有根据宗教特征划分——划分为穆斯林地区和非穆斯林地区。这非常重要。重要的还有，首府定在皮亚季戈尔斯克，它正好位于北高加索的心脏地区。

第二，亚历山大·赫洛波宁这个强人的到任，产生了巨大的效应——他是从外地来的人。众所周知，赫洛波宁与高加索没有任何关联，他完全是个外来玩儿家，他也没有参加过在地区活动的某个游说班子。此外，这个人没有经过别人的帮助，成为了政治家和商界人士。赫洛波宁的生活相当阔绰，所以，简直难以贿买他。他能够在克拉斯诺达尔边疆区证明自己是个卓有效率的管理者，即他拥有在地区从事行政工作的经验。最后，他享有克里姆林宫各种可能的班子的支持，在任何地方都不会引起排异性反应。

同时最出人意料的是——再次证明了梅普组合顺畅运作的能力——任命赫洛波宁为北高加索联邦区首脑，并使他进入政府班子担任副总理，成为普京的副手，强化了其地位。因此，亚历山大·根纳季耶维奇·赫洛波宁有可能对部长们下命令，从他们那里获得信息，不仅作为总统的人，而且从政府立场管理强力部门的人员，并从事财政活动，这使他成为一个非常强有力的人物。在这个意义上，他承担着重大责任。一旦高加索的问题依然得不到解决，他可以成为避雷针，而一旦取得成就，无论是普京还是梅德韦杰夫毫无疑问都能够与他共同分享胜利的桂冠。

找一个与地方不相干的人来掌管这个地区，他与地方精英没有关系，部分也使高加索地区降低到俄罗斯普通地区的层级——然而，由于掌管这个地区的这个人可以直接找总统和总理，无论就职务还是就实际权力来看，是一种提升。

这个任命有趣的地方在哪里？亚历山大·赫洛波宁虽不属于彼得堡法学家班子，然而他绝对是"自己人"。就年龄看，他与梅德韦杰夫相仿，就工作经验看，他与普京相当接近。2002年，在匪患横行的地区的州长亚历山大·列别德将军去世后，赫洛波宁走上了这个岗位，他没有用强力方式，而是用经济手段对那里的局势进行整顿，相对取得了成绩，提高了生活水平，解决了实质性的社会问题，解决了与泰梅尔及艾温基自治区的合并问题，与所有精英都达成了协议，在他离开后，留下了一个基本上不依赖某个人就能够过富足生活的地区。

在克拉斯诺亚尔斯克边疆区工作期间，赫洛波宁解决了在他走上州长位置前就存在的严峻的税收冲突问题。最后，他说服他掌管的这个地区的大企业的拥有者重新进行注册，向克拉斯诺亚尔斯克边疆区的预算交税，这大幅增加了边疆区的收入。同时，他作为相互对抗的生意集团的一个代表，迫使大家都交税，这证明，第一，他没有义务为某个集团的利益做事而压制其他人，第二，他对个人的钱没有兴趣。他的一句名言是，他来这里不是为了使自己钵满盘满，"钵满盘满的问题早已解决"。即赫洛波宁实际上是个雄心勃勃的人，早就有人建议他去莫斯科工作，并许以部长的高位，然而，他认为这个位置不够高。

在两条执行权力线同时任命赫洛波宁的事实本身和向他

提供了独一无二的全权再次证明亚历山大·根纳季耶维奇·赫洛波宁高度的职业能力。如果合适的话，以赫洛波宁为例，不仅两把钥匙体系首次运作，而且把两把钥匙交到同一人手里的体制开始运行。无论是梅德韦杰夫还是普京都对这个新设立地区的领导人寄予厚望，可以解释为，他将在高加索地区发挥什么样的作用，凸显在讨论该地区的任何问题时，在任何时刻他都既接近这个人，也接近另一个人。这样，对赫洛波宁来说，他既对梅德韦杰夫的崇拜者，也对普京的崇拜者敞开心扉。

考虑到赫洛波宁的个人特点，可以说，他要失去自制是不容易的，他拥有揶揄的能力，拥有必要的严厉并清楚地知道自己是谁。他可以对抗高加索领袖们的勃勃雄心，并在这种情况下对高加索人表现出必要的尊重。他没有背负高加索战争的经验，他也没有活在已经退役的强力部门军官的委屈之中。他绝对从经济角度看问题，从内行的管理者角度看问题。此外，众所周知，他来到这个地区，没有带自己的班子，但是非常娴熟地把地方精英整合到管理机构中。即完成了对一个职业素质来看很独特的人的任命。能够与他比肩的地区级管理人员为数不多。其中一个是目前在政府高位工作的谢尔盖·索比亚宁，另一个是卡卢加州州长阿纳托利·阿尔塔马诺夫。还有几个强有力的州长，由于一个简单的原因，我们对上述几个说出了名字：这些人很好地解决了地区最大的经济任务，并且在任何情况下没有过分突出自己，没有展示自己的个性，任何时候都没有企图从内心觊觎总统的权杖。

赫洛波宁从来没有，而且在最远景规划中都没有被视为总统候选人。此外，我们已经讲过，他个人绝对没有对北高加索联邦区表现出兴趣或依恋，而对于占据如此位置的政治家来说，这不啻于死亡。对他来说，需要对地区的边界和名称做出重新变更——尽管这里还顺便解决了把索契从敏感地区分离出来和把相当富足的克拉斯诺达尔边疆区划出一部分的任务。

后者急剧地减轻了弗拉基米尔·乌斯季诺夫的任务，另一方面，落到赫洛波宁头上的任务也变得较轻。第一，让他管理一个更加集中居住的地区，这使他能够每天出现在他必须出现的那些地方。此外，对于赫洛波宁非常重要的是，出现了感觉资金流实际运转的可能性，控制资金流并看到报表不与具体成果脱节。

有趣的是，随着赫洛波宁的到来，地区的一些势力马上试图使局势动荡不安。在网络上出现了"卡德罗夫总统"的伪造网页，而在来源不太正当的地方出现了对拉马赞·卡德罗夫让人费解的采访，在采访中，他似乎宣布，对赫洛波宁的任命不是最佳方案，最好任命索比亚宁或苏尔科夫。

应该说，就实质来说，进行这样的采访是不可能的，因为卡德罗夫非常明白游戏规则，知道普京亲自对赫洛波宁的候选人资格签字赞同，不会在任命他为地区代表之后批评这个决定，并做出某种消极评论。拉马赞·阿赫马托维奇·卡德罗夫本人也显示出，他是个学习能力非常强的人，是非常强有力的地区领导人，非常清楚该说什么，怎么说和与谁说。此外，在法庭上维护自己的声誉和尊严方面，他大概是尤里·卢日科夫最忠实的追随者之一，他在这方面取得了重大成功，尽管不能这样认为，这种级别的官员出庭这种想法本身——特别是与护法人士和记者对簿公堂，看起来是有吸引力的。

◎ 第十章 变革之际

事实总归是事实——对赫洛波宁来说，这毫无疑问是最让他感兴趣的管理任务，他恰恰是把这个任务当做管理而不是政治任务对待，所以，这是卓越和最强有力的权力活动。各种各样的威胁从高加索蔓延开来，既有军事威胁，也有政治威胁。如果拉马赞·卡德罗夫可以对付军事威胁，那么，政治威胁总是潜在的。如果赫洛波宁能够取得成功，那么，这将是克里姆林宫在最近10年来在高加索取得的最重大成功，因为地区紧张烈度降低完全会使俄罗斯的局势整体趋于健康。

在新联邦区的工作会给亚历山大·根纳季耶维奇·赫洛波宁增添另一个问题，这个问题很大程度上取决于普京和梅德韦杰夫的行为。毫无疑问，强有力的地区领导人会试图绕过赫洛波宁直接向总统或总理提出请求。他们会不会把提出请求的人派回去让他找联邦区领导人？应该明白，赫洛波宁现在是高加索的关键人物，首先必须同他一起解决自己的问题。况且，应该明白，如果不预先把这些问题谈好，赫洛波宁不会同意接受这个职位。可以深信，他获得了这类保证，否则，任何改组高加索的企图都会被即刻放上十字架。

至于高加索居民对联邦区首脑的态度，要提醒的是，赫洛波宁正是通过选举上台才搞了这么多年的政治。由于其开放性、勇敢和一点也不装腔作势和大吹大擂，这不能不引起人们对他的好感。

亚历山大·赫洛波宁本人对本书一名作者讲过一个有趣的故事。作为诺林斯克联合体的经理，在上班的第一天，他把人们召集起来，向他们讲述了重建和改组生产的必要性。会议结束时，一位年级不轻的妇女找到他说，"亲爱的，请原谅，我没有弄明白，走，你给我解释一下。"她领着他来到自己工作的地方，赫洛波宁说，"我们走过了一些车间，我继续讲述着，感觉自己马上要昏过去了。因为工厂里的尾气和空气，就是有毒气体，让人喘不上气来。我说'谢谢，一切我都明白了'。我明白，不应该说空话，应该干实事。"

可以深信，赫洛波宁会取得成就，而且在短期内就会取得成就，这些成就将给人留下深刻印象。提高福利水平和解决诸如帮派型的高加索的这种传统问题，也将会导致伏尔加地区伊斯兰化的威胁急剧下降。这将减轻地区一些新领导人的任务，并为建成俄罗斯国家的新模式创造必要的前提。

梅德韦杰夫解决老人政治问题

同时我们紧接着谈德米特里·梅德韦杰夫着手解决的第二个重大问题——权力中的老人政治问题。我们已经写过，当时曾提出一个想法，认为只有非种族结构的俄罗斯才能存在下去，应该撤销作为行政单位的民族共和国，因为类似的体制迟早都会导致国家瓦解。俄罗斯联邦的内部边界不应该考虑种族、宗教、文化和居民类似的特点，国家必须建立在整个俄罗斯完整的基础之上。

当然，诸如鞑靼斯坦总统明基梅尔·沙米耶夫、巴什基尔托斯坦总统穆尔塔扎·拉西莫夫、莫斯科市长卢日科夫，一定程度上还有克麦洛沃州州长阿曼·图列耶夫这些地区政策的辩护士、旗舰和不沉的航空母舰们全力反对这种想法。顺便说一下，我们记得，整个90年代，鞑靼斯坦和巴什基尔托斯坦都在争取独立的旗帜下度过。这些地区组合体乃是国中之国，毫无疑问，这样说克麦洛沃州和莫斯科市也是公正的。

如果可以这样比喻的话，形成了"政治上马夫萨伊洛夫①俱乐部"。确切地说，我们谈到地方领导人不仅仅政治上长寿，而且他们中大多数都早已过了70岁。我们看到，谁也没有料到，梅德韦杰夫总统将会轻松地与他们一道工作，尽管对德米特里·阿纳托利耶维奇·梅德韦杰夫来说，与这种年龄的人交往的事实本身，根本不会是问题。然而，众所周知，在一次国务委员会会议上发生了一件事，当时，按照会议议程，每个发言者只给15分钟，而沙米耶夫不管这种规定，整整讲了三个小时，当时梅德韦杰夫的感觉肯定不好，五味杂陈，但是，作为一个有涵养的人，他一点都没有表露出这种情绪。

其实，应该注意到鞑靼斯坦和巴什基尔托斯坦领导人的荣誉，在国家最艰难的时刻，他们控制住了各自共和国的局势。尽管俄罗斯经历了各种波折，鞑靼斯坦和巴什基尔托斯坦避免了某种严峻的种族冲突，而且在这些共和国，这种冲突的前提条件曾十分严重。然而，无论是沙米耶夫还是拉西莫夫都能够控制局势，两个共和国从直接意义上成为稳定的小岛。当一位年轻领导人在俄罗斯掌权时，这些政治常青树感到了压力，这完全出人意料。

还在前不久，鞑靼斯坦感觉自己在俄罗斯境内实际上是

---

① 圣经中人类远祖之一，以长寿著称，活了969岁，意指长寿的人。——译者注

独立国家——它要比车臣独立性更大，因为问题不仅在于那里的经济发达，而且还有相当大的影响，尽管这种影响是虚幻的。鞑靼人总是在俄罗斯的政治和文化中占有特殊地位，来自鞑靼斯坦和鞑靼人聚居的其他主要地区，诸如伏尔加地区的人在整个垂直权力体系中为数众多，地位显赫。

在这个意义上，无论多么奇怪，解决鞑靼斯坦问题乃是体制性因素，而高加索问题更多地则是控制资金流向的问题。由于争夺所有权，社会上开始非常起劲地散布谣言，说谁要是动鞑靼斯坦和巴什基尔托斯坦的领导人，那么就不可保证稳定，谢天谢地，不要这样。在高加索和穆斯林地区，在同一时间失去局势稳定的保证——这两个共和国毫无疑问属于这个范畴，对俄罗斯来说是可怕的灾难。我们要注意非零和的可能性，如果高加索的局势没有向应有的方向发展，就不可能谈国家的统一。不应该忘记，沙米耶夫是统一俄罗斯党和克里姆林宫的主要批评者。

2007年，在与记者和政治学家们的一次私人谈话中，明基梅尔·沙利波维奇·沙米耶夫讲述了建立鞑靼共和国的历史，在这个故事中，出现了一个完整的政治封神榜，在榜的顶端自然是沙米耶夫本人，旁边与他齐名的是宣布了主权原则的鲍里斯·尼古拉耶维奇·叶利钦。在这个结构中也有弗拉基米尔·普京的位置，但位置比较低，而且是作为具有可塑性的人出现的，至于德米特里·梅德韦杰夫，当时根本就不够格。

乍看上去，这个轮廓看上去是不可动摇的。沙米耶夫内行地战胜了自己的所有政治竞争者，只是没有培养谁去当接班人。一度认为拉希德·努尔加利耶夫会成为现在的鞑靼斯坦总统——沙米耶夫战胜了他。他把喀山市长卡米尔·伊斯哈科夫从这个位置上排挤出去，实际上埋葬了他的政治生涯——他做了总统驻远东联邦区全权代表，实际上后来从政治舞台上完全消失了。

沙米耶夫不仅能够使自己作为政治人物保持下去。而且明基梅尔·沙利波维奇·沙米耶夫经常做出改变，继续处在非常特殊的位置。此外，他保持自己的体型，从事体育锻炼，他明白，必须严肃地对待健康问题。鞑靼斯坦在经济上一直是国内的奇迹，而喀山与其他城市相比，保持着理想状态。

本书一名作者曾与沙米耶夫和他手下的人在法国的MIPIM最大的投资展示会上相遇，鞑靼斯坦的展台装潢精美，装饰成喀山的克里姆林宫模型，吸引了众多的人去观看。当时我有兴趣知道，通过参加这个展示会打算解决那些问题，自然向沙米耶夫提出了这个问题，然而，他不慌不忙地回答说：

"首先我想做个自我批评"，他开始说，"以后不能再让刨田①转达了"，他用很高的嗓门说，听上去很不舒服。接着他说："我为什么到这里来？他们认为，我不需要他们的投资。不是，我要告诉他们该怎么做。我不需要任何东西，我一切都有。我一切都做完了。就让他们面向我来学习——我们是什么样的，我们一切都好，一切我们都能干。就让他们嫉妒我们好了。"

我们发现，沙米耶夫一如既往展示了对什么人说什么话

---

① 曾任俄罗斯"右翼力量联盟"党领导人和俄罗斯国家杜马副主席。——译者注

的出色的辨别能力。尽管他竭力表现出自己俄语说得不好，但是当需要的时候，他会非常通俗易懂地讲述自己的想法。

巴什基尔托斯坦就在鞑靼斯坦旁边。当然，穆尔塔扎·拉西莫夫在那里做了独特的事情。我们将不讨论石油私有化的特点，然而，共和国石油领域的收入实际上没有被挪用购买游艇和为寡头建别墅，而是用于人民的需求。穆尔塔扎·古拜杜洛维奇·拉西莫夫把自己的儿子乌拉尔·拉西莫夫任命为巴什基尔石油公司的头儿，关于他流传着各种谣言，现在为继承他的位置展开真正的战争，然而可以准确地说，在石油领域挣到的大笔资金确实基本上被用于农业、修路和卫生保健，即无论如何都留在了共和国，为其居民的需要发挥作用。

当然，谈某种经济民主是可笑的事。无论在鞑靼斯坦还是巴什基尔托斯坦，只有在允许你工作的情况下你才能工作，所以那里的中小企业过去和现在都充满哀怨。这与具有人道面孔的社会主义类似，如果可以的话，是中国的社会主义国家模式，它表明，也许不是丘拜斯所搞的私有化。这种非丘拜斯式的经济带有东方的全部烙印——它在很大程度上是帮派经济，很大程度上是家族经济，但是我们习惯于围绕自己周围的东西判断它是好是坏，我们不会这样做。它只是与众不同，这只不过是事实而已。

沙米耶夫或拉西莫夫的工作日是怎么度过的？尽管拉西莫夫总统比沙米耶夫年龄还大一些，但他起得很早，坐上汽车，巡视自己的共和国，从一个地区到另一个地区——沿着不错的道路，路过价格相对低廉的加油站。他的车队经过的每个农村，看上去都要整洁。人们穿着民族服装迎接他。如果他看见栅栏没有刷漆，马上就给以严厉训斥。他要视察的学校应该整洁，他走进商店，对食品价格感兴趣。也许，从政治观点看，这有点幼稚，但是从一个地区的具体条件看，它是富有成果的。

因为共和国向农业生产者发放补助，那里的许多东西整体上要比全国便宜。巴什基尔托斯坦现在是最适合于发展农业的地区，是某种绿洲。自然，与西方比较，这个绿洲还普遍贫困，在这个绿洲里可以做一切，主要是不要唧唧喳喳乱说。这些完全凭空想出来的条件立马在共和国的边界上就引起邻近地区的憎恨。显然，不能谴责消费者买东西便宜一点的愿望，然而，在现行汽油和农产品价格参差不齐的条件下，农业州的生产者没有与巴什基尔人竞争的可能性。

同时难以指责沙米耶夫和拉西莫夫总统本人利用自己的地位来谋私利。他们的办公室绝没有装饰得金碧辉煌。不能说他们的妻子是百万富婆，或者她们惬意地去瑞士乘车兜风，参加 Mille Miglia 竞选，是诸如尤里·卢日科夫那样有名的巨富。完全不是。他们绝对是另一种观念，不管这种观念是好还是不好。

看上去，这种制度不可能动。在某个时刻，巴什基尔托斯坦总统拉西莫夫的宝座动摇了——在选举中，大家都反对他。然而，他能够与克里姆林宫达成协议，只是在最后关头拉响了"解除警报"的命令，克里姆林宫的亲兵们放了拉西莫夫一马——他再次被批准留任。尽管曾有过刑事案件，有过"交出石油公司"和"坐牢"的暗示，有过对拉西莫夫的儿子的口供的真实性怀疑，但留下了总在玩游戏和总在暗示要发生冲突的感觉。

一切看起来是这样，严格地说，似乎谁也不打算解决问题，而且明确地感到，德米特里·梅德韦杰夫还顾不上这些事——在军队改革非常艰难和步伐不一、内务部必须改革、互联网上谁都可以发表视频呼吁和想说什么就说什么的背景之下。忽然，克里姆林宫行事完全出人意料，如果可以的话，用列宁的方式，实施了从党史教科书时代起就挂在嘴边的措辞："必须找到主要环节，抓住主要环节，就可以牵动整个链条。"显然，俄罗斯的薄弱环节是——薄弱环节不是政治或经济上的无足轻重，而是在敏感问题方面，第一，高加索问题。第二，就是"老人俱乐部"，这个俱乐部实际上决定着国家的内部政策，因为总得看他们的脸色行事。

迄今为止，这些政治常青树战胜了国家所有的新辈分政治精英，把共和国置于自己的严格控制之下，他们控制着财权和种族，把自己视为俄罗斯国体在地区的承载者，而且无论如何它们不用国家补贴，相反，还帮助其他地区生存。实际上他们感觉自己是"白人沙皇"的藩属国，是自己臣民的绝对父亲。

德米特里·梅德韦杰夫迈出了一步，这一步是如此有力，如此地出人意料。看上去，年轻的新总统还没有搞定与自己前任的关系，不明白他们的背后是谁，有哪个党和哪些官员。曾经有过一种幻觉，如果"年轻"的忽然受了委屈，可以去"老的"那里去申诉。还是不知道，新总统2012年会不会参加选举，他的政治前程是否命悬一线。总而言之，谁也没有料到会对这些受人尊敬的人采取如此严厉的进攻。

明基梅尔·沙米耶夫的辞职为何引人注目？第一，至少从表面上看，他是自愿辞职。梅德韦杰夫向沙米耶夫提供了

◎ 第十章 变革之际

保住颜面的可能性。一方面，他表明，如果一个人明白游戏规则，并自己离开，就向其提供留下接班人的可能性，并在很大程度上保留过去的影响。另一方面，这对地方领导人来说是条不可逾越的界限，对他们是个信号。

看起来似乎不会再发生类似事情。重新任命谢尔盖·达尔金为滨海边疆区州长后，政治权贵对此议论纷纷，给人的印象是，梅德韦杰夫将难以确定地方政策。显然，对德米特里·阿纳托利耶维奇·梅德韦杰夫本人来说，这是个令人不愉快的教训，独特的警铃——不能这样办事。顺便提一下，作为呼应，不排除这个决定引起克里姆林宫办公厅再次变动。

沙米耶夫的离职将急剧改变莫斯科与地方、新总统与政治常青树之间的相互关系。人们开始明白，谁是家里的主人，谁有政治意志和谁将解决问题。沙米耶夫曾是掌权长老派的政治反对派的中心，一个戈尔巴乔夫身边的格里申①，老政治精英的代表们围绕着他团结起来。此外，这个反对派将依靠对新总统的方针不满或者想瓦解梅普组合的人们以及种族和宗教集团的代表们来巩固自己的地位。

大体可以说，梅德韦杰夫总统对两个最敏感的点给予打击——而且没有用俾斯麦和冯·克劳塞维茨的传统方式，他们断言，普鲁士不应该两线作战。他做出了非常有力和出人意料同时必要和内行的决定，同时触及到了两个最严峻的国内政治舞台。我们目前还不得而知，这是否是胜利，但打击是十分切中肯綮的。大政治——这是个独特的棋局，其结果要过几年才看得到。正如我们的中国同行所言，"这只是万

---

① 曾任苏共中央政治局委员，莫斯科市委第一书记。——译者注

里长征走完了第一步"。

解职列辛整肃总统办公厅

德米特里·梅德韦杰夫开始很严肃地对待办公厅并已把它完全视为自己的办公厅,其中包括叶利钦时代的重臣、也许是体系的奠基者之一——米哈伊尔·列辛的辞职这个事实就是证明。我们记得,2009年11月底,完全出于本人预料而且对克里姆林宫史无前例的是,列辛被从总统顾问职位上解职,事先绝对没有对外露出一点迹象,而且完全切断了他的某种政治影响。

米哈伊尔·尤里耶维奇·列辛是何许人?上世纪90年代,这颗星就在俄罗斯政治天际上升起。人们形容米哈伊尔·列辛是"长着拳击手面孔的人",他不止一次顺利策划和举行了选举活动,缔造了俄罗斯今天的广告市场,他是所有电视业的靠山,自掏腰包整合机构,实际上用最严厉的方式控制着俄罗斯电视业的资金流。在90年代末和2000年初,在与媒体或许多政治家外在形象有关的一切问题上,也许他是最有影响力的人之一,这一切都是列辛制造的。

米哈伊尔·列辛长期在总统办公厅工作,从叶利钦到普京,从普京到梅德韦杰夫。这个人看着德米特里·梅德韦杰夫如何当上总统,他在梅德韦杰夫上台之前就与俄罗斯政坛的许多权贵认识,其中包括总统办公厅的权贵,当时他在那里工作,地位比梅德韦杰夫高,后者比列辛到总统办公厅工作要晚一些。许多年里,列辛观察着俄罗斯发生的变化,对他来说，没有什么是秘密。他是个最强的中锋之一，他实际上知道一切并了解所有的人，这是个可以让自己的敌人做恶梦的人。总之，应该明白这个人的分量，以便了解由于列辛离职所带来的变化幅度。

同时，米哈伊尔·尤里耶维奇·列辛个人是个非常富裕的人，对此没有必要刻意掩饰。他在三教九流都有朋友，譬如说，他还是摩托车俱乐部的成员，享受这种奢华。当他的一位商业伙伴和密友尤里·扎波里生了重病，列辛抛下手头所有事情，遍访世界各地寻找最好的医生，希望战胜可怕的病魔——遗憾地是，扎波里虽然比较年轻，但还是走了。然而列辛战斗到最后一刻，展现出自己是出色的朋友和同志。

近年来，列辛积极从事俄罗斯的国际形象设计工作。他与总统办公厅的常青树、聪明而经验丰富的阿列克谢伊·格罗莫夫一起搞这个项目。忽然如同晴天霹雳——出人意料的解职，而且就在米哈伊尔·列辛开始了似乎支持普京反对德米特里·梅德韦杰夫利益的关头。通过整合的通讯社，他把大量广告再次分配给重新建立的强大的国有电视公司。他还打算用这家公司合并"第五频道"和Ren电视台，改变电视界三雄并立局面，把它变成两强体制，在"大三驾马车"电视频道中占据一席之地。

同时，似乎在列辛从事弗拉基米尔·普京个人委托的事情的当口，发生了"根据本人意愿"辞职的事，他本人显然从报纸上得知了这个消息。同时，在他背后流传着一些在俄罗斯政治史上至少在克里姆林宫政治史上从来没有过的评论。米哈伊尔·列辛的辞职甚至引起了不大不小的愤怒。突然听到了声明——实际上是电影《高加索女俘》的风格——

说列辛披着国家的外衣，干自己的事情，即他当着国家公务员，却搞个人生意，这是不能容忍的。

造成的打击是非常严重的。与业已形成的官员离职惯例不同，先定好调子，不动他的生意，与此同时通过一系列法律，限制与米哈伊尔·列辛有关系的机构的活动，这对许多人来说都是悲惨的，对这个生意造成的打击如此之大，还不知道他能否挺得过去。

以前这是难以想象的。也许这是第一宗官员辞职后以某种方式威胁他个人生意的情形。看起来，普京应该作保并小声地喝止整顿秩序——然而，"全体向后转"的口令没有发出。解职还是发生了。即列辛的离职曾是出人意料的，无论在克里姆林宫办公厅的历史上，还是就整个俄罗斯近十年来的政治文化做出评论，这都是前所未有的激烈举措。

对这个事件的前奏性警铃是梅德韦杰夫作出的禁止官员在体育组织占据位置并担任体育联盟的总裁——这涉及到钱的事，涉及到影响力大的职位，许多人不得不遗憾地腾开这些位置。列辛的离职好像也属于此类——试图把官员与钱的事、出头露面的、吸引人的公共位置分离。

列辛是真正的政治大腕——我们重复一次，这个人知道许多人的许多事，包括梅德韦杰夫的许多事，他作为国务活动家事实上是在列辛的眼皮底下成长起来的。但是，无论列辛拥有的关系，还是他掌握的信息，在这种情况下都于事无补，尽管他明显不想放弃自己的影响力。这个事实对理解梅普组合的演变和理解德米特里·梅德韦杰夫都具有关键的意义。

最近几个月，类似的事情发生了多少？我们看到，梅德

◎ 第十章 变革之际

韦杰夫作为总统，如果说还未能完全拥有权力，那么离这个目标也不远了。传统上，德米特里·阿纳托利耶维奇·梅德韦杰夫被视为在弗拉基米尔·普京庇护下上台的，他与军队、与官员、与金钱、与叶利钦家族和强力部门人员都没有任何关系，而且似乎在国内也没有相当大影响，忽然间，他却对所有这些形形色色的人予以打击。

曾对重量级、有影响、强大和有关系的官员——列辛的权力给予严重打击。此外，体育组织和其他各类能够进钱的部门的官员们被大规模解职。十分漂亮地解决了鞑靼斯坦总统所形成的局势。强力部门的官员被成批地解职，包括国防部三星和四星将军。同时开始对执行惩戒职能的系统施加压力，在这个系统，自从谢尔盖·马格尼茨基死后，解除了一大批似乎完全能够控制局势的高官的职务。根据普遍的看法，即变化发生在梅德韦杰夫既没有关系，也没有影响的地方，而这些被解职的人被划入普京的班子，感觉自己是安全的。

结果，无论是普京的班子，还是梅德韦杰夫的班子，在这个意义上是不存在的：根据各种可能性看，决定是由总统和总理共同做出的，谁也不会对这个决定有异议。地方领导人和高级官员，无论戴肩章的还是不戴肩章的，都开始为自己的位置发抖：梅普组合表明，他们不打算为某个人吵架，梅德韦杰夫和普京能够就任何人取得共识和共同做出决定，没有一个人能够例外。

现在已经明显，俄罗斯处于对内务部进行严肃改革的门槛上——社会已经到了不想和不能安于既成现状的地步。不难推测，随着对内务部进行改革，对其他部门也将进行改革。我们已经谈过，干部工作是所有改革的基础。现在已经直观地向我们展示了，两把钥匙体系是如何工作的，它可以快速有效地行事。

如果以前感觉梅普组合老是在为协商候选人而斗争，而现在该组合内部的工作关系已经进入到新阶段，可以快速地对候选人协商一致。总统和总理已经学会找到大家都中意的候选人，并在最近几个月各个地区进行的任命中直观地体现出来。在梅普组合框架内，要比整个政治当权者框架内表现出更多的团结，社会根本无法与之相比。

梅德韦杰夫改革之路艰难漫长

谈到内务部的改革，我们注意到，根据各种可能性看，这将是系统性的改革，整个改革将非常复杂。这种复杂性不仅与内务部本身有关，而且与俄罗斯国家结构有关，与俄罗斯的官僚体系和执法机关有关。弗拉基米尔·普京说过，内务部的工作人员将近140万人，超过了军队的人数，这并非偶然。遗憾地是，这个数量庞大的武装队伍，职业素养通常都比较低。

对内务部的改革与试图把执法机关置于文官控制之下有关，任务是严峻的，艰难的，然而绝对是必要的。其中的一个问题是，内务部是坚定地建立起来的垂直体系的组成部分，试图把这个垂直权力部分置于社会监督之下有可能不会取得成功。军队的状况给我们提供了相反的例证——这是个更加刚性的机构，尽管那里的控制有点弱，但毕竟还是文官控制体系在运作。

根据对改革方案进行的讨论判断，打算改变对警察官员的任命体系——可能，在地方层面，要由选举产生——地方监督他们并向地方当局汇报工作，即打破内务部的集权化体系。应该指出，在世界上任何地方都没有成功使用这种模式的经验。

例如，在美国有选举——但是这里必须做出修正，从组织上来看，美国的警察与俄罗斯的警察根本不同。在俄罗斯，内务部履行执法机关的职能和角色，而在美国，几个相互独立的机构来履行这些职能，它们之间的责任作了严格的划分，而对其执行也要进行严格的监督。如果有把这种方式移植到俄罗斯土壤的若干种想法，那么不应该忘记，美国的经验也不总是积极的，特别在地方层面。在德克萨斯的某个地方，戴着司法长官肩章的匪帮实际上掌管着警察，他们就像掌管殖民地一样掌管城市。

遗憾的是，没有任何一个政治体制能够保证不发生这样的事。如果有小偷市长，那么就有小偷警察官员，如果没有正常的选举，傀儡将占据官员的位置。不触动内务部范围之外的势力，就不能把体制性改革进行到底。无论如何，改革是必要的。

其中一个最佳选项曾是任命一位政治家担任内务部部长，他可以而且应该直接从事自己的事情——例如，去打破另一个工资体系，提出执法机关面临的实际问题。现在事情发展到可笑的地步——警察拿着8000多卢布的月薪，靠这些钱他们应该巡视这个城市并打击犯罪，而国内对警察的整体不信任水平早已超过了一切合理的范围。顺便说说，可以不同意这个观点，但是，当民事人员鲍里斯·格雷兹洛夫担任内务部部长时，如果与目前局势相比的话，远不是内务部历史上最糟的时期。

这里又出现一个问题。只要没有实际的新闻自由，此类的公民监督依然是遮羞的无花果树叶——上面我们已经详细地阐述了我们就这个问题的看法。非常希望，德米特里·梅德韦杰夫有足够的力量和韧性来改变已经形成的趋势。

最后，还想提请注意一个非常重要但由于种种原因被歪曲的情况：无论是对俄罗斯局势的分析，还是对所提出的改善措施的批评，在我们看来，都是建立在俄罗斯要经常当学生的虚假模式之中。当然，学习总是有用的。知道别人的经验是有用的，尽管是为了不犯他们所犯的错误，但是也要注意到成就。但是，在俄罗斯则不是这样，或者把某种抽象的模式，经常是西方模式强加于人，或者试图在本国辉煌的过去中找到范例，并且定期发生。

例如，今天，国内著名的政治学家和经济学家以及某些政治家根据西方国家的经验提出现代化的措施。这里他们没有注意到，他们创造出一个像是刻在选美获胜者雕花奖牌上的范式一样，其他人可以根据这个范式把自己的指标与最理想的指标进行比较。然而不妨考虑，这个时髦在60年代中期就过时了，现在只能在美国当时的大事记中看到类似的东西。

俄罗斯许多人继续顽强地用别人的模型来套本国的情况，他们有点奇怪地坚信，机械地挪移就会保证所要的成果。他们试图在西方政治学家和经济学家的著作中找到样纸，俄罗斯根据这个样纸就可以缝制出民主的、经济上强大的社会，而且在某些方面还觊觎世界领先地位。这种态度本身就注定要破产：无论是购买技术，还是借鉴别国的国家建设经验都不会导致领先地位。历史已经对这种态度作出证明。

而且，显然，已经开发和取得专利权的技术——是一定组织和学术研究工作的成果，它在专利发布后不会止步不前。准备出售的技术，如果合适的话，这已经是成果，接着去摘下一个，我们有一切理由希望，结果实的过程不会结束。如果期待从吃得一点不剩的苹果里出现苹果园，那是极其幼稚的。购买专利，把别人的成果移植到俄罗斯，我们只会一次次地拿到装苹果的盒子，而不会培植出自己的果园。

在俄罗斯存在一种迷局，认为日本正是通过购买专利实现了突破。这不十分准确。他们同时完全忘记了另外的、美国更加典型的经验：第二次世界大战之后，美国人不仅把坦克、草图和技术从德国运到了美国亚拉巴马州的亨茨维尔市，而且也把整个学术研究中心，包括德国的维尔纳·冯·布劳恩领导的导弹科学家们运到美国，正是他们奠定了美国的导弹计划的基础。美国——如同德国和当时的苏联一样，力求把最好的智力吸引过来工作，而不限于购买技术。众所周知，费尔南德·波尔舍1932年访问苏联的时候，从国家政府收到了担任汽车工业主设计师职位的邀请，他将拥有重大权力和广泛的特权。希特勒用各种真话和假话努力说服电视机制造者弗拉基米尔·兹沃莱金（当时他已经离开苏联）为第三帝国效劳。这样的例子不胜枚举。

在国家结构方面的模仿也会导致消极后果。民主机制不是不受时间制约的——社会应该成熟和发展。当然，可以向一年级学生讲授毕业年级的课程——他们将会努力做出样子，他们都听懂了——然而看得出来，他们只是听到了熟悉的词语，当老师关门离开，马上就回到其自然水平。所以，命运如此悲惨的殖民地，当摆脱宗主国之后，它们也快速地放弃了被强加和不符合他们的心理特质的社会结构模式。

全世界的民主要建立在某种共同的原则之上，但是其在不同国家的具体体现由许多因素制约，归根结底取决于社会的成熟程度、它接受这些原则的准备程度，并在日常生活中予以遵守，不用外来强制。即民主的原则应该成为道德和生活方式的一部分。与体育相比是合适的：全世界的足球规则都一样，但是踢法各不相同。

实际上没什么能够替代成熟阶段——大跃进理论在这里不灵光。民主应该成熟。尽管这不意味着，所有的人民以同样的速度沿着这条道路行进，但是无论如何也不意味着，基本自由和义务不应该用立法来加强和捍卫，如果有什么东西开始威胁它的话。谈的不是人民对民主的"有准备"或"没有准备"。这个问题起初由社会来决定，真正的民主总是社会争取自己权利的成果。

产生出一个问题：在人类历史上，按照哪种模型进行的现代化获得了成功？谁的经验可以照搬？是否有过运用别国模式成功的经验？这里没有一致的答案。

我们在本书中不对每个国家做出详细阐述，以免离题太远，我们可以满怀信心地说，给人印象最深的是美国、苏联和第三帝国的例证。这些国家中的每一个都受各种各样的生活乌托邦——共济会的、共产主义的和纳粹社会主义所驱使——走出了自己独特的道路。

我们已经谈过，在民主机制发展程度与现代化方案的成功之间看不到任何依附关系。譬如说，目前谁也不能令人信服地证明一国政治自由的广度与其学者的科技突破的频度之间有直接关系。多半可能相反：所有的飞跃，包括美国战胜大萧条，是在社会生活遭到一定限制的情况下实现的。

更近的例证——战后的联邦德国、日本、新加坡、迪拜和韩国——也未证明其方法和成功借鉴具有普适性的任何特征。这些国家的社会政治结构不同，他们对民主原则的诠释也不同。甚至成为传奇的战后马歇尔计划——向西欧国家提供财政援助得以实施，开出的条件是，共产党人离开政府，实质上也是限制自由。

当然，我们在这本书里提到俄罗斯病态地希望照搬西方的经验，这不是偶然的。它尤其是由冷战失败的某种综合症决定的，这就是国内部分知识分子传统的西方病，它建立在对那里的生活方式和质量抱有好感之上，在近现代史上，西方恰好被视为社会进步的火车头。

毫无疑问，在俄罗斯建立与发达的民主国家比肩的生活条件是绝对正常的愿望。任何一个思维健康的人不会拒绝西方文明的许多成果。然而，我们坚信，在俄罗斯不可能建成美国的代用品。任何机械照搬的企图都像是彼得的努力和保罗一世通过戴假发和卷发把俄罗斯变成普鲁士的代用品的企图一样，未必能够获得成功。必须意识到，俄罗斯只能成为俄罗斯。问题在于其经济和民主机制发展的程度。

实行德米特里·梅德韦杰夫总统所说的现代化绝不是客观的物理过程，所以，自然科学的精确公式在这里不起作用。现代化——这首先是意识形态项目，其中会体现出人民的独特性，它的心理特质，精英具有强烈的重构思想，当局依靠时不我待的努力来实施其计划的专注性，现代化——经常是非凡的，表面上甚至怪异而出人意料的思想。别人的难以

"被翻译"为俄语和常常衰朽不堪的世界观不能保证未来的突破，就如同企图诉诸本国过去的血腥灵魂对此难以有促进一样。

同时，现代化方案的成功程度不能不与意识形态权力制定者的个人品质、他们对冒险和在完全不同的领域行动的准备程度有关——在创新领域，每秒钟都会碰上形形色色守旧分子的批评。在许多成功现代化的国家都是如此。

毋庸置疑，也存在着可以利用的工具，拒绝使用这些工具是没有意义的。属于此类的有国家的支持、建立开发集聚区（学术城、"沙拉什卡"、硅谷、大学的中心等）。购买技术和一整套科学流派，同时还有意识形态制定者及许多其他东西。然而，俄罗斯必须意识到每个现代化经验的独特性，放弃永远当学生的情结，并且不羞于展示本国的原创和大胆的想法。当然，成功的尺度就是提高公民的生活水平和质量，以及国家在地区和世界影响的增长。

俄罗斯的智识精英在批评性地分析任何建议或思想方面早已臻于完善。随着新鲜思想和建议的生成，也观察到一些问题。专家们依然囿于模板和习惯图式的框架。他们试图向前，却总是向后看，与50年代的教科书进行比对，努力把现代性驱赶到过去的普罗克罗斯忒斯之床。在俄罗斯还看到智识饥荒，社会上没有实事求是的争论，而不进行争论就想把国家引到现代化制度，这是相当艰难复杂的事。而且归根结底，现代化方案的成功程度取决于俄罗斯当局的意志，取决于它能否坚定地实施社会产生的最大胆想法。权力的质量——成功的关键条件之一。

所以，当然可以对梅德韦杰夫总统进行批评，并且需要批评。他做的许多事情,都让人难以满意,带有首鼠两端的性质。如果总统认真地准备在国内实行变革,他必须说服聪明和精力充沛的人们,让他们觉得,团结在他周围是值得的,他不会半路上抛弃今天支持他的那些人。

目前政治局势的特点是,许多人担心国内要开始改变点什么,但同时他们本人要不受任何损失。自然而然,大多数人集中于"不受损失"上。其他人应该抓住"改变"这个词。对梅德韦杰夫本人更重要的是什么?他是否知道这个问题的答案?需要指出的是,如果自觉或不自觉地帮助那些企图不受损失的人,迟早都会失去一切。然而,对大多数人来说,损失将是非常严重的,几乎是难以承受的。

巴黎总是值得去弥撒①。那些首先克服了自己的智识短缺并能够从德米特里·梅德韦杰夫经常提得不太坚决有时幼稚的方案中捞取最大政治好处的运动和阶层未必会输。否则,他们的对手不会失去任何东西,对手们确切地知道,他们不想要什么东西。正因如此,我们也就写下了这本书。

---

① 根据传说,这句话来自16世纪法国波旁王朝的奠基者亨利四世。当时他是法国新教徒的领袖。为了得到法国王位,他从新教改信了天主教。1610年亨利四世被宗教狂热分子刺杀。今人引证这句话的意思,以开玩笑的口吻承认为了个人私利去做交易或妥协的行为。——译者注

图书在版编目（CIP）数据

又是普京：梅普轮流坐庄内幕揭秘／（俄罗斯）索罗维耶夫，（俄罗斯）兹洛宾著；胡昊，刘俊燕译. —北京：当代世界出版社，2011.11
ISBN 978-7-5090-0790-7

Ⅰ.①又… Ⅱ.①索…②兹…③胡…④刘… Ⅲ.①政治—研究—俄罗斯—现代 Ⅳ.①D751.2

中国版本图书馆CIP数据核字（2011）第211997号

图字：01-2011-5573

原书名：Путин—Медведев. Что далвше?/Владимир Соловьев, Николай Злобин.

© Соловьев В. Р., 2010
© Злобин Н. В., 2010
© Оформление. ооо «Издательство «Зксмо», 2010

copyright© as in the original Russian edition

书　　名：	又是普京：梅普轮流坐庄内幕揭秘
出版发行：	当代世界出版社
地　　址：	北京市复兴路4号（100860）
网　　址：	http://www.worldpress.com.cn
编务电话：	（010）83907332
发行电话：	（010）83908409
	（010）83908410（传真）
	（010）83908377
	（010）83908423（邮购）
	（010）83908408
经　　销：	新华书店
印　　刷：	北京欣睿虹彩印刷有限公司
开　　本：	710×1000毫米　1/16
印　　张：	20
字　　数：	250千字
版　　次：	2011年11月第1版
印　　次：	2011年11月第1次
书　　号：	ISBN 978-7-5090-0790-7
定　　价：	49.00元

如发现印装质量问题，请与承印厂联系调换。
版权所有，翻印必究；未经许可，不得转载！